DR. MICHAEL WINTERHOFF, geboren 1955, Dr. med.,
ist Facharzt für Kinder- und Jugendpsychiatrie sowie Psycho-
therapie in Bonn. In seinen bisherigen sehr erfolgreichen
Büchern analysiert er gesellschaftliche Entwicklungen mit
Schwerpunkt auf den gravierenden Folgen veränderter Eltern-
Kind-Beziehungen für die psychische Reifeentwicklung junger
Menschen und bietet Wege aus diesen Beziehungsstörungen
an. Winterhoff lebt und arbeitet in Bonn.

Mythos Überforderung in der Presse:

»Jedes aufgeführte Beispiel, jede Aussage fordert zum
Nachdenken und Überprüfen heraus. Dieses quasi
›geistige Mitmachbuch‹ macht Freude und bietet allerhand
Diskussionsstoff. Unbedingt lesenswert!«
social.net, Prof. Dr. Barbara Wedler

Außerdem von Michael Winterhoff lieferbar:

Warum unsere Kinder Tyrannen werden
Tyrannen müssen nicht sein
Persönlichkeiten statt Tyrannen
Lasst Kinder wieder Kinder sein
SOS Kinderseele
Die Wiederentdeckung der Kindheit

Besuchen Sie uns auf www.penguin-verlag.de und Facebook.

MYTHOS ÜBERFORDERUNG

MICHAEL WINTERHOFF

WAS WIR GEWINNEN,
WENN WIR UNS
ERWACHSEN VERHALTEN

PENGUIN VERLAG

Der Verlag weist ausdrücklich darauf hin, dass im Text enthaltene externe Links vom Verlag nur bis zum Zeitpunkt der Buchveröffentlichung eingesehen werden konnten. Auf spätere Veränderungen hat der Verlag keinerlei Einfluss. Eine Haftung des Verlags ist daher ausgeschlossen.

Verlagsgruppe Random House FSC® N001967

PENGUIN und das Penguin Logo sind Markenzeichen
von Penguin Books Limited und werden
hier unter Lizenz benutzt.

1. Auflage 2017
Copyright © 2015 by Gütersloher Verlagshaus, Gütersloh,
in der Verlagsgruppe Random House GmbH,
Neumarkter Straße 28, 81673 München
Umschlaggestaltung: any.way grafikpartner
Satz: Greiner & Reichel, Köln
Druck und Bindung: GGP Media GmbH, Pößneck
Printed in Germany
ISBN 978-3-328-10137-6
www.penguin-verlag.de

Dieses Buch ist auch als E-Book erhältlich.

Inhalt

Prolog 7

KAPITEL **1** ASAP 11

KAPITEL **2** Der Spiegel des Narziss 34

KAPITEL **3** Bitte erpress mich! 55

KAPITEL **4** Die Abschaffung des nächsten Jahres 79

KAPITEL **5** Love Machine 98

KAPITEL **6** »Ich war's nicht!« 119

KAPITEL **7** Diktatur der Angst 137

KAPITEL **8** Erwachsen sein ist kein Alter 156

KAPITEL **9** Die Kunst des Schnürsenkelbindens 176

KAPITEL **10** »Was brauchst du wirklich?« 195

KAPITEL **11** Nein sagen heißt Ja sagen 215

KAPITEL **12** Der Bergführer 235

Prolog:
Schwache Nerven

Wenn ein Arzt Neurasthenie diagnostiziert – auf Deutsch: Nervenschwäche –, dann ist das ein Sammelbegriff unter anderem für:

Allgemeine psychogene Ermüdung,
Chronische Überlastungsbeschwerden,
Depressive Erschöpfung,
Depressives Erschöpfungssyndrom,
Ermüdungsneurose,
(...)
Psychovegetative Erschöpfung,
Überforderungssyndrom,
Überlastung,
Überlastungssyndrom.

Ich habe in der Mitte dieser alphabetischen Reihe, die aus der international gültigen Auflistung der bekannten Krankheiten stammt, 20 Diagnosen ausgelassen. Denn ganz gleich, wie man es nennt: Mehr oder weniger geht es immer um die gleichen Symptome: chronische Müdigkeit, ständiges Genervtsein, Schlafstörungen, das Gefühl der Sinnlosigkeit, Verlust der Kreativität, Reizbarkeit, Schlappheit, Leistungsminderung, Negativismus, Interesselosigkeit, Infektanfälligkeit, Vergesslichkeit, Depressivität, Rückzugstendenz, das Gefühl, unter dauerndem Druck zu stehen, unaufhörliches Gedankenkreisen, Hoffnungslosigkeit ...

Die Betroffenen würden das anders ausdrücken. Sie sagen: »Mein Akku ist leer« oder »Ich kann nicht mehr« oder »Das kann nicht so weitergehen, irgendwann kommt der große Knall« oder »Ich brauch dringend eine Auszeit«. Ihr diffuses Grundgefühl lässt sich auf einen Nenner bringen: Irgendwie läuft etwas furchtbar falsch.

All diese Symptome führen kein Nischendasein. Ich bin mir sicher, dass jeder Leser mehrere Menschen kennt, auf die diese Symptome in verschiedenen Stadien zutreffen. Der eine oder andere wird sich auch selbst ein wenig ertappt fühlen.

Als Auslöser für das, was da mit uns in Beruf, Partnerschaft und Familie passiert, gelten die herrschenden gesellschaftlichen Bedingungen: Wir sind überlastet, erschöpft und fertig, weil unser Umfeld es von uns verlangt. Wir können uns nicht in Ruhe auf *eine* Aufgabe konzentrieren (*Spagat zwischen Job und Familie*), sondern müssen auf vielen Hochzeiten gleichzeitig tanzen (*Multitasking*), uns werden keine Ruhepausen mehr zugestanden (*ständige Erreichbarkeit*), und all das sollen wir auch noch unter enormem Zeitdruck bewältigen (*ewige Hetze*). Ob Burn-out in der Arbeitswelt, schlechte Leistungen von Schülern, Scheitern von Beziehungen – überall, wo etwas schiefgeht, wird dieser Zusammenhang aus dem Hut gezaubert: Man treibt uns in die Überforderung, also geht es uns schlecht.

Ich nenne dieses universale Erklärungsmodell den Überforderungs-Mythos. Es wird nicht wahrer, je öfter es uns von den Medien vorgebetet wird. Es ist sogar grundfalsch und lenkt vom eigentlichen Problem ab.

Ich will es nicht hinnehmen, dass wir uns mit einer einfachen Erklärung zufriedengeben sollen. Denn Selbstbetrug macht uns nicht gesund. Das Problem sind nicht die anderen – das Problem liegt in uns selbst.

KAPITEL 1

ASAP

Ein Gericht weist die Klage eines schwer Gehbehinderten ab, der nicht einsehen will, dass es auf dem Gelände der Klinik, in der er arbeitet, zwar Frauenparkplätze, aber keinen Behindertenparkplatz gibt.

Die Piloten der Lufthansa streiken wieder einmal. Zum zehnten Mal in diesem Jahr. Kein Witz: zum *zehnten* Mal in *einem* Jahr!

Eine Frau will sich mit dem Ausdruck »zu unserer vollen Zufriedenheit« in ihrem Arbeitszeugnis nicht abfinden. Erst das Bundesarbeitsgericht stellt endgültig fest, dass sie auf das Wort »stets« keinen Rechtsanspruch hat.

Drei Vorkommnisse, auf die ich im November 2014 innerhalb weniger Tage stieß und die auf den ersten Blick keine andere Gemeinsamkeit aufweisen, als dass es sich um Geschichten vom Scheitern und Versagen handelt. Nummer eins: Der Behinderte, der sich einen kürzeren Weg von seinem Parkplatz zum Arbeitsplatz gewünscht hatte, muss sich weiter durch Schnee und Regen kämpfen. Nummer zwei: Einer der weltweit größten Luftfahrtgesellschaften wird über Monate hinweg in massivster Weise Schaden zugefügt, ohne dass ein – wie auch immer gearteter – Fortschritt zu verzeichnen ist. Nummer drei: Die 25-Jährige, die ein Jahr lang am Empfangstresen einer Zahnarztpraxis gearbeitet hatte, lieferte sich mit ihrem Arbeitgeber über längere Zeit und durch mehrere Instanzen ein erbittertes Gefecht, mit dem Ergebnis, dass ihr Arbeitszeugnis so blieb, wie es war.

Ich stolpere immer häufiger über solche Ereignisse, in denen es nur Verlierer gibt. In der Zeitung, beim Fernsehen, im Gespräch mit anderen, aus eigenem Erleben. Anfangs schüttelte ich nur den Kopf, so, wie es die meisten anderen Menschen wohl auch tun. Mehr als eine Reaktion, die zwischen Verwunderung und Verärgerung liegt, ist auch nicht zu erwarten. Es wird ja schon als normal wahrgenommen, wenn irgendwo trotz hohen Einsatzes nur Flickwerk herauskommt. Nur wenige dieser Nachrichten versetzen uns in echte Aufregung. Dazu braucht es schon einen dreistelligen Millionenbetrag, der in Berlin, Hamburg oder sonstwo in den Sand gesetzt wird, oder ein Kind, das zu Tode gekommen ist, weil diejenigen, die es schützen sollten, auf ganzer Linie versagt haben.

Und dann traf mich eines Tages der Schlag.

Ich war wieder einmal nach einem langen Arbeitstag aus meiner Praxis heimgekehrt, in der ich als Kinder- und Jugendpsychiater arbeite. Ich nahm die Zeitung, die am Frühstückstisch liegen geblieben war. Meine Augen streiften noch einmal die Seiten – und plötzlich fiel es mir wie Schuppen von den Augen: All diese Geschichten – egal, ob Titelthema mit Riesen-Schlagzeile oder kleine Randnotiz im »Vermischten« – kannte ich aus meiner Arbeit als Psychiater bis ins Detail!

Ich begann, die Stories zu sammeln, in denen ich Parallelen zu Störungsbildern aus der Entwicklungspsychologie erkannte. Und bald hatte ich einen ordentlichen Stapel von Zeitungsausschnitten in meiner Schublade. Vielleicht kennen Sie das: Sie sitzen mit Ihren Kindern im Auto und spielen etwas, um die Fahrzeit zu verkürzen. Wer sieht ein gelbes Auto? Gelbe Autos sind sehr selten. Wenn Sie aber erst einmal nach ihnen Ausschau halten, dann fallen sie Ihnen überall ins Auge. Ich begann, immer mehr gelbe Autos zu sehen.

Irgendwann wurde mir klar – um im Bild der Autofarben zu bleiben –, dass auch grüne, rote und blaue Autos dem Muster entsprachen. Ich war überrascht, als ich schließlich in allen möglichen Bereichen des öffentlichen Lebens Missstände fand, die exakt einem Verhalten entsprachen, das sich vor dem Hintergrund der Entwicklungspsychologie erklären lässt.

Die Steinchen begannen, sich zu einem Mosaik zusammenzusetzen. Eine Ahnung beschlich mich, dass all meine gesammelten Episoden vom Versagen und Scheitern einen gemeinsamen Nenner haben und ein ganz bestimmtes Syndrom erzeugen, das unsere Gesellschaft fest im Griff hat.

Dieses Buch öffnet uns die Augen und entlarvt den verhängnisvollen Mechanismus, der an vielen Missständen in unserer Gesellschaft und ebenso vielen gescheiterten Biografien schuld ist.

Immer weniger

Besorgte Eltern sitzen vor mir, ihren 14-jährigen Sohn schützend zwischen sich. Ich nenne ihn Lukas. Seine Wangen sind eingefallen, trotz des gefütterten Kapuzenshirts sehe ich deutlich, wie ausgemergelt sein Körper ist. Die Haut ist trocken, blass, seinen Augen fehlt der Glanz. Teilnahmslos und desinteressiert hockt er da, will lieber ganz woanders sein.

Anorexie ist eine gefährliche Krankheit, das wissen die meisten. Magersüchtige zählen jede Kalorie, die Angst vor Gewichtszunahme hat sie fest im Griff. Die Folge ist eine sogenannte Körperschemastörung: Selbst wenn der Kranke praktisch nur noch aus Haut und Knochen besteht, nimmt er sich als zu dick wahr. Die fortdauernde Mangelernährung führt zu schweren organischen Schäden und im Extremfall zum Tod.

Dass Magersucht auch bei Jungen vorkommt, lesen Lukas' Eltern im Internet. Alles, was sie in Ratgebern über Anorexie lesen, erhärtet ihren Verdacht nur noch. Sie versuchen, ihren Sohn aus der gestörten Selbstwahrnehmung wieder herauszuholen: »Guck dich doch an! Du bist nicht zu dick. Du bist genau richtig.« Lukas schaut nur genervt und verzieht sich wieder in sein Zimmer.

Die Eltern sind verzweifelt. Deshalb sind sie zu mir gekommen. Sie erhoffen sich psychotherapeutische Hilfe, vielleicht sogar eine Einweisung in ein auf Magersucht spezialisiertes Krankenhaus.

Ich atme tief ein, schaue auf die spätsommerlichen Bäume vor meinem Fenster und überlege, wie ich den dreien meine Diagnose schonend mitteilen kann. Ich will ja nicht mit der Tür ins Haus fallen. Wie sagt man Eltern, dass das starke Abmagern ihres einzigen Sohnes nicht das Symptom einer Anorexie ist? Dass die Ursache ganz woanders liegt – weit weg von allem, was sie sich als Erklärung für das Krankheitsbild vorstellen können.

Im Dämmerlicht

Wenn Familien mit ihren Kindern zu mir in die Praxis kommen, spreche ich zuerst mit dem Kind bzw. dem oder

der Jugendlichen. Alleine. Ohne die Eltern. Wenn das Kind noch zu klein ist, um sich mit mir zu unterhalten, darf es in meinem Zimmer spielen. Ich beobachte es in seinem Spiel und mache mir ein erstes Bild. Erst dann bitte ich die Eltern dazu. Dieses Vorgehen dient dazu, dass sich die Kinder unbeeinflusst von den Eltern mitteilen können. Denn meistens »wissen« Eltern schon genau, was ihr Kind hat – Legasthenie, ADHS, eine Depression usw. Manchmal stimmt die Einschätzung der Eltern, manchmal aber auch nicht.

Ich musste mich nicht lange mit Lukas unterhalten, um die schockierende Wahrheit herauszufinden. Von Anorexie konnte keine Rede sein. Die Sommerferien waren gerade vorbei. Vor den Ferien war Lukas noch wie alle anderen aus seiner Klasse zur Schule gegangen. Viel lieber war er natürlich mit seinen Freunden zusammen, kommunizierte mit ihnen per WhatsApp und spielte am Computer »World of Warcraft« oder Ähnliches. Ein ganz normaler 14-Jähriger also. Doch in den Schulferien änderte sich sein Verhalten. Lukas verbrachte seine Zeit fast rund um die Uhr in seinem Zimmer. 18, 20 Stunden am Tag tauchte er bei zugezogenen Vorhängen völlig in die Welt eines PC-Spiels ab. Sechs Wochen lang. Anfangs hatte er sich noch nachts eine Pizza in den Ofen geschoben. Aber auch das hörte bald auf. Nur wenige Stunden am Tag schlief er; von seinem Spiel war er so absorbiert, dass er Essen und Trinken einfach vergaß.

Ich will jetzt nicht über das Suchtpotenzial von Computerspielen sprechen oder darüber, wie gefährlich es ist, wenn Jugendliche den Kontakt zur realen Welt verlieren. Dazu wird später noch Gelegenheit genug sein. Ich möchte hier das Augenmerk auf Lukas' Eltern richten.

Sie haben bei den seltenen Gelegenheiten, zu denen ihr

Sohn aus seinem Zimmer auftauchte – auf die Toilette muss schließlich jeder mal –, mitbekommen, wie der Körper ihres Sohnes weniger wurde, und sich mit dieser Beobachtung auseinandergesetzt. Sie hatten bereits von Anorexie gehört und recherchierten weitere Informationen über diese Krankheit. Sie haben versucht, ihren Sohn wieder »zurückzuholen«. Und nicht zuletzt: Sie haben sich, als dieser Versuch scheiterte, an mich als Kinderpsychiater gewendet, um sich Hilfe zu holen. Lukas' Eltern sind also alles andere als nicht informiert oder desinteressiert.

Trotzdem haben sie *nicht wahrgenommen*, dass ihr Sohn die meisten für einen Anorektiker typischen Verhaltensweisen gar nicht aufwies: andauerndes Reden übers Essen, ständige Kontrolle seines Gewichts, Beschäftigung mit Diäten usw. Sie haben *nicht wahrgenommen*, dass Lukas sich exzessiv einem Computerspiel gewidmet hat. Und sie haben auch *nicht wahrgenommen*, dass er überhaupt keine Gelegenheit zum Essen hatte, weil er sechs Wochen lang praktisch rund um die Uhr vor dem Monitor hockte. Lukas' Eltern haben gar nicht gemerkt, dass da etwas Grundlegendes völlig aus dem Ruder lief. Stattdessen fixierten sie sich auf die Vorstellung, Lukas sei an einer Magersucht erkrankt.

Mit anderen Worten: Sie haben das Offensichtliche nicht erkannt. Es ist doch völlig verrückt, wenn ein Junge 24 Stunden am Tag im abgedunkelten Raum hockt! Was sich direkt vor ihrer Nase abspielte, *konnten* sie nicht sehen! Die Folge war fatal.

So waren sie auch nicht in der Lage, ihrem Sohn zu helfen. Da wäre zum Beispiel die Möglichkeit gewesen, Lukas ein Glas Milch und einen Teller mit Butterbroten neben die Tastatur zu stellen. Das hätte umgehend die größte Not gewendet. Doch mit dem Lieferservice bis an die Tastatur hätten die Eltern ihren Sohn allerdings nicht aus der existenzbedrohenden Situation herausgeholt, sondern in seinem krankmachenden Tun unterstützt. Noch besser wäre es gewesen, sie hätten einfach den PC-Stecker gezogen, um Lukas quasi vom Computer abzuschneiden. Eine sehr einfache und sehr effektive Methode, um ihn wieder in ein normales Leben zu führen.

Heiße Füße

Wenn wir unter bestimmten Sachverhalten leiden, nehmen wir häufig nur den Schmerz wahr – und sind nicht in der Lage, auf die einfachsten Lösungsansätze zu kommen. Wie eine Ameise auf einer heißen Herdplatte laufen wir im Kreis. Dabei gibt es immer prinzipiell zwei Möglichkeiten. Erstens: wirres Hin- und Herlaufen, ohne dass man von der Herdplatte runterkommt. Zweitens: wirres Hin- und Herlaufen, das zusätzlich bewirkt, dass die Herdplatte noch heißer wird.

Beide Reaktionen helfen der Ameise nicht. Bei Ameise Nummer eins verpufft alle Energie, die in einen Lösungsversuch gesteckt wird, wirkungslos. Lukas' Eltern zum Beispiel haben auf diese Weise reagiert. Sie haben sich nächtelang über Anorexie informiert – alles für die Katz. Mit ihrem gut gemeinten Einsatz haben sie die Situation, in der sie und ihr Sohn feststeckten, keinen Deut besser gemacht.

Ich erinnere an dieser Stelle an den eingangs erwähnten gehbehinderten Krankenpfleger, der vor Gericht um einen Parkplatz kämpfte. An der Klinik – immerhin ein Betrieb mit 2.500 Beschäftigten! – waren nahe des Haupteingangs einige Frauenparkplätze ausgewiesen. Der Mann durfte dort aber nicht parken. Der ihm zugewiesene Parkplatz befand sich 500 Meter vom Eingang entfernt. Die Klinikleitung kam seinem Wunsch nicht nach, weil der Betriebsrat andere Vergabekriterien hatte und sie sich da nicht einmischen wollte und konnte. Der Betriebsrat sah offenbar keinen Handlungsbedarf. Also wurde das Gericht bemüht, das feststellte, dass das Vergabekriterium »Frauen vor Männer« keine Diskriminierung sei.

Aber darum geht es doch überhaupt nicht. Das ist die völlig falsche Baustelle! Es geht darum, dass ein stark gehbehinderter Mensch nicht gezwungen sein sollte, sich jeden Tag einen halben Kilometer von seinem geparkten Auto zur Arbeit kämpfen zu müssen. Schlimm genug, dass hier ein Mensch mit seinem Problem alleingelassen wurde. Aber das eigentliche Drama, von dem diese Geschichte zeugt, ist doch, dass hier Menschen nicht in der Lage sind, für eine simple Fragestellung, für ein einfaches Problem eine Lösung zu finden. Wohlgemerkt: Hier geht es um Parkplätze. Und um die Frage, wer wo parken darf. Mehr nicht. Es kann doch nicht so schwer sein, sich zusammenzusetzen, miteinander zu reden und die Angelegenheit aus der Welt zu schaffen. Stattdessen wird eine Wahnsinns-Energie verbrannt mit Stellungnahmen, Klageschriften etc., die am Ende das Problem noch nicht einmal lösen.

Nun zur Ameise Nummer zwei: So wie Ameise Nummer eins tut sie das Falsche – aber ihre Reaktion ist nicht nur ineffektiv, sie *verstärkt* auch noch mit ihrem Handeln das Ausgangsproblem.

Der Leidensweg von Markus und Elena, die ich in meiner Praxis kennenlernte, verdeutlicht, was ich meine.

Wenn Unterstützung kaputtmacht

Markus und Elena sind Ende 20, ihre Kinder mit dreieinhalb Jahren und 18 Monaten noch klein. Mit viel Enthusiasmus haben die beiden die Familiengründung in Angriff genommen. Die Kindererziehung mit allen Konsequenzen sollte so weit wie möglich gleich verteilt sein, weil die Voraussetzungen dafür nicht schlecht stehen: Markus ist selbstständig, hat ein eigenes Beratungsbüro. So kann er viele Telefonate mit Kunden auch von zu Hause aus erledigen und hat mehr Gelegenheit als viele andere berufstätige Väter, bei seiner Familie zu sein. Er sieht seine Kinder aufwachsen, kann ihnen ein anwesender Vater sein.

Weil Elena sich mehr als andere Mütter in ihrer Nachbarschaft auf ihren Mann stützen kann, kümmert sie sich entspannt um die Kinder, hat auch noch Zeit für sich selbst und für die Partnerschaft. So weit die Theorie. In der Praxis sieht das Lebensmodell von Markus und Elena leider ganz anders aus.

Die Kinder sind anstrengender, als die beiden sich das in ihren schlimmsten Träumen vorgestellt hatten. Der Große ist kaum zu bändigen, die Kleine schreit stundenlang und schläft schlecht. Beide Eltern sind völlig übermüdet. Elena leidet unter dem Gefühl, dass sie nichts schafft. Wenn sie beim Einkaufen war, steht der Korb nach Stunden immer noch unausgeräumt auf der Küchentheke; leicht tropfend, weil die Tiefkühlpackungen aufgetaut sind. Da die Kinder so viel Aufmerksamkeit auf sich ziehen, fehlt die Zeit aufzuräumen und zu putzen. In der Wohnung sieht es so aus, als hätte eine Bombe eingeschlagen. Markus kann das Chaos nicht auffangen. Er will die Familie ernähren und gleichzeitig seiner Frau beistehen. Doch es ist selten, dass er seine Kinder mal anders als schreiend erlebt. Das macht ihn fertig.

Den beiden geht es wie jedem anderen Menschen auch. Unter extremem Druck gelingt nur noch der Tunnelblick. Je größer die Überforderung, desto weniger nehmen wir um uns herum wahr. Und desto weniger können wir das Wesentliche vom Unwesentlichen unterscheiden, das Wirksame vom Unwirksamen, das, was wir heute erledigen müssen, und das, was bis morgen Zeit hat.

Markus und Elena verlieren den Überblick. Aus ihrer Sicht wäre alles in Ordnung, wenn nur »die Kinder nicht so wahnsinnig anstrengend wären«. Deswegen kommt die vierköpfige Familie von weit her zu mir nach Bonn gereist. Ein guter Teil meines Arbeitstages besteht darin, wie mit einer Machete das Dickicht zu lichten und den Weg frei zu machen, damit Eltern wieder zurück zum Offensichtlichen kommen. Um es kurz zu machen: Nicht die Kinder sind das Problem, es ist der Vater, der die Familie destabilisiert. Wie das?

Wenn Markus nach Hause kommt, ist er zwar körperlich anwesend, aber er ist permanent von seiner Arbeit besetzt. Oft ruft ein Kunde mitten beim Abendessen an. Dann müssen die Kinder sofort still sein, bis er mit dem Hörer in der Hand den Tisch verlassen und sich in eine ruhige Ecke zurückgezogen hat. Immer wieder wird die Familie aus den gemeinsamen Mahlzeiten herausgerissen, weil Markus aufspringen muss. Auch wenn er mit seinen Kindern spielt, ist jederzeit eine Unterbrechung möglich. Seine Anspannung überträgt sich auf die gesamte Familie. Sobald das Telefon klingelt, schlägt die Stimmung um.

Auch für die Ehefrau bedeutet dieses Hineintragen der Arbeit in die Familie Hektik pur. Ein geplanter Tagesablauf ist nicht möglich. Nie weiß Elena, wann ihr Mann nach Hause kommt. Manchmal steht er schon nachmittags um drei in der Tür, manchmal wird es spät nachts, weil eine Besprechung mit einem Kunden länger dauerte als geplant. Immer wieder geschieht es, dass sie gerade die Kinder glücklich ins Bett gebracht hat, wenn Markus nach Hause kommt und noch mal ins Kinderzimmer geht. Danach herrschen oft wieder Gebrüll und Geschrei, und das mühsame Ins-Bett-Bringen geht wieder von vorne los. Markus ist für Elena also keine Hilfe, sondern nur eine weitere Variable, die es unter den Hut zu bekommen gilt.

Die Unruhe der Eltern überträgt sich. Weil sie überdreht, genervt, gereizt und überfordert sind, sind es die Kinder auch. Eine Spirale, die immer weiter ins Chaos führt, hat sich in Gang gesetzt.

Auch hier wird wieder das Muster sichtbar: Alle wollen das Beste, und alle leiden, weil sie das Naheliegende nicht sehen. Insoweit ähnelt das Beispiel der Geschichte vom spielsüchtigen Lukas. Markus und Elena waren nicht in der Lage zu erkennen, dass die Verflechtung von Kundentelefonaten und Kinderzeit eine Aufregung hervorruft, die alle an den Rand des Wahnsinns treibt. Statt zunächst einmal über sich selbst nachzudenken, wird das Problem bei den Kindern gesehen, mit *denen* etwas nicht stimmt.

Und hier haben wir es wieder: das Verhaltensmuster der Ameise, die hektisch auf der heißen Platte hin- und herläuft. Und jetzt kommt der Knackpunkt: Markus versuchte, Ordnung ins Chaos zu bringen, und knappste immer mehr Zeit im Büro ab, damit er *noch mehr* zu Hause sein und seine Frau unterstützen konnte. Mit dem Erfolg, dass *noch mehr* Telefongespräche von daheim aus geführt werden mussten und zwangsweise *noch mehr* Unruhe in die Familie kam. Statt die Situation zu deeskalieren, verschärfte sein Lösungsversuch das Problem weiter. Je mehr Markus sich einsetzte und je mehr Elena zu ihrer Unterstützung seine Anwesenheit einforderte, desto schlimmer wurde es.

Überforderung – Überreaktion – noch mehr Überforderung – noch extremere Überreaktion usw. Wenn Überforderung und Überreaktion Hand in Hand gehen und es immer schlimmer wird, dann ist das für Eltern ein fataler, krank machender Kreislauf.

Dieses Drama beobachte ich aber nicht nur in meiner Praxis, sondern auch überall in der Gesellschaft: eine Ansammlung von meist überlasteten, überforderten Menschen, die nicht mehr wissen, wo oben und unten ist.

Doppelpass ins Aus

Ein befreundeter Architekt erzählte mir, dass es für ihn ganz normal sei, wenn die Bewilligung eines eingereichten Bauantrags viele Wochen, manchmal sogar Monate dauere. Doch statt der erwarteten Genehmigung erreichen ihn nach Wochen des Wartens immer wieder Rückfragen. Ein Beispiel für eine solche Rückfrage: »Wird der Baum auf dem Grundstück dem Gebäude nicht zu viel Licht wegnehmen?« Der Architekt antwortete: »Wie Sie den Plänen entnehmen können, steht der Baum im Norden des Bauvorhabens. Sein Schatten *kann* also nicht auf das Haus fallen.«

Mit ein wenig Nachdenken hätte der Sachbearbeiter selbst darauf kommen können, die Rückfrage war unnötig. Eine Woche später hat der Architekt die nächste Rückfrage im Briefkasten. So geht das Spiel immer weiter: Rückfrage des Bauamts. Antwort des Architekten. Eine Woche warten. Rückfrage des Bauamts. Antwort des Architekten. Eine Woche warten ...

Der Architekt sagt es ganz offen: Er ist überzeugt, dass es sich um eine reine Verschleppungstaktik handelt. Es ist natürlich nicht die Rede davon, dass jemand im Amt ihm persönlich Böses will. Dem zuständigen Sachbearbeiter geht es allein darum, dass er den Vorgang möglichst schnell wieder vom Tisch hat. Eine abschließende Entscheidung ist ihm viel zu aufwendig. Also wird der Ball zurückgespielt, obwohl er auch im Tor versenkt werden könnte.

Kurzfristig gesehen, hat er sich die Arbeit erleichtert. Doch mit jedem Projekt, das er nicht endgültig abschließt, ist ein weiterer Ball mehr in der Luft. Die Überforderung ist bei solch einer Arbeitsweise vorprogrammiert. Statt 10, 20 Projekten hat er irgendwann 100 auf dem Tisch. Die kann er nur noch halbwegs unter Kontrolle halten, indem er sie sich so schnell wie möglich wieder vom Hals schafft. Also weiter das Rückfrage-Spiel spielen – möglichst über den Postweg, damit lassen sich weitere zwei, drei Tage rausschinden. So wird aus einem Bauamt ein Bauvermeidungsamt.

Man könnte jetzt sticheln: »Na, im Bauamt habe ich noch niemanden gesehen, der sich ein Bein ausgerissen hätte.« Von außen sieht das vielleicht auch so aus. Das, was der Sinn und Zweck des Amtes ist, findet nur in sehr begrenztem Rahmen statt. Aber der Sachbearbeiter wird jederzeit unterschreiben, dass er extrem belastet ist.

Nein, ich bin kein Bauamt-Hasser, ich bin da völlig leidenschaftslos, aber mir sehr sicher, dass auch Sie ein Dutzend Spielfelder kennen, in denen ähnlich verfahren wird. Von außen meint man, dass die »Akteure« eine ruhige Kugel schieben, aber in Wirklichkeit drehen die Leute am Rad und fühlen sich völlig überfordert.

Abgehakt und archiviert

Ich kann der Beobachtung meines Architekten-Freundes nur zustimmen. Vor zehn, 15 Jahren noch war es in meiner Praxis gang und gäbe, dass das Jugendamt auf direktem Weg mit mir kommunizierte. Wenn es zum Beispiel um die Frage ging, ob ein Kind aus dem Heim zurück in seine Familie kommen sollte, nahm der zuständige Bearbeiter kurz den Hörer in die Hand, und gemeinsam überlegten wir, was das Beste für das Kind sei. Heute erreichen mich Anfragen von Krankenversicherungen, Jugendämtern, Schulen, Kollegen praktisch nur noch per Post: »Bitte schicken Sie doch mal einen Arztbrief.«

Ich stelle mit Entsetzen fest, dass es nur darum geht, Unterlagen komplett zu haben, um diese abzuheften und dann erst den »Fall« abzuschließen. Meine Mitarbeit als Kinderpsychiater soll nun nur noch darin bestehen, dass ich dazu beitrage, Akten zu vervollständigen, statt Kindern zu helfen. Denn diesen erbetenen Arztbrief liest niemand. Wie gesagt, er wird lediglich zur Vervollständigung der Unterlagen abgeheftet. Das macht mich fassungslos!

Die Spitze der Perversion: Sind die Unterlagen des Sachbearbeiters vervollständigt, hat er tatsächlich das Gefühl, dass seine Arbeit erledigt ist. Das ist ungeheuerlich! Seine Arbeit ist nämlich genau dann getan, wenn das Kind bestmöglich versorgt und untergebracht ist. Nicht, wenn die Akte vollständig ist.

Könnte das, was Sie hier lesen, etwa die kleinliche und

nachtragende Reaktion eines Kinderpsychiaters sein, dem irgendwann einmal ein Mitarbeiter des Jugendamtes auf den Schlips getreten ist? Ich kann Ihnen versichern, dass dem nicht so ist. Genauso, wie mir die Leidensgeschichten von Eltern, die sich in meiner Praxis ratsuchend an mich wenden, an die Nieren gehen, sehe ich auch den Stress der Mitarbeiter beim Jugendamt. Häufig sind es gerade die Jugendämter, die so viele Fälle auf dem Tisch haben, dass ihnen die Übersicht schon lange abhandengekommen ist. Das sieht man ja immer wieder an den entsetzlichen Fällen, in denen Kinder aus Familien, die vom Jugendamt betreut werden, zu Schaden oder sogar zu Tode kommen.

Ich stellte ja eingangs in den Raum, dass wir uns immer in Situationen wiederfinden, die nur Verlierer kennen. Nun haben wir die Antwort, woran das liegt: Es kann keinen Gewinner geben, wenn niemand mehr weiß, wozu wir bestimmte Dinge überhaupt machen.

Im Beispiel mit dem Bauamt sind die Verlierer: ein Architekt, der seine Zeit mit sinnloser Korrespondenz verplempert, ein Beamter, der nur noch ein Notprogramm fährt und dessen Schreibtisch nicht leer wird, sowie ein Bauherr, dessen Einzugstermin sich Monat für Monat verzögert. Und warum das alles? Weil das »Wozu« verloren ging: ein Hausbau, der für alle Beteiligten reibungslos ablaufen kann.

Ich möchte hier herausstellen, dass der Mechanismus, der uns Dinge ineffektiv im Fluss halten und das eigentliche »Wozu« aus den Augen verlieren lässt, uns überall in der Gesellschaft begegnet. Es geht nicht nur um Ämter (auf denen herumzuhacken, ist ja geradezu Volkssport), auch in Politik und Wirtschaft ist das »Wozu« oft in Vergessenheit geraten. Insbesondere die Schulen kann ich aus leidvoller eigener Erfahrung in den Kreis der Institutionen aufnehmen, die in erschreckender Weise hohldrehen.

Ein Dauerbrenner an Bildungseinrichtungen ist zum Beispiel das Beantragen von Einzelfallhelfern. Seit ein paar Jahren ist Inklusion ein Schlüsselbegriff, der bestimmt, wie Schule zu sein hat. Er bedeutet, dass auch dann, wenn eine psychische Behinderung droht oder vorliegt, Kinder in eine normale Schule geschickt werden. Damit mit verhaltensauffälligen Kindern in der Klasse überhaupt ein Unterricht möglich ist, werden von der Schule Einzelfallhelfer beantragt. Diese sitzen dann während des Unterrichts neben dem Kind und sorgen dafür, dass das Kind möglichst ruhig und eine Störung der anderen in Grenzen bleibt. Wenn ich zu einem solchen Fall hinzugezogen werde, geht es allein darum, dass ich dazu beitrage, die für die Beantragung des Einzelfallhelfers benötigten Unterlagen heranzuschaffen. Kein einziges Mal in den letzten Jahren wurde ich gefragt: Herr Winterhoff, wie bekommen wir es denn hin, dass der Schüler XY nicht mehr verhaltensauffällig ist?

Auch hier wieder: In meinen Augen ein völlig falscher Fokus! Es wird sichergestellt, dass der Unterricht möglichst störungsfrei stattfinden kann, und nicht, dass das Kind selbst aus der Störung herauskommt. So etwas ärgert mich richtig.

Auch die Eltern selbst erliegen der Versuchung, einfach nur einen Deckel auf den überkochenden Milchtopf drücken zu wollen. Ich denke da an die vielen Bescheinigungen für Legastheniker, die ich ausfüllen soll. Mit einem solchen Attest werden die Kinder aus dem Benotungssystem der Schule herausgenommen – und so mit ihrer Lese- und Rechtschreibschwäche seitens der Institution alleingelassen. Sie werden zwangsläufig zu Erwachsenen, die kaum eine Chance auf dem

Arbeitsmarkt haben. Ich fürchte, vielen Eltern ist leider gar nicht klar, dass Legasthenie keine anerkannte Behinderung ist.

Es gibt keinen Beruf, in dem man jederzeit aufstehen und andere stören kann. Was wird also aus all den Kindern und Jugendlichen, die heute nur deshalb am Unterricht teilnehmen dürfen, weil sie eine Bescheinigung vorweisen können, dass sie in Therapie sind? Da rollt eine Welle auf uns zu, deren Zerstörungskraft wir nicht im Entferntesten abschätzen können. Wie sollen diese Kinder denn um Gottes willen später einmal klarkommen?

Den Eltern und Lehrern eines heranwachsenden Legasthenikers bringt so ein Freifahrtschein allerdings eine ganze Menge: Ruhe und ein gutes Gewissen. Die haben wieder ein Formular, das sie abheften können, und freuen sich, dass sie die Sache abhaken können. – Auf das Stichwort Ritalin möchte ich an dieser Stelle ganz bewusst nicht eingehen.

Mein Fazit: Da wird in der Gesellschaft auf breiter Front das Wesentliche nicht gesehen, werden wichtige Entscheidungen – wenn überhaupt – nur mit großer Verzögerung getroffen. Stattdessen werden Akten hin- und hergeschoben und die Symptome statt der Ursachen behandelt. Das alles zusammen hat eine enorme Bremswirkung, die wir uns gar nicht leisten können.

Das alles geschieht still und leise, fast unsichtbar. Man hat sich schon längst daran gewöhnt, findet es normal. Es gibt aber auch die lautstarke Variante des Das-Wesentliche-nicht-Sehens. Aber auch wenn publikumswirksam die Ärmel hochgekrempelt und markige Ansagen gemacht werden, ist der Effekt doch derselbe: Es kommt wenig dabei heraus, bzw. der Karren wird immer tiefer in den Dreck gefahren.

Beachte mich!

Es hat einen Grund, warum ich am Anfang dieses Kapitels auch das Beispiel der Lufthansa-Streiks anführte. Wie bei Markus und Elena ist das Grundprinzip erkennbar: das Wesentliche aus den Augen verlieren – das Falsche tun – die Situation nur noch verschlimmern.

Es geht ja nicht darum, dass Arbeitnehmer möglichst viel Geld mit nach Hause nehmen dürfen (ich unterstelle jetzt mal, dass das die Sicht der Gewerkschaft ist). Oder dass die Bilanz durch Personalausgaben möglichst wenig belastet wird (die Sicht der Arbeitgeber). Das Wesentliche ist doch, dass das Unternehmen erfolgreich bleibt. Nur wenn das Unternehmen Rendite macht, kann auch verteilt werden. Fakt ist: Während man sich um Gehälter und Vorruhestandsregelungen streitet, sorgen die Beteiligten dafür, dass ihr Unternehmen geschwächt wird. Mit ihrem Verhalten schneiden sie sich ins eigene Fleisch. Allein durch die vier Streiktage Ende September fielen 4.300 Flüge aus; betroffen waren Hunderttausende Fluggäste. So etwas spielt in einem hart umkämpften Markt nur der Konkurrenz in die Hand. Nicht nur andere Fluglinien profitieren, auch Fernbuslinien, Bahn und Autoverleiher. Dazu kommt, dass Tausende Menschen aufwendig umbuchen müssen oder sogar auf Flughäfen stranden. Egal, wer in dieser Auseinandersetzung siegt, es wird ein teuer erkaufter Erfolg sein. Kay Kratky, Vorstand im Lufthansa-Passagiergeschäft, schätzte die Kosten der Streiks auf knapp 200 Millionen Euro. Der Schaden für die Gesamtwirtschaft zum Beispiel durch Fracht, die nicht transportiert wird, liegt sogar noch deutlich höher! Alexander Schumann, der DIHK-Chefvolkswirt, nennt eine Zahl von bis zu 25 Millionen Euro. Für jeden einzelnen Streiktag!

Da wird nicht mit ruhiger Hand an einer Lösung gearbeitet, mit der alle Beteiligten leben können. Sondern es geht nur noch darum, die andere Partei in die Knie zu zwingen, fertigzumachen.

Egal, ob die Verantwortung auf die leise Weise im Kreis herumgeschoben wird oder ob das mit dem Holzhammer gemacht wird – wir haben es überall mit blindem Aktionismus zu tun. Blind, weil das Wesentliche nicht gesehen wird, Aktionismus, weil gehandelt wird, ohne dass ein Resultat dabei herauskommt.

Ein weiteres Beispiel: Ist Ihnen schon einmal aufgefallen, dass auf vielen Mails, die Sie bekommen, im Betreff Kürzel wie ASAP stehen? ASAP bedeutet: As soon as possible. Da kann aber auch stehen: Höchste Prio! Oder: Unbedingt sofort bearbeiten! Warum ist das so?

Wenn wir in einer Umgebung, in der ohnehin ständig Aktionismus herrscht, die Aufmerksamkeit haben wollen, dann müssen wir lauter als die anderen schreien. Auf und ab hüpfen, mit den Armen wedeln und rufen: Hier! Beachte mich! Denn Aktionismus bedeutet auch: Übererregung, ständiger Alarmmodus.

Was aber passiert, wenn es 100 super-mega-wichtige ASAP-Mails am Tag sind, die uns die Ohren vollbrüllen? Oder Anrufe, Meetings oder was auch immer, die um unsere unausgesetzte Aufmerksamkeit buhlen? Wenn alles super-wichtig ist, dann ist alles gleich wichtig – und letzten Endes egal.

An dieser Stelle ist es mir wichtig, Folgendes zu betonen: Es scheint mir die herrschende Belanglosigkeit, die neben der Ineffektivität das Ergebnis der permanenten Überforderung ist. Das letzte der drei eingangs erwähnten Beispiele nehme ich hierfür als Kronzeugen.

ASAP

Fünf Buchstaben

Eine Zahnarzthelferin kündigt ihre Stelle und bekommt ein Zeugnis, in dem steht: »zur vollen Zufriedenheit«. Das klingt doch zunächst einmal schön. Besser wäre es gewesen, wenn dort gestanden hätte: »*stets* zur vollen Zufriedenheit«. Nun haben Angestellte einen Anspruch auf ein wohlwollendes, positives Zeugnis. Die Zahnarzthelferin war unzufrieden mit der Einschätzung ihrer ehemaligen Arbeitgeberin und klagte. Durch drei Instanzen. Am Ende blieb das »stets« draußen.

Hier erkenne ich wieder das Grundmuster: Das »Wozu« ist verloren gegangen. Sind Zeugnisse dazu da, um der Form Genüge zu tun? Oder dass ein Arbeitnehmer sinnvolles Feedback zu seiner Arbeit und der Arbeitgeber in spe eine aufrichtige Beurteilung der Leistungen bekommt? Kann sein, dass der Ex-Chef ein ungerechter, nachtragender Mensch ist. Soll ja vorkommen. Kann aber auch sein, dass die Zahnarzthelferin sich bei der Arbeit nicht gerade ein Bein ausgerissen hat ...

Es ist ja schon absurd, dass die Arbeitgeber faktisch gezwungen sind, die Zeugnisse nach einem Schlüssel zu schreiben. Wenn ein »stets« einklagbar wäre – und so weit wird es noch kommen, davon bin ich überzeugt –, dann würde das Prinzip Arbeitszeugnis endgültig ad absurdum geführt. Dann könnte sich genauso gut jeder sein Einheits-Arbeitszeugnis aus dem Internet runterladen.

Wenn wir nicht mehr für die entscheidenden Dinge einstehen, sondern für alle, dann ist das ein Drama für den Einzelnen – und für die Gesellschaft.

Höllensturz

Ich bringe es abschließend noch einmal auf den Punkt: Wir nehmen unser Leiden wahr, aber wir können die einfachsten Ursachen nicht abstellen. Weil wir nicht mehr selbst das tun können, was getan werden muss, drehen wir uns im Kreis. Auch wenn wir uns Hilfe von außen in Form von Psychologen, Juristen, Coaches, Mediatoren usw. holen, haben wir – ich drücke es mal milde aus – keine Erfolgsgarantie. Denn oft verschlimmert das, was wir in die Wege leiten, das Problem nur noch. Wir haben keinen Spielraum, Dinge zu durchdenken, und reagieren nur noch, statt zu handeln. Weil wir das Wesentliche nicht vom Unwesentlichen unterscheiden können, ist uns am Ende alles egal.

Wenn eine Einzelperson mit diesen Verhaltensauffälligkeiten zu mir in die Praxis käme, wäre meine Diagnose klar: Dieser Mensch ist hochgradig überfordert und verfügt nicht über die Mittel und die Fähigkeiten, sein Leben eigenständig leben zu können. Sein Tun ist wirr und ineffektiv. Dadurch reitet er sich immer tiefer in die Überforderung hinein. Ich müsste umgehend Therapiemaßnahmen einleiten und dafür sorgen, dass er massiv unterstützt wird. Zum Beispiel mit einer Einweisung in einen Ort betreuten Wohnens.

Das Problem ist nur, dass es sich nicht um einzelne Personen handelt, die diese Auffälligkeiten aufweisen, sondern dass ich mit meiner Diagnose eine ganze Gesellschaft porträtiert habe. Eine Gesellschaft, in der wichtige Entscheidungen nicht gefällt, Probleme nicht gelöst, sondern verschoben und wegdelegiert werden. Eine Gesellschaft, in der oft das, was getan wird, die Ausgangslage nicht verbessert, sondern nur noch verschlimmert. Das Fatale ist: Wir nehmen das alles gar nicht mehr als Defizit wahr. Wie ein schleichendes Gift hat sich in allen Lebensbereichen die durch Überforderung ausgelöste Ineffektivität breitgemacht.

Noch nie in unserer Geschichte haben wir die Möglichkeit gehabt, so gut zu sein wie jetzt. Transparenz, Wissensvernetzung, Kommunikationsmöglichkeiten, Bildung ... Den meisten Menschen geht es gut, sie verfügen über eine sehr gute Grundversorgung. Und trotzdem sind sie unzufrieden, gehetzt, fühlen sich gestresst, wirken genervt und überfordert, kommen nicht mehr zur Ruhe. Es fehlen Freude und Spaß am Leben, Gelassenheit, Entspannung.

Schaut man Menschen an, die einem zum Beispiel in einer Fußgängerzone entgegenkommen, blickt man viel zu oft in Gesichter, die arm an Mimik sind, leer. Menschen, die strahlen, sind die Ausnahme. Meine Wahrnehmung ist: Diese Menschen haben keinen Blick für den anderen, sie sehen primär sich und die eigenen Bedürfnisse.

Psychiater nennen das autistoid. Diese Menschen überleben nur noch, empfinden alles, was auf sie einprasselt, als zu viel, fühlen sich nicht gesehen oder verstanden, fühlen sich ungerecht behandelt, zu kurz gekommen. Alles fällt ihnen schwer. Arbeiten, einkaufen, den Haushalt bewältigen, Kinder versorgen und erziehen, Freunde haben und treffen – alles wird als Belastung wahrgenommen. Immer mehr Erwachsene haben das Gefühl, ausgebrannt zu sein, sind depressiv, leiden unter Burn-out. Wir verzeichnen eine dramatische Zunahme an psychosomatischen Störungen wie zum Beispiel Schlafstörungen, Essstörungen, Kopfschmerzen – und das bereits im Kindesalter.

Eine solche Ansammlung von Störungen könnte man fast ein Polytrauma nennen. Die Generation unserer Eltern hatte diese Probleme nicht. Egal, ob Nachkriegs-Generation oder 68er – sie hatten gewiss ihre eigenen Probleme, aber Lebensuntüchtigkeit und Überforderung haben sicherlich nicht dazugehört. Obwohl es uns materiell so gut geht wie nie zuvor, hat keine Gesellschaft vor uns die Themen Stress und Überforderung so deutlich und häufig formuliert wie unsere. Wir träumen uns aus dem Leben, machen müde Fluchtversuche in Wellness-Oasen und ferne Länder – raus aus einem Leben, dem wir uns nicht mehr gewachsen fühlen. Warum sind wir nicht mehr fähig, die Herausforderungen des Lebens zu meistern?

Was ist mit uns los?

KAPITEL 2

Der Spiegel
des Narziss

In Sunthausen, einem Ortsteil von Bad Dürrheim am Rande des Südschwarzwaldes, leben 900 Einwohner. 39 von ihnen sind in der Freiwilligen Feuerwehr. Oder besser gesagt: Sie waren es. Denn alle 39 Kameraden traten zum Jahreswechsel 2014/15 geschlossen aus der Ortsgruppe aus. Es gibt in Sunthausen keine Feuerwehr mehr. Was ist da passiert?

Der Gemeinderat hatte 2013 nach längeren Beratungen für drei der sieben Dürrheimer Ortsteile die Anschaffung neuer Fahrzeuge beschlossen. Hochemmingen, Öfingen und Sunthausen sollten zum Ersatz der teilweise 30 Jahre alten Feuerwehrwagen je ein modernes Einsatzfahrzeug mit integriertem Wassertank erhalten.

Mit der Zusage über drei Mal 160.000 Euro schaute sich die Beschaffungsgruppe der Feuerwehr bei den Kollegen anderer Gemeinden die Löschfahrzeuge an. Man erwärmte sich für ein Modell, das 30.000 Euro teurer war. Also fragten die Feuerwehrleute nach, ob sich die zur Verfügung gestellte Summe aufstocken ließe. Die Antwort des Gemeinderats war deutlich: Nein – es sollte nicht noch tiefer in die Kasse gegriffen werden. Die Ortsteile Öfingen und Hochemmingen akzeptierten die Entscheidung und bestellten wie geplant 160.000-Euro-Fahrzeuge. Nur die Sunthausener gingen auf Konfrontationskurs: Entweder wir bekommen unser 190.000-Euro-Feuerwehrauto, oder wir machen den Laden dicht. Fast ein ganzes Jahr lang dauerte der Streit, am Ende löste sich die Ortsgruppe auf.

Brandopfer

Als ich Ende 2014 den Artikel über die Vorgänge im Südwesten Deutschlands in der Zeitung las, war mein Interesse geweckt. In dieser Geschichte schien auf den Punkt gebracht zu sein, was einen Großteil der Misere ausmacht, die unsere Gesellschaft plagt: Die Verpackung ist wichtiger als der Inhalt. Für Werbefachleute mag dieser Spruch das tägliche Brot sein; sie leben davon, Produkte perfekt in Szene zu setzen. Für eine Gesellschaft ist diese Maxime aber brandgefährlich. Warum das so ist, davon handelt dieses Kapitel.

Ich recherchierte ein wenig im Internet, besuchte die Facebook-Seiten der Beteiligten, und tatsächlich bestätigte sich meine Vermutung auf geradezu unheimliche Weise: An der Sunthausener Feuerwehr sehen wir wie unter einem Brennglas, wohin es führt, wenn das Image wichtiger als alles andere wird. Was hier passierte, versteht man am besten, wenn man einige Fakten über die Feuerwehr weiß.

Es gibt nur ca. 100 Berufsfeuerwehren in Deutschland, meist in den Städten mit mehr als 100.000 Einwohnern. In allen anderen Städten und Gemeinden übernehmen die etwa 24.000 Freiwilligen Feuerwehren den Großteil aller Einsätze; in ihnen sind eine Million Mitglieder organisiert, die das Löschen, Bergen, Retten und Schützen als Ehrenamt ausüben. Ganz klar: Ohne die vielen Freiwilligen Feuerwehren im Lande würde es für den kommunalen Brandschutz schlecht aussehen. Tag für Tag sind die Mitglieder bereit, ihre Freizeit zu opfern und ihr Leben für ihre Mitbürger aufs Spiel zu setzen. Diesem Engagement kann gar nicht genug Respekt und Dank entgegengebracht werden.

Es gibt aber auch noch die andere Seite der Freiwilligen Feuerwehren. Wer Menschen kennt, die sich in einer Ortsgruppe engagieren – oder gar selbst einer von ihnen ist –, weiß, wie wichtig die Ausstattung ist. Sie wird gehegt und gepflegt, und aufmerksam bis eifersüchtig wird beobachtet, ob die benachbarten Feuerwehren etwa besser ausgerüstet sind. Denn von Fuhrpark und Gerät hängt nicht nur das Leben ab, sie sind auch die Insignien der Bedeutung und Wertschätzung, die eine Gemeinde ihrer Feuerwehr zuspricht. Wer sich in den einschlägigen Foren umschaut, findet schnell Beiträge wie den folgenden. Auf die Frage: »Was motiviert zur Freiwilligen Feuerwehr?«, antwortete ein User in dieser Reihenfolge: »Die Gemeinschaft, etwas Korpsgeist, Freundschaft, große Autos, viel Lärm, technisches Zeug, der positive Beigeschmack, seine Zeit mit etwas Nützlichem zu verbringen.«

Den Sunthausenern fiel die ihnen zugebilligte Anerkennung zu gering aus. Sollten sie sich etwa von der Gemeinde mit einer »Billigvariante« abspeisen lassen und bei gemeinsamen Übungen mit Feuerwehrleuten aus anderen Gemeinden spöttische Blicke ertragen müssen? Das Image der Gemeinschaft wurde wichtiger als der Grund, warum diese Gemeinschaft überhaupt ins Leben gerufen wurde: der Schutz der Bevölkerung. Der blieb im Streit mit dem Gemeinderat auf der Strecke. Das zeigt die Erklärung des Teilort-Kommandanten vom 9. Oktober 2014, mit der er den Druck auf den Gemeinderat noch einmal erhöhen wollte. Darin heißt es: »Sollte es tagsüber zu einem Brand kommen, sieht es nach der Auflösung der Abteilung Sunthausen in allen Stadtteilen sehr schlecht aus. Wer glaubt, im Brandfall kommen dann Feuerwehren aus anderen Gemeinden, wiegt sich in falscher Sicherheit ...«

Vielleicht hat der Kommandant ja recht gehabt, als er auf dem teureren Gefährt bestand? Vielleicht wäre ja tatsächlich nur mit einer Investition von 190.000 statt 160.000 Euro ein ausreichender Schutz gewährleistet gewesen? Dagegen spricht, dass die beiden anderen Feuerwehren sich mit der günstigeren Variante zufriedengaben. Dringend notwendig war die Aufstockung der bereitgestellten finanziellen Mittel offensichtlich nicht.

Die Rollen in einer Gemeinde sind nun mal klar verteilt: Die Feuerwehr dient dazu, Menschen in Not zu helfen. Der Gemeinderat ist dazu da, den Haushalt zu verantworten. Natürlich soll ein Kommandant sich Gehör verschaffen dürfen, wenn er meint, dass für seine Ortsgruppe eine bessere Ausrüstung oder was auch immer notwendig ist. Die Entscheidung über den Investitionsrahmen bleibt aber immer bei der Politik. Wenn den Feuerwehrmännern die Entscheidung des Gemeinderates nicht gefällt, dann sollten sie beim nächsten Mal einen anderen Bürgermeister wählen. Aber sie dürfen nicht wie ein trotziges Kind sagen: Das passt mir nicht, also gehe ich. Denn auch wenn die Mitglieder der Feuerwehr sich freiwillig engagieren, haben sie doch mit ihrem Eintritt in die Gruppe eine Verantwortung übernommen.

Das Ergebnis der Sunthausener Auseinandersetzung ist skandalös: Die komplette Gemeinschaft fand nicht mehr aus ihrem Trotzverhalten heraus, mit dem sie ihren Gemeinderat erpressen wollte. Alle 39 Kameraden legten zur Jahreswende ihr Ehrenamt nieder, obwohl dadurch erklärtermaßen nach

Ansicht des Kommandanten die Sicherheit der Einwohner definitiv gefährdet ist.

Oberflächenspannung

Jede Generation hat ihr eigenes Thema. Bei den 68ern stand das Motiv »Beziehung« im Brennpunkt. Nicht nur die zwischen Bürgern und Staat, sondern vor allem auch die Beziehungen der Menschen untereinander. Wie stehen Kinder und Erwachsene zueinander? Wie Mann und Frau? An der Beantwortung der Frage, ob und wie ein Mann zwei und mehr Frauen haben kann – und eine Frau zwei und mehr Männer –, unterschied sich der damals »moderne Mensch« vom Ewig-Gestrigen.

In den Achtzigern und Neunzigern stand ein anderes Thema im Vordergrund: Wie befriedige ich meine Bedürfnisse? Das konnten materielle Bedürfnisse sein – also: Wie werde ich schnell reich? Aber auch: Wie schaffe ich es, mich gut zu fühlen? Das war die Zeit, in der unter anderem die Droge Ecstasy populär wurde.

Heute geht es nicht mehr um Beziehungen. Und auch nicht darum, mit allen Mitteln zu erreichen, dass es einem gut geht. Das neue Goldene Kalb, um das die meisten Menschen tanzen, heißt: Image. Es geht um die perfekte Oberfläche. Das ist für uns schon so selbstverständlich geworden, dass es uns gar nicht mehr auffällt, geschweige denn infrage gestellt wird.

Der Anspruch, der Welt ein möglichst perfektes Bild von sich zu zeigen, ist nicht etwa auf die oberen Zehntausend beschränkt. Dienstleister, die bei der Auswahl richtigen Schuhwerks und der angesagten Wellnessfarm beratend zur Seite stehen, werden nicht nur in den obersten Hierarchieebenen von Unternehmen gebucht. Im Schweizer Kanton Freiburg zum Beispiel steht mittlerweile den Sozialhilfeempfängern ein Stilcoach zur Seite. Er »hilft beim Aussortieren der Garderobe, klärt über vorteilhafte Schnitte auf oder begleitet die Person beim Shopping«. 785 Franken kostet der Spaß jedes Mal. Offensichtlich ist das gut angelegtes Geld, denn auf diese Weise gelingt es, so manchen Arbeitslosen in Lohn und Brot zu bekommen. Was bemerkenswert ist: Das Diktat des Visuellen ist schon ganz unten in der Einkommens-Pyramide angekommen. Das ansprechende äußere Erscheinungsbild ist quer durch die Gesellschaft zum Erfolgsfaktor geworden.

Sonja Bischoff, eine mittlerweile emeritierte Professorin für Betriebswirtschaftslehre und Entrepreneurship an der Uni Hamburg, gab seit 1986 alle fünf Jahre die Studie »Wer führt in (die) Zukunft? Männer und Frauen in Führungspositionen der Wirtschaft in Deutschland« heraus. Unter anderem fragte sie Führungskräfte: »Was war für Sie ein Erfolgsfaktor beim Berufseinstieg?« 1986 lag der Prozentsatz derjenigen, die die »äußere Erscheinung« nannten, bei 6 %. Im Jahr 2008, 22 Jahre später, waren es 32 % der Befragten (29 % der Männer und 36 % der Frauen), für die ihre äußere Erscheinung Türen geöffnet hatte. In dieser Zeit hat der Faktor »äußere Erscheinung« die »Sprachkenntnisse« und »persönlichen Beziehungen« glatt überholt.

Zum positiven Image gehören aber nicht nur ein gutes Aussehen, das »richtige« Schuhwerk und der »richtige« Haarschnitt. Die Oberfläche, die ein Mensch seiner Umwelt zeigt, ist sehr viel größer. Da ist zum Beispiel sein Auftreten in sozialen Netzwerken; den durchschnittlich 160 Kontakten jedes Facebook-Nutzers (Stand Juni 2014; Umfrage von Statista und TÜV im Auftrag von Hubert Burda Media) soll auf der eigenen Profilseite ein möglichst perfektes Bild vermittelt werden. Zum Außenbild tragen weiterhin noch Meinungen und Überzeugungen bei, die jemand vertritt. Wer sich nicht dem richtigen Lager anschließt – das können politische Parteien sein oder z. B. die Frage der Ernährungsgewohnheiten –, verliert schnell den Anschluss. Denn es ist ja der große Wert eines Images: zu einer Gruppe zu gehören und in ihr Erfolg haben zu können.

Die Anpassung des eigenen Images an die Erwartungen der Gruppe, in der man sich befindet, bestimmt sogar das Verhalten eines Menschen. Denn nicht nur Haltungen bestimmen das Bild mit, das die Außenwelt von uns hat, auch die Handlungen. Wer mit Kollegen auf Dienstreise ist und abends mit ihnen essen geht, wird sich gut überlegen, welches Getränk er bestellt: Wenn alle anderen Wein trinken, wird er es wahrscheinlich auch tun, und wenn er noch so viel Lust auf ein kühles Bier hat. Sollte er aber vorhaben, demnächst auf der Karriereleiter an ihnen vorbeizuziehen, kann für ihn die Gelegenheit gekommen sein, sich ein aggressiveres Image zu verpassen. Während alle anderen an ihrer Weißweinschorle nippen, bestellt er sich ostentativ ein Bier oder was auch immer, um zu zeigen: Ich bin anders als ihr. Ich bin so stark, dass ich mich dem Gruppendruck verweigern kann.

Imagepflege bedeutet also, sich egozentrisch ins rechte Licht zu setzen. Der Ansatz ist sozusagen ganzheitlich: Erscheinungsbild, Meinung, Handlung – alles wird davon bestimmt, welche Wirkung jemand erzielen will. Jeff Bezos, Gründer von Amazon, brachte es auf den Punkt: »Your brand is what people say about you when you leave the room.«

In einer Gesellschaft, die das Image als Maß der Dinge sieht, machen heute nicht diejenigen Karriere, die die Arbeit machen, sondern jene, die andere davon überzeugen können, dass sie die Arbeit gemacht haben. Egal, ob das den Tatsachen entspricht oder nicht. Möglich wird das, weil in Unternehmen flache Hierarchien und Teamarbeit Standard geworden sind. Beides bringt mit sich, dass eine realitätsnahe Bewertung der Leistung Einzelner kaum mehr möglich ist. Denn eine flache Hierarchie in einem Unternehmen bedeutet ja, dass der direkte Vorgesetzte »weit weg« ist. Es gibt keinen Chef mehr, dessen Büro in Sichtweite seiner Mitarbeiter liegt und der sehr genau im Auge hat, was ein einzelner Angestellter leistet – oder auch nicht.

Meiner Erfahrung nach kennt jeder aus Erzählungen im Freundeskreis oder aus eigenem Erleben die Situation, dass ein Erfolg, der im Team oder von einem Einzelnen erarbeitet wurde, mit hohem Imagegewinn von einem geschickten Kollegen als persönliche Leistung ausgegeben wurde. Es ist leider so: Befördert wird in der Regel derjenige, der sich am wirksamsten in Szene setzt. Wer es versteht zu leuchten und zu schillern, bringt es weiter. Das muss nicht mit fehlender Kompetenz einhergehen. Leider ist das aber recht oft der Fall.

Blender hat es natürlich schon immer gegeben. Doch was früher eine unangenehme Randerscheinung war, ist heute ganz normal. So normal, dass sich kaum jemand daran stört, wenn ganz offen für entsprechende Workshops und Coachings geworben wird:

- Der Schlüssel zum Erfolg liegt in Ihren Händen: Bringen Sie Ihre Potenziale in ein erfolgreiches Selbstmarketing ein und verbessern Sie Ihr persönliches Image.

- Als Vorgesetzter obliegt es Ihnen, sowohl das eigene Image als auch das Ihres Teams zu pflegen. Es ist Ihre Aufgabe, Erfolge und Top-Fähigkeiten angemessen zu vermarkten.
- Überlassen Sie Ihre berufliche Zukunft nicht dem Zufall: Imagepflege im Berufsleben ist angesagt!

Deutschland befindet sich im Aufrüstungs-Wettkampf. Wenn Herr Müller ein exzellenter Selbstvermarkter ist, dann muss Frau Meier eben noch einen draufsetzen.

Alles nur ein Spiel, dessen Regeln man eben kennen und befolgen muss, um Erfolg zu haben? Nein, denn an der Sache mit der Imagepflege ist aus psychiatrischer Sicht noch mehr dran. Der Tanz ums Image hat für den Einzelnen fatale Folgen: Er ist ungeheuer anstrengend und beeinflusst massiv die Psyche. Wie das zusammenhängt, werde ich im Folgenden zeigen.

Unterm Damoklesschwert

Bei Kleidung und Haarschnitt den Erwartungen zu entsprechen, ist ja noch relativ einfach zu bewerkstelligen. Ein jugendliches und leistungsfähiges Image zu pflegen, ist schon deutlich schwieriger. Wer hier mithalten will, macht Fastenkuren und lässt sich Falten unterspritzen, Haare transplantieren, Fett absaugen oder botoxt. All dies betrifft in erster Linie den Geldbeutel. Das wäre noch zu verschmerzen. Doch die Fixierung auf das eigene Image hat noch einen weit tief greifenderen Effekt: Sie erzeugt Angst.

Wer die Kraft für ein erfülltes Leben nicht aus dem sicheren Vertrauen in eigene Stärken zu ziehen vermag, sondern Erfolg und Lebensglück von seinem Image abhängig macht, der muss Angst haben, aufs falsche Pferd zu setzen. Und das ständig. Die Sorge, eine Nuance zu verpassen, treibt ihn um. Er muss ja nur einmal die falsche Jacke anhaben oder die Parolen der falschen Partei zitieren, und die mühsame Arbeit von vielen Jahren kann umsonst gewesen sein.

Stellen Sie sich vor, ein Freundeskreis trifft sich regelmäßig reihum, um gemeinsam Musik zu hören. Einer der Freunde hat sich ein MP3-Gerät gekauft, das gerade neu auf den Markt gekommen ist. Das will er seinen Kumpels zeigen. Er freut sich schon auf die Anerkennung der anderen: »Was? So viele Funktionen? Das ist ja verrückt!« Und dann kommt alles anders als geplant: Der heutige Gastgeber hat sich gerade einen sündhaft teuren Plattenspieler gekauft, und es wird eifrig diskutiert, warum analoge Geräte einen so viel besseren Hörgenuss bieten als die digitalen. Innerhalb einer halben Stunde hat sich das neue MP3-Gerät in Ramsch verwandelt, und das Selbstwertgefühl seines gerade noch so stolzen Besitzers ist am Boden zerstört.

Wenn die Gefahr, eine falsche Alternative zu wählen, groß ist, wird jede Handlung zum Risiko. Wie unter Verfolgungswahn versucht der Image-fixierte Mensch, sich möglichst umfassend abzusichern. Einem Schachspieler gleich brütet er über dem nächsten Zug: Wenn ich dies sage oder mache, was sagt man dann über mich? Er grübelt und zweifelt und wird immer bestrebt sein, die Gefahr eines Imageverlustes zu minimieren und sich bloß nicht zu weit aus dem Fenster zu lehnen. Also bloß nicht festlegen! Das alles kann ganz bewusst ablaufen, die Angst zu versagen ist dem Image-Hörigen aber schon so sehr in Fleisch und Blut übergegangen, dass die Vermeidungsstrategien auch ganz unbewusst ablaufen. Unsere Sprache macht das sichtbar. Typische Wendungen in unserer Image-basierten

Der Spiegel des Narziss

Welt sind: »Ich sag jetzt mal so: ...« und »Vielleicht könnten wir mal ...« und »Ich kann das ja wieder umtauschen ...«

Der Tanz ums Image ist eine Katastrophe für die Psyche: Wo die Oberfläche besonders hell glänzt, ist es mit dem Selbstvertrauen meist nicht weit her. Der immense Druck, im Beruf und im privaten Leben »gut auszusehen«, geht mit der ständigen Angst einher, den Erwartungen der anderen nicht zu entsprechen. Angst und Druck haben all jene im Griff, die nicht über die notwendigen inneren Ressourcen verfügen, ihr Leben selbstbestimmt und nach eigenem Ermessen zu führen. Und je weniger innere Werte sich etablieren konnten, desto wichtiger wird das Image. Eine Teufelsspirale.

Was ist wirklich gut für mich? Für meine Familie? Für die Aufgaben, die mir anvertraut wurden? Für das Unternehmen, für das ich arbeite? Wer sich auf ein inneres Wertesystem verlassen kann, wird diese Fragen aus sich heraus beantworten und zielgerichtet handeln können. Ein Image-Junkie dagegen wird um jeden Preis seine Entscheidungen revidierbar halten und nach dem Zuspruch derer gieren, die um ihn herum sind. Auf diese Weise wird er nie im Leben den Beitrag leisten, für den er verantwortlich ist. Ich frage Sie an dieser Stelle: Sieht so ein gutes, sinnvolles Leben aus?

Nicht nur die Image-Junkies selbst leiden. Auch jene, die mit ihnen zu tun haben, vielleicht sogar von ihnen abhängig sind, müssen einiges durchstehen. Paul zum Beispiel ...

Blendwerk

Pauls Eltern, beide Ende 20, wurden von der Schule aufgefordert, mit ihm einen Psychiater aufzusuchen. Mit dem Besuch bei mir sollten schwerwiegende psychische Erkrankungen, die Pauls extrem aggressives Verhalten in der Schule erklären könnten, ausgeschlossen werden. Denn Paul – in Wirklichkeit heißt er natürlich anders – ist ein notorischer Störenfried und Quertreiber, der seinen Klassenkameraden und Lehrern das Leben schwer macht. Kein Schultag vergeht, an dem er nicht den Unterricht massiv stört. Den Lehrern gelingt es nicht, den völlig überdrehten Jungen im Zaum zu halten; jede disziplinarische Maßnahme prallt an ihm ab. Ich spreche hier übrigens nicht von einem pubertierenden Jugendlichen, sondern von einem kleinen Jungen, der in der Grundschule die dritte Klasse besucht.

Auch die berufstätigen Eltern sind am Ende ihrer Kräfte. Immer wieder müssen sie ihren Sohn wegen seiner Prügeleien und anderer massiver Störaktionen frühzeitig von der Schule abholen. Merkwürdig: Daheim haben die Eltern keine Probleme mit ihrem Sohn. Dort klappt alles bestens. Liegt es also an der Schule? Den Lehrern?

Als Paul vor mir sitzt, sehe ich in das Gesicht eines blonden, sehr gewinnend auftretenden Jungen, der etwas jünger wirkt als acht Jahre. In der Unterhaltung mit ihm vertieft sich der positive erste Eindruck: ein pfiffiges Kind, gezielt in der Kontaktaufnahme und durchaus fähig, sich überaus positiv zu präsentieren – Paul ist ein Kind, das scheinbar mühelos die Herzen der Erwachsenen gewinnt. Seine sorgfältig und sehr modisch zusammengestellte Kleidung unterstreicht noch sein gefälliges Auftreten.

Pauls Eltern haben sich getrennt, als er zwei Jahre alt war. Damit ihr Sohn möglichst wenig unter der Trennung zu leiden hat, teilen sie sich seitdem die elterliche Aufgabe. Kein Elternteil soll zur Randfigur werden. Also wechselt der Junge alle drei Tage vom Vater zur Mutter und wieder zurück. Da-

Der Spiegel des Narziss

mit ihr Sohn nicht jedes Mal von einem Ende der Stadt ans andere fahren muss, haben die Eltern mit Bedacht entschieden, auf ein gutes Stück ihrer Freiheit zu verzichten und nur ein paar Häuser voneinander entfernt zu wohnen. So bleiben Paul alle seine Sozialkontakte erhalten.

Tagsüber wird der Junge in seiner Ganztagsschule und durch Au-Pairs betreut. Im Notfall springen eine Großmutter und verschiedene Betreuungspersonen ein. Alles in allem wird ein hoher organisatorischer Aufwand betrieben, um Paul »zu versorgen«. Für die Eltern ist das sicher nicht immer leicht. Beide sind Wissenschaftler an der Universität und haben einen anspruchsvollen Arbeitstag, der sich nicht in acht Stunden pressen lässt. Nur wenn Paul beim jeweils anderen ist, ist der Weg frei für durchgearbeitete Wochenenden.

Für die »Opfer«, die sie ihrem Sohn bringen, bekommen sie im Freundes- und Bekanntenkreis hohe Anerkennung. »Wie ihr das alles so schafft – fantastisch! Da können sich andere Paare, die in Scheidung leben, mal eine Scheibe abschneiden.«

Und genau das ist der Punkt, den ich meine: Mit diesem perfekten Image könnte man eine Homestory in einem Hochglanzmagazin daraus machen. Die erfolgreichen Eltern, denen das Wohl ihres Kindes am Herzen liegt und die ihre wichtigen Forschungsarbeiten um ihn herum organisieren. Dazu der nette, brave Junge, der sich zu Hause hochintelligent und umgänglich zeigt. Wenn da nur nicht die Sache mit der Schule wäre ...

Im Zusammensein mit Paul merke ich, dass sich mein erster Eindruck nach kurzer Zeit wandelt. Mit zunehmendem Kontakt strahlt der Junge immer mehr Einsamkeit aus. Das liegt nicht nur daran, dass er mir erzählt, dass er keine Freunde hat – keinen einzigen. Sein Verhalten ist merkwürdig unbeteiligt. Sobald die Begrüßungssituation vorüber ist, verläuft das Gespräch mit ihm schleppend. Meiner Einladung, an der Werkbank etwas zu basteln oder ein Bild zu malen, kommt er gehorsam nach. Aber er tut das alles ohne Freude, ohne Neugier. Als wir Mensch-ärgere-dich-nicht spielen, macht er alles richtig. Er würfelt eine Fünf und zieht auch fünf Felder weiter. Aber da ist keine Freude, nicht der geringste Funke, der überspringt. Noch nicht einmal dann, wenn er eine meiner Figuren aus dem Feld schlagen kann.

Er tut ganz bemüht und eifrig, doch das ist nur Fassade. Genauso gut könnte ich mit einem Automaten spielen. Ich muss ihn antreiben, damit er bei der Sache bleibt. Für mich ist der Kontakt mit ihm anstrengend. Das zuerst so sympathische Kind wirkt auf mich langweilig. Ja, Paul langweilt mich tatsächlich! Es dauert nicht lange, bis sein Verhalten in mir Ärger auslöst. Ich habe zunehmend das Gefühl: Ich bin froh, wenn er wieder draußen ist. Mit Paul möchte ich nicht gern zusammen sein.

Vielleicht denken Sie nun: Das darf ein Kinderpsychiater aber nicht sagen! Der muss doch allen Kindern freundlich und offen gegenübertreten. Wie soll er ihnen denn sonst helfen?

Paul allein zu Haus

Nur wenige wissen, dass neben der genauen Verhaltensbeobachtung des Kindes der entscheidende Teil meiner Arbeit genau darin besteht, die in mir hervorgerufenen Gefühle zu spüren und sie in Beziehung zu meinem Gegenüber zu reflektieren. Nur so kann ich eine Problematik beurteilen. In Pauls

Fall waren meine Gefühle: Langeweile, Ärger, Einsamkeit. Mein ablehnendes Gefühl dem Jungen gegenüber ist wichtig, ich darf es auf keinen Fall kaschieren. Nur weil ich auf die Emotionen achte, die der Junge in mir auslöst, werde ich ihm helfen können.

Ein Laie würde diese Gefühle normalerweise zurückspiegeln: mit Ärger und Gelangweilt-Sein. Er würde Paul links liegen lassen oder ihn möglichst schnell loswerden wollen, weil es eben keinen Spaß macht, mit ihm zusammen zu sein. Ich als Kinderpsychiater aber weiß: Paul erzeugt Ablehnung, weil er Ablehnung erfahren hat. Er ist langweilig, weil die Menschen um ihn herum ihn langweilig finden. Sie möchten eigentlich etwas ganz anderes tun, als sich mit Paul zu beschäftigen.

In der anschließenden Unterhaltung mit den Eltern bestätigt sich mein Verdacht: Im Alltag ist für Paul wenig Zeit da. Die Eltern sind beruflich so sehr eingespannt, dass der Tagesablauf sehr eng getaktet ist. Paul ist aufs Funktionieren getrimmt. In der Gesprächssituation merke ich auch schnell, dass die Eltern zwar körperlich anwesend, aber nicht wirklich bei der Sache sind. Sie tun einer Pflicht Genüge. Mehr nicht. Unser Kind hat Probleme in der Schule? Ja, da müssen wir uns natürlich drum kümmern. Aber emotional schwingt da nicht viel mit. Aufrichtige, mitfühlende Sorge um ihr Kind? Fehlanzeige. Es hatte ja schon ewig gedauert, bis die beiden überhaupt einen Termin gefunden hatten, zu dem sie gemeinsam zu mir in die Praxis kommen konnten.

Ich erlebe es öfter, dass Eltern mich aufmerksam anschauen, routiniert fragen und antworten, aber in Wirklichkeit mit ihren Gedanken ganz woanders sind. So, wie ich spüre, ob die Eltern bei der Sache sind, spürt ein Kind das auch. Es weiß sehr genau, ob ein Erwachsener ihm aus Pflichtgefühl vorliest – naja, so macht man das doch, oder? Zehn Minuten sollten reichen – oder ob es ihm wirklich um das Kind geht. Im ersteren Fall wird das Kind nicht gut zuhören und dauernd abdriften. Genauso wie der Vorleser wird es unentspannt sein und nur darauf warten, dass der Programmpunkt endlich abgehakt ist. Ist der Erwachsene aber mit ganzem Herzen dabei, wird die abendliche Vorlesezeit zu einem magischen Erlebnis, Zauberer und Einhörner werden in der kindlichen Fantasie lebendig. Dazu braucht es keinen ausgebildeten Märchenerzähler, sondern nur aufrichtige Freude am Kind und am Vorlesen.

Zurück zu Paul: Das nach außen harmonische Bild der liebevollen Eltern, die ihres Sohnes wegen auch nach der Trennung zusammenhalten, ist nicht viel wert. Dass die Eltern sich Mühe geben, bedeutet ja noch lange nicht, dass das auch gut ist. Aus Erwachsenensicht mag es »toll« aussehen, dass die Eltern sich ihren Spross fifty-fifty teilen. Für Paul ist das katastrophal. Er hat keinen festen Bezugspunkt, von dem aus er Besuche macht. Sein Leben ist in zwei Hälften gerissen. In zwei Wohnungen hat er ein Bett, Spielsachen, Schulsachen, Kleidung ... Wie soll da Ruhe aufkommen? Dazu kommt, dass er für seine Eltern ein wissenschaftlich zu lösendes Problem ist. Für ihn gibt es eine perfekte Organisation, aber nur wenig Zuwendung. Dass Paul sich mit seinen acht Jahren am liebsten stundenlang allein in seinen beiden Zimmern aufhält, wird von den Erwachsenen mit Erleichterung gesehen. In Wirklichkeit ist das aber der Offenbarungseid.

Pauls Eltern sind freundlich und sympathisch. Sie bemühen sich. Sie sind auch fest davon überzeugt, das Richtige zu tun. Aber sie sind Blender. Sie gaukeln sich und der Welt vor, gute Eltern zu sein. Die Erwachsenen ihrer Umgebung können sie täuschen. Aber ihren Sohn können sie nicht überzeugen. Der merkt, dass er unwichtiger ist als Arbeit und Karriere. Daheim sieht Paul keine Möglichkeit, auf sich aufmerksam zu machen. Seiner Erfahrung nach hätte das nicht viel Sinn, weil sowieso niemand darauf achtet, wie es ihm geht. Also lässt er seinen Frust in der Schule raus.

Wenn bei Menschen das Image im Vordergrund steht, ist die Gefahr groß, dass sie nur noch um sich selbst kreisen. Paul leidet, weil seine Eltern vergessen haben, was ihre eigentliche Aufgabe ist: ihr Kind auf seinem Weg ins Erwachsenenleben fürsorglich und liebevoll zu begleiten. Doch hinter der Kulisse ihrer perfekten Inszenierung interessiert sie nur ihre Arbeit. Sie sind auch gar nicht in der Lage zu sehen, was mit ihrem Sohn los ist. Sie sind blind für alles, was sich außerhalb ihres Egos abspielt. Ein solches Verhalten hat einen Namen: Narzissmus.

Am Teich

Narziss war in den Mythen des alten Griechenland ein Jüngling, der von einer verärgerten Göttin dazu verdammt worden war, sein Spiegelbild zu lieben. Von diesem Moment an gab es für ihn nichts Schöneres, als sich am Ufer einer Quelle übers Wasser zu beugen und sein Abbild zu bewundern.

Es ist ein häufig anzutreffendes Missverständnis, dass ein Narzisst sich selbst liebt. Das tut er definitiv nicht. Er liebt nur das Bild, das er von sich hat. Sein Denken kreist nur um ihn selbst. Er kann enorm charmant sein. Aber diesen Charme setzt er nur ein, um das zu bekommen, was er haben will. Ein

Narzisst tritt dominant bis großspurig auf, stellt hohe Ansprüche an andere und verlangt ständig nach Aufmerksamkeit und Applaus. Im Mittelpunkt zu stehen, ist sein Lebenselixier.

Nur selten ist der Narzissmus bei einem Menschen so ausgeprägt, dass man von einer Persönlichkeitsstörung spricht. Nikolaus Melcop, Präsident der Psychotherapeutenkammer Bayern, geht von rund 6 % der Bevölkerung aus, die im Verlauf ihres Lebens an einer narzisstischen Persönlichkeitsstörung erkranken. Häufiger ist Narzissmus in einer mehr oder weniger abgeschwächten Form vorhanden. Die chronische Störung des Selbstwertgefühls, die überkompensiert wird, tritt dann zwar nicht als Krankheit, aber als ein Erscheinungsbild auf, das für den Betroffenen nach außen hin vielleicht Erfolg beschert, ihm selbst aber auch eine große Last ist und den Menschen in seinem Umkreis viel Leid zufügen kann.

Wie viele Menschen mit stärkeren narzisstischen Zügen es tatsächlich in der Gesellschaft gibt, ist schwer zu sagen. Aber fast alle Fachleute sind sich einig: Es werden immer mehr. Lange wurde das Problem unterschätzt, weil Narzissten nicht zum Arzt gehen oder einen Therapeuten aufsuchen, weil sie sagen: »Oje! Ich bin ein Narzisst.« Sondern weil sie nach einer Erfolgsphase im Beruf ausgegrenzt werden, weil sie unter Beziehungskrisen und Depression leiden. Weil Narzissten so von ihrer eigenen Exzellenz überzeugt sind, ist es auch schwer, sie zu therapieren. Lieber brechen sie eine Therapie ab, als sich von einem »Seelenklempner« in die Karten schauen zu lassen.

Die Forschung hat sich lange schwer damit getan, Narzissmus zu identifizieren. Brad Bushman, Professor für Kommunikation und Psychologie an der Ohio State Universität, und

Der Spiegel des Narziss 51

sein Team haben einen Weg gefunden, wie man einen Narzissten ganz einfach erkennt. Im August 2014 veröffentlichten sie in der Online-Fachzeitschrift »Plos one« einen Artikel, in dem sie feststellen: Man muss ihn fragen! »Sind Sie ein Narzisst? Also selbstbezogen, geltungsbedürftig und eitel?« Jeder Narzisst wird antworten: »Ja! Genau das bin ich! Toll, nicht wahr?«

Wer sich nicht blenden lässt, erblickt hinter der glänzenden Fassade einen oft zutiefst unglücklichen Menschen mit schmerzhaft geringem Selbstwertgefühl und wenig inneren Reserven. Es ist die tief sitzende Angst eines Narzissten vor Kränkung, die ihn ständig nach Bewunderung suchen lässt. Instinktiv lässt er andere nicht an sich heran. Wer zu nahe kommt, könnte ja herausfinden, wie es wirklich um ihn steht. Selbst in einem Pulk von Bewunderern ist er immer einsam.

Einsam ist ein Narzisst auch, weil er nur sich selbst im Blick hat. Eine gleichberechtigte Beziehung mit anderen *kann* sich also gar nicht entwickeln. Nur wenn sich ein Pendant findet, das sich damit zufriedengibt, das Ego des Narzissten pausenlos streicheln zu dürfen, kann er auch mal länger eine Beziehung eingehen. Sobald ihm Aufwertung und Bestätigung verweigert werden, bricht er alle Brücken ab und geht einfach woandershin.

In der Regel bleiben Narzissten unverbindlich und beziehungslos. Ist Ihnen aufgefallen, dass es seit einiger Zeit in den Regalen der Haushaltswarengeschäfte Eierkocher mit Platz für *ein einziges* Ei, Raclette-Geräte mit *einem* Pfännchen, Toaster mit *einem* Schlitz gibt? Für mich ist das nur ein weiteres Indiz dafür, dass Narzissmus um sich greift. Natürlich ist nicht jeder Single ein Narzisst. Aber die meisten Narzissten sind Singles.

Ich weiß – viele Singles sind aus ganz anderen Gründen allein. Es sind viele warmherzige, leistungs- und hilfsbereite Menschen darunter. Mir liegt es auch fern, Lebensentwürfe, die Menschen für sich wählen, zu bewerten. Ich möchte aber das, was ich sehe, beschreiben und analysieren. Und da stelle ich fest, dass das Single-Dasein unnötig und den Realitäten widersprechend idealisiert wird. Eine Gesellschaft, die das Image zum höchsten Wert macht, züchtet geradezu Narzissten heran. Und jeder Narzisst ist ein Mensch mehr, der ein geringes Selbstwertgefühl besitzt, überempfindlich auf Kritik reagiert und sich in Lebenslügen verstrickt.

Nicht nur der Einzelne leidet, auch für die Gesellschaft ist es schädlich, wenn sie sich zunehmend nicht mehr aus funktionierenden Familien zusammensetzt, sondern aus Menschen, die sich nur sich selbst verpflichtet fühlen.

Was sich noch schlimmer auswirkt, ist Folgendes: Narzissten erledigen ihre eigentlichen Aufgaben nicht. Das hat zwei Gründe. Erstens: Jedem Menschen steht nur ein bestimmtes Kontingent an Energie zur Verfügung. Wenn er die mit Imagepflege verbrät, dann bleibt nicht mehr viel übrig für seine eigentlichen Verantwortlichkeiten. Zweitens: Es liegt Narzissten fern, Entscheidungen zulasten ihres Images zu treffen oder unbequeme Meinungen gegen den Mainstream, gegen die Erwartungen anderer zu äußern. Oder sie schießen weit übers Ziel hinaus und versteigen sich in Aktionen, die ihnen zwar größte Aufmerksamkeit sichern, aber nicht immer gut fürs Ganze sind. Ich denke da zum Beispiel an die 18 %, die der damalige FDP-Vorsitzende Guido Westerwelle markig als Ziel für den Bundestagswahlkampf 2002 ausrief. Das unrealistische Wahlziel machte zwar Furore, aber am Ende blieben sie mit 7,4 % der Wählerstimmen weit hinter den Erwartungen zurück und positionierten sich damit als Verlierer. Ich denke auch an Thomas Middelhoff, der ab 2005 als Hoffnungsträger den KarstadtQuelle-Konzern retten sollte. Aus der KarstadtQuelle AG wurde Arcandor, das 2009 insolvent ging. Übrig blieb eine Verurteilung wegen Untreue in 27 Fällen. Thomas Middelhoff, auch »Big T« genannt, hatte unter anderem einen 95.000 Euro teuren Flug im Firmenjet nach New York von der Firma zahlen lassen und hatte sich mehrmals von seiner Privatwohnung mit dem Hubschrauber zur Arbeit bringen lassen. So werden unter dem Einfluss von Narzissten Politik und Chefetagen zu Schaustellerbuden.

Das Resultat ist immer dasselbe: Was getan werden müsste, wird nicht getan. Es gibt keine Zivilcourage, keine Auseinandersetzungen um Inhalte, keine mutigen Entscheidungen. Image ist also kein Erfolgsfaktor, sondern ein Destruktionsfaktor.

Für den griechischen Jüngling Narziss war es eine harte Strafe, selbstverliebt an einer Quelle sitzen und sein Spiegelbild anschmachten zu müssen. Auf ein erfülltes Leben konnte er nun nicht mehr hoffen. Er kam übrigens bald ums Leben, als er versuchte, sein Abbild zu umarmen.

So schlimm das Schicksal des Narziss auch war – die eigentliche Katastrophe spielte sich hinter seinem Rücken ab. *Dieser* Teil der Geschichte wird allerdings in dem Mythos nie erzählt. Narziss war ein Hirte. Weil er sich nur mit seinem coolen Image beschäftigte, hatte er keine Zeit, auf seine Herde aufzupassen. Seine Schafe liefen schutzlos herum.

Die Wölfe holten sie.

KAPITEL 3

Bitte erpress mich!

Megatrends beschreiben, was die globale Gemeinschaft über Jahrzehnte prägt. Sie sind keine Zukunftsvisionen, sondern betreffen schon heute jeden Menschen in jeder gesellschaftlichen Ebene, von der Wirtschaft bis hin zur Kultur – und das weltweit. In diesen Megatrends – Urbanisierung und zunehmende Mobilität zum Beispiel – stecken wir mittendrin.

Ein weiterer dieser aktuellen Megatrends heißt: Do it yourself. DIY ist mehr, als einen Schal zu stricken. Es bedeutet, dass wir vieles selbst tun, was unseren Eltern bzw. Großeltern im Traum nicht eingefallen wäre. Die Ikone des DIY-Phänomens ist das Ikea-Möbel; seit 40 Jahren wird in Deutschland eigenhändig zusammengeschraubt. Auch wenn manche Beziehung Gefahr lief auseinanderzubrechen, weil plötzlich die sechste Schraube nicht mehr aufzufinden war, hat das den Siegeszug der Selbstbaumöbel nicht bremsen können.

Etwa vier Jahrzehnte ist es auch her, dass Tankwarte, Platzanweiser im Kino und die vielen Tante-Emma-Läden anfingen zu verschwinden – wir stecken höchstpersönlich den Tankrüssel in den Tank, unseren Platz im Kino finden wir ohne Hilfe, und was wir einkaufen wollen, legen wir mit eigenen Händen in einen Einkaufswagen. Wir kontrollieren unseren Blutdruck selbst, trennen Müll, hauen bei der Renovierung eigenhändig die alten Kacheln von den Wänden. In der Hotellerie hat das schöne Wort »Selbstbedienungsservice« Karriere gemacht: Der Service besteht darin, dass wir uns am Frühstücksbuffet selbst bedienen dürfen. Im Supermarkt müssen wir wieder zurück in den Eingangsbereich, wenn wir vergessen haben, das Obst abzuwiegen, und in manchen Supermärkten ziehen die Kunden schon ihren gesamten Einkauf ohne Hilfe der Kassiererin über einen Scanner.

Vor ein, zwei Generationen begann der Megatrend DIY unseren analogen Alltag zu bestimmen. Zum Ende des 20. Jahrhunderts kam dann die digitale Revolution. Innerhalb kürzester Zeit wurde aus der bis dahin herrschenden Schritt-für-Schritt-Dynamik ein Dammbruch. Ab den Neunzigern drängte sich das »Mach es selbst!« mit rasender Geschwindigkeit in alle Lebensbereiche: Geld kreist online über den Globus, Gas-, Strom- und Versicherungstarife werden im Netz verglichen, Urlaub wird nicht im Reisebüro, sondern per Mausklick gebucht. Manager, Ärzte und Rechtsanwälte diktieren nicht mehr Sekretärinnen per Diktaphon die Korrespondenz, sondern übernehmen die Kommunikation selbst – E-Mail sei Dank. An Universitäten – und ich meine hier nicht die Fern-Unis – tritt das selbstregulierte E-Learning per Video seinen Siegeszug an. Lernplattformen ermöglichen es uns, nachts um zwei Uhr ein Lernmodul aufzurufen und zu bearbeiten. Die Hörsäle leeren sich.

Es scheint nur Vorteile zu bieten, wenn wir alles selbst in der Hand haben. Alles geschieht auf Knopfdruck. Niemand muss mehr warten. Wir sind nicht an Öffnungszeiten gebunden. Wer überteuert einkauft, ist selber schuld. Die Welt scheint einfacher geworden zu sein. Dies alles wird als große Freiheit wahrgenommen. Ist es auch. Das Problem ist nur, dass wir Menschen so gestrickt sind, dass wir mit dieser Freiheit nicht viel anfangen können. Die Psyche macht da bei vielen ganz einfach nicht mit.

Im letzten Kapitel berichtete ich darüber, was die Jagd nach dem perfekten Image mit uns macht und wie sie die Befindlichkeiten in unserer Gesellschaft beeinflusst. Nun will ich zeigen, woraus das enorme Angebot an sogenannten Freiheiten in Wirklichkeit besteht – und warum es genau dieses Angebot ist, das die Abschaffung unserer Willenskraft vorantreibt und so dazu führt, dass wir unser Leben von anderen manipulieren lassen. Erwachsen sein geht anders.

Haben Sie schon die Payback-Karte?

Wenn ich auf dem Flughafen vor einem Check-in-Automaten stehe, könnte ich verzweifeln. Eigentlich möchte ich die Zeit bis zum Abflug entspannt verbringen, vielleicht mich auch in Gedanken auf den Vortrag vorbereiten, den ich am Zielort halten werde. Stattdessen bin ich gezwungen, mich in die Logik eines Apparates einzudenken. Ich gebe zu: Es ist ein Kinderspiel, den ausgeklügelten Anweisungen auf dem Bildschirm Schritt für Schritt aufmerksam zu folgen. Ich *will* aber gar nicht spielen. Ich *will* mir gar nicht darüber Gedanken machen müssen, ob ich lieber den Personalausweis oder den Ticketausdruck in einen Schlitz schiebe. Oder ob ich irgendeine sechzehnstellige Buchungsziffer oder meine Identitätsnummer über das Tastenfeld eingebe. Eine Entscheidung nach der anderen wird mir abverlangt: Habe ich einen Vielflieger-Ausweis? Will ich noch schnell einen Sitzplatz reservieren? Wenn ja, wo? Was ist mir wichtiger: nach der Landung möglichst schnell aus dem Flugzeug herauszukommen oder einen der wenigen noch verfügbaren Fensterplätze im hinteren Bereich zu sichern? Weil die Automaten von Fluggesellschaft zu Fluggesellschaft unterschiedlich sind, muss ich mich jedes Mal wieder neu in die Automaten-Logik eindenken, also mich von Neuem mit dem ganzen Kram befassen. Ich glaube, diese Automaten sind deshalb aus gebürstetem Metall, damit man die Bissspuren genervter Fluggäste nicht sieht.

Einmal habe ich in der Hektik meinen Personalausweis in den falschen Schlitz gesteckt und bekam ihn erst zwanzig Minuten später aus den Händen eines Flughafenmitarbeiters wieder, der genauso frustriert war wie ich – wahrscheinlich muss er den Automaten ein Dutzend Mal pro Schicht öffnen. Seitdem habe ich mehr Angst als zuvor, etwas falsch zu machen. Ich will mir nicht dumm vorkommen. Auch andere Reisende werden gedemütigt. Wenn ein Mitarbeiter um Hilfe gebeten wird, dann regelt dieser das nicht diskret und rasch, sondern stellt sich wie ein Oberlehrer neben den Automaten und weist den Passagier an. Dieser muss alles selbst machen, damit er es auch endlich lernt. Die Körperhaltung des Instruktors spricht nicht selten eine deutliche Sprache: »Na, Oma, hast du es endlich begriffen?« Solche unangenehmen Zwischenfälle lassen Fluchtgedanken wach werden. Nur Senator-Card-Inhaber erledigen den Check-in völlig unbelastet und nebenbei, weil sie schon so oft eingebucht haben, dass sie es im Schlaf können.

Ich gehöre zu einer Generation, die alles richtig machen und es auch verstehen möchte. Meine Kinder gehen lockerer, spielerischer mit solchen Situationen um. Ich habe sie gefragt: Sie machen nicht weniger Fehler als ich, es macht ihnen nur nicht so viel aus. Aber gestresst sind sie genau so sehr wie ich.

Und? Ist das denn so ein Problem, im Zweifelsfall ein paar Minuten früher im Terminal zu sein, damit man in Ruhe den Check-in machen kann? Nein. Natürlich nicht. Aber es geht ja auch nicht nur um die paar Male im Jahr, wo man ein Flugzeug benutzt. Tag für Tag sind wir gezwungen, uns mit Dingen zu beschäftigen, die uns eigentlich gar nicht interessieren. Die uns abverlangen, uns ständig in Neues einzudenken. Die uns ungefragt in Situationen bringen, in denen wir zwischen mindestens zwei Optionen bewusst abwägend und zielorientiert wählen müssen. Mit anderen Worten: Wir werden zu einer Vielzahl an Entscheidungen gezwungen, mit denen wir uns früher nicht beschäftigen mussten.

Noch vor wenigen Generationen herrschten viel mehr Zwänge. Natur und Tradition hatten uns im Griff. Im Winter wurden die Kartoffeln aus dem Keller geholt; da gab es nicht die Entscheidung, ob man jetzt die Cherry-Tomaten oder die Roma-Tomaten im Supermarkt einkauft – und was man mit den Payback-Punkten macht, die sich automatisch ansammeln. Pfanne oder Tankgutschein? Als Sohn eines Tischlers hatte man mit hoher Wahrscheinlichkeit mit 14 Jahren eine Tischlerlehre gemacht und stand nicht vor einem schier unüberschaubaren Angebot von Abertausenden Ausbildungsmöglichkeiten. Arbeiten hieß: Machen. Und zwar 80 Wochenstunden lang. Heute bedeutet Arbeiten für viele Menschen: Entscheiden. Und auch die aufgeblähte Freizeit erfordert eine Entscheidung nach der anderen. Ausgehen? Mit wem? Wohin? Welches Restaurant? Welches Kino? Welcher Sport? Was soll ich anziehen? Und so weiter und so fort.

Bitte erpress mich!

Dass das Leben heute viel temporeicher wahrgenommen wird als früher, liegt meiner Meinung nach daran, dass die Maßzahl des Tempos nicht die Minute, sondern die Zahl der Entscheidungen ist, die getroffen werden müssen.

Ich sage es noch einmal ganz deutlich: Es ist nicht das Überangebot an Waren, das uns überfordert. Es ist das Überangebot an Entscheidungsmöglichkeiten, das uns ganz rappelig macht. Vor einigen Jahren warf Ernst Pöppel, Professor für Medizinische Psychologie an der LMU in München, die Zahl 20.000 in den Ring. 20.000 Entscheidungen pro Tag! Selbst wenn man davon ausgeht, dass 90 % unbewusst getroffen werden, bleiben 2.000 übrig, für die man sich wirklich Gedanken machen muss. Profane Entscheidungen, komplizierte Entscheidungen, lebenswichtige Entscheidungen. Zwei pro Minute, wenn man acht Stunden fürs Schlafen abzieht. Und jedes bewusste Abwägen ist ein hoch komplizierter Vorgang.

Es ist ein Allerweltsbeispiel – die meisten Menschen schimpfen darüber, wie schwierig es ist, den richtigen Handytarif auszusuchen. Genau deswegen will ich das mal genauer anschauen.

Die Hokusai-Welle

Stand Januar 2015: Es gibt vier Netzbetreiber, mehr als 50 Mobilfunkanbieter und über 600 Tarife. Sechshundert! Die Alternativen sind so kompliziert zusammengebaut, dass sie nicht direkt miteinander vergleichbar sind. Jede Entscheidung für einen Handytarif setzt sich also aus unzähligen Einzelentscheidungen zusammen. Das sind die Parameter, die zu berücksichtigen und abzuwägen sind:

- Welches Netz? Telekom, Vodafone, O2 oder e+?
- Bei welchem Anbieter gibt es welche Funklöcher?
- Welchen SIM-Kartentyp hat mein Handy?
- Mit wieviel kBit pro Sekunde will ich ins Netz? Reichen 3.600? Oder brauche ich 100.000?
- Bietet der Anbieter ein Startguthaben an?
- Gibt es eine Grundgebühr?
- Gibt es Rabatt, wenn der Vertrag online abgeschlossen wird?
- Wie viele Freiminuten und freie SMS sind pro Monat abgedeckt?
- Brauche ich eine Flatrate?
- Welche Flatrate wird angeboten? 250 MB oder 3 GB pro Monat?
- Gilt die Flatrate für alle Netze? Wenn nein, für welche Netze?
- Welche meiner Freunde haben welchen Anbieter?
- Wie lang ist die Vertragsdauer?
- Gibt es Gratis-Monate?
- Was kosten Telefonate ins Ausland?
- Gibt es ein Auslandspaket? Wenn ja, wie sieht das aus?
- Gibt es einen Bonus bei Vertragsabschluss?
- Ist die Mitnahme meiner alten Rufnummer möglich?

Ich weiß gar nicht, ob ich bei dieser Liste wirklich an alle Parameter gedacht habe. Vielleicht fallen Ihnen noch ein paar weitere ein. Im wahrsten Sinne des Wortes kommen da unfassbar viele Variablen zusammen. Wenn zum Vertrag auch ein Handymodell dazukommen soll, potenziert sich die Komplexität noch einmal. Eines ist klar: Es ist richtig Arbeit, bis zu einer abschließenden Entscheidung durchzuhalten. Ein

Wahnsinn, was da abverlangt wird! Und dass wir das mit uns machen lassen.

Es gibt natürlich Menschen, die Spaß daran haben, all diese Schritte so weit wie überhaupt möglich bewusst durchzuspielen. Einen günstigen Tarif zu ergattern, kann durchaus Glücksmomente auslösen. Aber die Handytarif-Entscheidung in allen Facetten durchzuspielen, kostet unglaublich viel Zeit. Zeit, in der andere Entscheidungen auflaufen, die auf Erledigung drängen. Die Warteschlange wird immer länger.

Und das Ende der Fahnenstange ist ja noch lange nicht erreicht. Neue Entscheidungsfelder, die wir beackern müssen, schießen wie Pilze aus dem Boden. Dazu kommt, dass sich dauernd Neuerungen und Änderungen ergeben, sodass uns auch Entscheidungen, die wir längst getroffen haben, ständig wieder von Neuem vor die Füße fallen. Zum Beispiel die Wahl der Autoversicherung. Eine Studie des Kölner Analyseinstituts ServiceValue zeigt, dass trotz sehr hoher Zufriedenheitswerte (95 % der Kunden beurteilen die Leistung ihres Autoversicherers insgesamt mit ausgezeichnet, sehr gut oder gut) 40 % der Befragten daran denken, zu einem anderen Anbieter zu wechseln, vor allem wenn woanders die Prämien niedriger sind. Wer aber wissen will, ob eine andere Versicherung billiger ist, muss sich informieren. Und immer wieder neu entscheiden: Lohnt es sich zu bleiben? Oder ist ein Wechsel angesagt?

Nicht alle, aber sehr, sehr viele Entscheidungen werden uns auf digitalem Wege abverlangt. Es ist schick, die neuen Medien zu verteufeln. Meistens tun das Menschen, die nicht als Digital Natives aufgewachsen sind. Leute wie ich also. Aber ich möchte differenzieren. Das Internet bietet viele,

viele Vorteile, viele Vereinfachungen. Ich bin heilfroh, dass es Handys gibt. Und Navigationsgeräte. Und manche App. Mit solchen Dingen lässt sich vieles schnell und unkompliziert regeln. Aber für jedes Problem, das all diese tollen Dinge für uns lösen, drücken sie uns zehn neue aufs Auge. Das kann nicht gut gehen.

Bestimmt kennen Sie den Holzschnitt des Japaners Hokusai: Eine gigantische Welle türmt sich Gischt spritzend auf und droht über winzigen Fischerbooten zu brechen und sie zu zerschlagen. Genau das ist die Assoziation, die sich mir aufdrängt, wenn ich hier von der Entscheidungsflut spreche, die sich höher und höher auftürmt. Ihr gegenüber steht das Gehirn des Menschen, das schlicht und einfach kognitiven Begrenzungen unterworfen ist. Unser Verstand ist etwas Wunderbares, aber er kann keine Wunder vollbringen. Der Gehirnforscher und Biologe Gerhard Roth sagte im April 2008 in einem Interview mit der ZEIT: »Auf unserer bewussten Ebene können wir maximal drei, meistens sogar nur zwei Faktoren miteinander verrechnen. Darüber wird eine Entscheidung qualvoll, da wir die Faktoren nicht mehr auf die Reihe kriegen. Es ist beeindruckend, wie begrenzt unser Verstand bei rationalen Entscheidungen ist.«

Unsere Freiheit besteht darin, dass wir Entscheidungen treffen dürfen. Das Dumme ist nur, dass wir das gar nicht in dem Maße können, wie es von uns verlangt wird. Man könnte auch sagen: Wir haben alles, aber wir schaffen es nicht, mit diesem Alles umzugehen. Ganz im Gegenteil: Je mehr Entscheidungsaufforderungen uns bedrängen, desto schlechter werden wir im Entscheiden überhaupt.

Bitte erpress mich!

Schlaflos im Paradies

Stellen Sie sich vor, Sie möchten in der Stadt bummeln gehen, um ein Geschenk für einen guten Freund einzukaufen – neudeutsch: shoppen gehen. Szenario A: Sie wählen einen Dienstagnachmittag im Oktober für Ihren Besuch in der Stadt. Es ist nicht viel los. Ihr Auto parken Sie im Parkhaus gleich unten neben der Einfahrt. Entspannt schlendern Sie durch die Fußgängerzone. Wenn Ihnen eine Schaufensterauslage gefällt, überlegen Sie in aller Ruhe, ob Sie in das Geschäft hineingehen wollen oder nicht. Sie bestimmen Ihr Tempo selbst. Weil Ihr Blick frei ist, entdecken Sie einen Laden, der Ihnen zuvor noch nie aufgefallen ist. Dort finden Sie das perfekte Geschenk.

Wenn Sie für Ihren Einkaufsbummel den letzten Samstag vor Weihnachten aussuchen, sieht die Sache ganz anders aus. In Szenario B sind die Straßen gerammelt voll, es dauert allein eine halbe Stunde, bis Sie überhaupt im Parkhaus Ihr Auto abstellen können. Dicht an dicht drängen sich auf der Straße die Menschen, Sie werden mehrmals grob angerempelt. Wo Sie auch hinschauen, sehen Sie nur missmutige, gestresste Gesichter. Sie gehen in das eine Geschäft nicht hinein, weil die Weihnachtsmusik Sie nervt. In ein anderes fliehen Sie, nur weil es etwas leerer zu sein scheint als die anderen. Weil die Schlangen vor den Kassen so lang sind, geben Sie sich weniger Zeit, nach dem richtigen Geschenk zu suchen. Wenn Sie endlich wieder daheim sind, haben Sie das Falsche gekauft.

Dass aus einem geplanten Einkaufsbummel reine Hetze wird, kennt jeder. Interessant wird es, wenn man sich anschaut, was da auf psychischer Ebene mit einem passiert: Je mehr Menschen um Sie herum wuseln, je greller die Auslagen und die Werbung sich ins Auge bohren, desto mehr Input muss Ihr Gehirn verarbeiten. Es *muss*! Es kann die Menschen, denen Sie ausweichen müssen, nicht ausblenden. Und auch nicht das hektische Stimmengewirr. Jede Information will eine Entscheidung von Ihnen: Was bedeutet das? Ist das gut für mich? Wo kann ich hin, ohne angestoßen zu werden? Im vorweihnachtlichen Einkaufsstress sind nicht mehr Sie der Impulsgeber, also derjenige, der entscheidet. Hier bestimmt Ihre Umgebung, wohin Sie Ihren Blick lenken, was Sie tun.

Und genau das ist es, was mit Ihnen passiert: Mit Entscheidungsaufforderungen zugemüllt, geraten Sie in einen Zustand der ständigen Erregung. Sie sind nicht mehr Herr der Lage, sondern werden durch äußere Impulse gesteuert.

So gesehen, ist mittlerweile jeden Tag Weihnachten. Wir kommen gar nicht mehr aus der Übererregung heraus. Die wenigsten, die nach einem anstrengenden Arbeitstag voller Entscheidungen nach Hause kommen, finden eine Oase der Ruhe vor. Noch schnell zum Training oder nicht? Vor die Glotze setzen oder mit dem Smartphone daddeln? Pizza oder Pasta? Selbst im Urlaub wird eine Entscheidungsschlacht nach der anderen geschlagen. Schwimmen gehen oder tauchen? Rote oder schwarze Piste?

In diesem Dauerzustand der Übererregung verlieren wir unsere Entscheidungsfähigkeit. Ich rede jetzt nicht von der Aufgabe, mit 200 Entscheidungen pro Tag fertigzuwerden. Sondern mit zwanzig. Oder zwei. Selbst das will vielen Menschen nicht mehr gelingen. Denn gute Entscheidungen können nur dann gefällt werden, wenn der Entscheider über sich verfügt. Wenn die notwendige Distanz da ist, die es erlaubt, sich ein Urteil zu bilden. Und genügend Zeit. Kurz gesagt: Erregung ist der Feind der Entscheidungsfähigkeit.

Bitte erpress mich!

Das Drama ist: Dieser Effekt unterliegt der Selbstverstärkung. Eine Reaktion ist dann selbstverstärkend, wenn wir auf einen Ausgangszustand reagieren und diese Reaktion den Ausgangszustand wiederum beeinflusst. In unserem Fall bedeutet das: Weil wir übererregt sind, können wir schlecht entscheiden. Weil wir Entscheidungen nicht treffen, wird der auf uns lastende Entscheidungsdruck größer und damit automatisch auch die Erregung. Also können wir immer schlechter Entscheidungen treffen. Ein Teufelskreis!

Es gibt noch weitere Faktoren, die auf diesen Rückkopplungseffekt einzahlen. Einer dieser Faktoren ist die Tatsache, dass sich in einer Gruppe von Menschen Stimmungen übertragen. Ein Mensch, der von angespannten Menschen umgeben ist, wird automatisch selbst Anspannung verspüren. Die Stimmungsübertragung geschieht, ohne dass wir etwas dagegen machen könnten – Muskeltonus, Körperhaltung, Stimmlage usw. übertragen sich direkt auf jedes lebende Wesen im Umkreis. Pferde- und Hundebesitzer kennen das von ihren Tieren: Ein Pferd, das einen schlecht gelaunten Reiter trägt, wird noch bei den leichtesten Übungen patzen. Und ein Hund, der am anderen Ende Unsicherheit und Stress spürt, fängt auf einmal an, Blödsinn zu machen.

Ein weiterer Faktor, der unsere Entscheidungsfähigkeit negativ beeinflusst, ist die Angst. Die Angst vor einer Fehlentscheidung ist ja nicht unberechtigt. Je erregter wir sind, desto weniger entscheiden wir – und die unter Dauerstress entstehenden Entscheidungen, die wir treffen, sind entsprechend zweifelhaft. Also hat uns die Versagensangst im Griff. Versagensangst kann die Angst vor der falschen Entscheidung sein: Ist das gut genug, oder hätte es noch besser sein können? Taugt das wirklich was? Wird das morgen etwa billiger sein?

Gibt es eine bessere Beziehung als meine aktuelle? Bringt meine Berufswahl tatsächlich das Optimum an Sinn respektive Verdienstmöglichkeit? Werde ich übers Ohr gehauen?

Versagensangst kommt aber auch in anderen Formen daher: die Angst davor, blöd dazustehen, zum Beispiel. Davon habe ich ja schon bei der Episode mit den Check-in-Automaten berichtet.

Dazu kommt die Angst, andere zu enttäuschen. Die ist vor allem bei den Jüngeren zu finden. Meine Nichte hat mir das vor Kurzem so erklärt: Wenn sie mit ihren Eltern essen geht, tun sich vor ihr gleich mehrere Probleme auf. Eines ist, sich überhaupt zwischen den vielen Möglichkeiten auf der Speisekarte zu entscheiden – das ist oft zu beobachten, dass gerade jüngere Menschen, die das Entscheiden noch nicht ausgiebig geübt haben, sich mit solchen Alltäglichkeiten extrem schwertun. Und dann will sie es ihren Eltern recht machen, schließlich wird sie von ihnen eingeladen. Also will sie kein zu teures, aber auch kein zu billiges Gericht wählen. Sie weiß auch: Wenn sie sich etwas Vegetarisches bestellt, wird das nur wieder Diskussionen auslösen. Hundert Dinge wälzt sie in ihrem Kopf, nur um sich am Ende zu einem Wiener Schnitzel durchzuringen. Wenn sie sagt: »Ich weiß gar nicht, ob ich heute Vor- und Hauptspeise schaffe«, dann sagt ihr Vater: »Macht nichts, ich esse dann von deinem Teller mit.« Und da muss sie sich dann gleich überlegen, welches Gericht nun nicht mehr infrage kommt, weil ihr Vater es nicht mag.

Was ihre Eltern nur gut meinen, löst in ihr tatsächlich Stress aus. In der Wahrnehmung meiner Nichte wird aus einer zwanglosen Einladung im Familienkreis eine Schlangengrube, in der sich der junge Mensch in dem schier aussichtslosen Bemühen bewegt, nicht gebissen zu werden.

Bitte erpress mich!

Ist das eine übertriebene Reaktion? Nein, es ist eine *erklärbare* Reaktion. Ich denke, jeder Leser erinnert Situationen, in denen ein Sohn, eine Tochter, ein Patenkind, ein Schüler usw. unfassbar lange mit einer Entscheidung zögerte. Schieben Sie es nicht auf die Pubertät! Es ist schlicht und einfach ein Zeichen für eine real existierende Überforderung. Und für den Stress, den das macht.

Stress blockiert das Denken. In Stress-Situationen schüttet das Gehirn den Botenstoff Kortisol aus. Der lässt uns zwar blitzschnell reagieren – angreifen, fliehen, sich tot stellen –, schaltet aber weite Teile der Großhirnrinde und damit das bewusste Denken ab. Und damit verlieren wir auch noch unseren wichtigsten Verbündeten in Entscheidungssituationen: unsere Intuition.

Bergauf in den Tod

Entscheidungen werden aus einer Mischung von rationalem, bewussten Nachdenken und unbewusstem Gespür, also Intuition, getroffen. Unsere Intuition analysiert nicht Teile des Ganzen, sondern erfasst spontan das Ganze an sich. Der Begriff entwickelte sich aus dem lateinischen »intueri«, das »anschauen, betrachten, erwägen« bedeutet. Intuition spiegelt die Summe aller bewusst und unbewusst persönlich gemachten Erfahrungen und Wahrnehmungen wider. Deshalb kann auch niemand genau erklären, was ihn zu einer intuitiven Idee oder Handlung geführt hat.

Auf unsere Intuition können wir aber nur dann zugreifen, wenn wir in uns ruhen und uns einer Tätigkeit oder einem Gedanken voll hingeben können. Je gestresster wir sind, desto weniger klappt das mit der Intuition. Moment mal! Ist das denn nicht genau anders herum? Gerade in Gefahrensituationen können wir uns doch auf unser Bauchgefühl verlassen – oder etwa nicht?

Als im November 2000 die voll besetzte Gletscher-Standseilbahn nahe Kaprun in Österreich im einspurigen Tunnel stecken blieb und ausbrannte, kamen 155 Menschen zu Tode. Die Bahn stoppte nach 530 Metern der 3,2 Kilometer langen Tunnelstrecke, weil schlagartig entzündetes Hydrauliköl den gesamten Zug in Flammen aufgehen ließ. Viele der Opfer konnten sich noch aus den brennenden Waggons befreien und drängten voller Panik im stockdunklen Tunnel bergauf; immer weiter in den steilen, engen Tunnel hinein, der sich längst mit dickem, beißendem Qualm gefüllt hatte. Nur zwölf Menschen, die talabwärts flohen, konnten ihr Leben retten.

Was uns in Stress und Gefahr kontrolliert, ist nicht Intuition, sondern Instinkt – das sind zwei ganz verschiedene Paar Schuhe! Instinkt lässt uns uralten Reaktionsmustern folgen: die Herde nicht verlassen und lieber bergauf als bergab rennen. Er ist etwas so Altes, dass er uns heute oft in die falsche Richtung treibt. Nur mit viel Übung kann der Instinkt überlistet werden. Deshalb trainieren Notärzte so lange die Entscheidungen, wer an einer Unfallstelle zuerst versorgt wird, bis aus Instinkt Intuition geworden ist. Nur was eingeübt wurde, wird zum Erfahrungsschatz, der an die moderne Welt angepasst ist.

Ich fasse zusammen: Die Flut an Entscheidungsaufforderungen in unserer Gesellschaft überfordert uns, weil wir Menschen *prinzipiell* unfähig sind, so viele Entscheidungen zu treffen. Die Differenz zwischen dem, was von uns verlangt wird, und dem, was wir von der Hirnphysiologie her können, katapultiert uns in einen Zustand der ständigen Übererregung. Selbstverstärkung und Versagensängste drehen noch einmal gehörig an der Stress-Schraube. Gleichzeitig mutieren wir durch das Überangebot an Informationen immer mehr von Impulsgebern zu Impulsempfängern, die stattfindende Stimmungs-Übertragung macht uns nur noch nervöser. Dass uns im Stress auch noch die dringend benötigte Intuition verlässt, gibt uns den Rest.

Welcher vermeintliche Ausweg bleibt uns aus dieser katastrophalen Rückkopplungsschleife? Es ist ganz einfach und banal: Wir geben auf. Wir resignieren.

Durchgecoacht und ausgesessen

Fitness-Coach. Hochzeitsplaner. Ernährungsberater. Gesundheits-Coach. Lebensberater. Karriereberater. Hunde-Coach. Sex-Coach. Anlageberater. Kreativitäts-Coach. Die Liste ließe sich beliebig verlängern. Die Überforderung im täglichen Leben weckt in vielen Menschen die Sehnsucht nach Fremdbestimmung. Einfach nicht mehr entscheiden müssen – ein Traum!

Im Einzelfall ist das ja noch völlig in Ordnung. Es spricht nichts dagegen, sich in bestimmten Situationen wie zum Beispiel einem bevorstehenden großen Fest entlasten zu lassen. Schwierig wird es, wenn wichtigste Lebensbereiche in die Hände von Experten gelegt werden. »Übernehmen Sie das bitte, ich kann das nicht.« Der Paartherapeut soll entscheiden: Soll ich mich trennen oder nicht? Auch vom Coach – der eigentlich dazu da ist zu begleiten und deshalb vermeidet, direkte Ratschläge zu geben – will der Klient Anweisungen. Er achtet auf jede Nuance: Was meint der jetzt? Soll ich die

Stelle wechseln oder bleiben? Muss Purzel an die Leine oder nicht?

Überforderte Menschen wollen an die Hand genommen werden. Nicht mehr entscheiden müssen. Wieder Kind sein. Wer die Verantwortung an Experten abgibt, hat gleich drei Vorteile:

Erstens: Er bekommt 100 % Aufmerksamkeit. Er darf das Gefühl genießen, im Mittelpunkt zu stehen – so lange, wie die Sitzung eben dauert.

Zweitens: Er darf sich geborgen fühlen. Da ist einer, der wird's schon richten. Endlich ist er die Last los, alleine entscheiden zu müssen.

Drittens: Wenn es in die Hose geht, gibt es einen Schuldigen. Das verringert die Angst vor einer Fehlentscheidung. »Ich bin's ja nicht gewesen!« Die Auswirkungen einer schlechten Entscheidung bleiben allerdings dieselben.

Sich beraten und coachen zu lassen, ist teuer und aufwendig. Immer nur einzelne Bereiche des Lebens können so – mehr oder weniger nachhaltig – entschärft werden. Wer ein Bewerbungs-Coaching macht, hat immer noch die Sache mit der Steuererklärung und dem Beziehungsstress am Hals. Beratung und Coaching bewirkt also immer nur eine punktuelle Erleichterung. Es gibt aber auch die Totalvariante, also das Abgeben von Entscheidungen ein für alle Mal.

Dieses Verhalten hat einen Namen: Resignation.

Resignation bedeutet: Entscheidungen werden einfach nicht mehr getroffen. Punkt. Und wenn es noch so sehr drängt – sie werden ausgesessen. Wer resigniert hat, hat nur noch den Wunsch, alles laufen zu lassen, sich treiben zu lassen. Das ist kein bewusstes Verhalten, sondern die unbewusste Kapitulation vor den Anforderungen, die das Leben für uns bereithält. Dann heißt es: »Das mit den Handytarifen überfordert mich, ich schaffe es nicht. Ich unterschreib jetzt irgendetwas. Hauptsache, ich habe meine Ruhe.«

Resignative Haltungen begegnen uns überall, auch wenn sie nicht immer auf den ersten Blick zu erkennen sind. Der gemeinsame Nenner ist, dass die Verantwortung abgegeben und die Entscheidung anderen überlassen wird. Dieser andere kann sogar das eigene Kind sein.

Einladung bei Freunden zum Abendessen. Es ist halb neun Uhr abends, in der Küche stehen die Aperitifs und Häppchen schon bereit, doch der vierjährige Sohn des Hauses turnt immer noch durchs Wohnzimmer. Er hat schon vor über einer Stunde gegessen, die Zähne sind geputzt, das Sandmännchen im Kinderprogramm hat seinen Glitzerstaub verstreut, und die Erwachsenen würden jetzt nach einem anstrengenden Tag gerne in den Ruhemodus wechseln. Doch Klein-Phillip macht allen einen Strich durch die Rechnung. Im Schlafanzug hampelt er zwischen den Beinen der Großen herum, lacht gellend, schmeißt Sofakissen durch die Gegend. Der Besuch bemüht sich um gute Miene. Die Eltern tun so, als wäre nichts. Auf einmal fliegt die Glasvase mit den Tulpen aufs Parkett. Riesensauerei. Phillip schaut schuldbewusst und fängt an zu heulen. Da platzt der Mutter der Kragen. Sie schreit: »So, Phillip, jetzt gehst du aber ins Bett. Ich will jetzt kein Wort mehr von dir hören.« Schniefend trollt sich der Junge, fällt laut jammernd in sein Bett und ist nach vier Minuten eingeschlafen.

Wer hat entschieden, wann Phillip ins Bett geht? Nicht die Eltern. Sondern Phillip selbst. Ein Vierjähriger. Das ist pervers – also verdreht, ins Gegenteil verkehrt!

Ich konstatiere: Phillip musste eine Menge Arbeit investieren, bis er endlich ins Bett gehen durfte. Die Eltern hätten ihn schon eine Stunde zuvor zu Bett bringen müssen, am besten mit Gute-Nacht-Geschichte. Haben sie aber nicht, weil sie wussten: Das ist anstrengend. Weil sie sich nicht dazu durchringen können, sich durchzusetzen, verhalten sie sich passiv. Aus diesem Laissez-faire heraus brauchen sie einen Anlass, um das Kind ins Bett schicken zu können. Es wäre für alle Beteiligten eine Erleichterung gewesen, wenn sie schon eine Stunde früher sich hätten aufraffen können, den Kleinen ins Bett zu bringen.

Ein Extremfall von Resignation ist mir noch gut in Erinnerung: Eine Mutter kam mit ihrem fünfjährigen Sohn zu mir, weil sie am Ende ihrer Kräfte war. Seit der Junge drei Jahre alt war, hatte er sie im Griff. Bei Tisch zwang er sie, immer einen bestimmten Pullover anzuziehen. Hatte sie etwas anderes an, verweigerte der Sohn das Essen. »Komm doch, Schatz, du musst was essen!« Keine Chance. Also aufstehen, den »richtigen« Pullover anziehen, und schon klappte es mit den Fischstäbchen. Der Sohn hatte sich auch angewöhnt, sein großes Geschäft nur im Garten zu machen. Töpfchen oder Toilette kamen für ihn nicht infrage. Weil das die Nachbarn dann doch irgendwann mitbekamen, war die Mutter dazu übergegangen, mit dem Kind in den nahen Wald zu gehen, wenn etwas Größeres anstand. Zwei Jahre lang machte sie das mit. Die Mutter hatte vollkommen resigniert, überließ die Entscheidung und die Macht einem Fünfjährigen.

Resignation ist das Abgleiten in die kurzfristig erlebte Schmerzlosigkeit. Als die Mutter mit ihrem Kind zweimal am Tag in den Wald ging, war das momentan gesehen die leichteste Lösung. Jedes Mal. Auf längere Sicht macht das Nicht-Entscheiden aber nicht nur den fertig, der resigniert hat. Wie immer müssen auch andere leiden. Das gilt nicht nur in einzelnen Familien, sondern auch auf gesellschaftlicher Ebene.

Das Brieftaschen-Wunder

2012 wurden in Deutschland 1.789 Nieren transplantiert. Der Bedarf liegt bei rund 8.000 Nieren. Gebetsmühlenartig wird in den Medien darauf hingewiesen, dass es an Verunsicherung und Ängsten sowie mangelndem Vertrauen in das Transplantationssystem liegt, wenn Menschen nicht bereit sind, einen Organspendeausweis auszufüllen. Dass diese Bedenken nur eine untergeordnete Rolle spielen, zeigen die folgenden Zahlen.

Im Jahr 2012 wurden Menschen, die *keinen* Organspendeausweis in der Brieftasche hatten, nach ihrer Bereitschaft gefragt, im Todesfall ein Organ zu spenden. Nach Angaben der Bertelsmann Stiftung und der Barmer GEK antworteten 47,1 % der Befragten mit: »Ja, eher schon.« Weitere 14,6 % sagten: »Ja, auf jeden Fall.« 61,7 % aller Bürger über 18 Jahren, die sich nicht dazu entschließen können, einen Organspendeausweis auszufüllen, würden also im Fall der Fälle mit hoher Wahrscheinlichkeit ein Organ spenden. Nur knappe 8 % hatten aus Überzeugung keinen Ausweis ausgefüllt, weil sie nach ihrem Tod auf keinen Fall ein Organ spenden wollten.

Wenn also Organe, die an anderer Stelle dringend benötigt werden und Leben retten könnten, nicht gespendet werden, dann liegt das daran, dass die meisten Menschen schlichtweg nicht in der Lage sind, diese Entscheidung zu treffen. Sie können sich nicht dazu entschließen, einen Ausweis zu besorgen, ihn auszufüllen und ihn in ihre Brieftasche zu legen. Auch hier wieder: irgendwann mal, nicht jetzt, das ist mir alles zu viel. Würden sie eines Morgens überraschenderweise so einen Ausweis in ihrem Portemonnaie vorfinden, fänden sie das gut: »Ach, wunderbar! Da ist ja endlich der Ausweis. Den wollte ich mir ja schon lange besorgen!«

Noch ein weiteres Beispiel möchte ich anführen, um zu zeigen, wie weit die resignative Haltung die Gesellschaft bereits durchdrungen hat. Seit 2001 sorgt die Gallup-Studie, die die Motivationslage von Mitarbeitern in deutschen Unternehmen abfragt, Jahr für Jahr für entsetztes Kopfschütteln. Die Zahlen von 2013 sehen so aus: Nur 16 % setzen sich aus eigenem Antrieb für ihr Unternehmen ein, 67 % machen Dienst nach Vorschrift. Der Anteil der Mitarbeiter, die bereits innerlich gekündigt haben, ist von 2002 bis 2012 kontinuierlich auf 24 % gestiegen. 2013 sehen wir zum ersten Mal eine Abnahme in diesem Segment auf 17 %. Trotzdem: Jeder sechste Angestellte in Deutschland verweigert die Arbeit. Überträgt man diese Zahl auf die 42,6 Millionen Erwerbstätigen, die es im Jahr 2014 im Schnitt gab, dann hat die deutsche Wirtschaft es mit über sieben Millionen Arbeitsverweigerern zu tun. Sie laufen mit halber Kraft, und das Unternehmen kann von Glück sagen, wenn sie nicht sogar aktiv sabotierend tätig werden. Die Schätzung von Gallup geht von einem volkswirtschaftlichen Schaden bis zu 118 Milliarden Euro durch demotivierte Mitarbeiter aus.

Da werden gleich drei Gruppen sichtbar, die resigniert haben: einmal die sieben Millionen sogenannten Low-Performer. Das sind oft Menschen, die sich ungerecht behandelt fühlen, im Job überfordert sind oder Probleme mit ihren Kollegen oder Vorgesetzten haben. Statt sich innerhalb oder außerhalb ihres Unternehmens nach einer anderen Arbeit umzusehen, lassen sie es widerstandslos weiterlaufen, begnügen sich damit, zu leiden und andere leiden zu lassen.

Die zweite Gruppe: ihre Vorgesetzten, die sich nur in den allerwenigsten Fällen dazu durchringen können, sich um das Problem zu kümmern. Es sind die Personalabteilungen, die mit Performance-Management-Aktionen versuchen zu retten, was zu retten ist. Meistens aber heißt es irgendwann: »Jetzt ist das Maß voll!«, und dann gibt es für den Minderleister gleich eine Abmahnung oder gar Kündigung. Wie bei dem tobenden Kind im Wohnzimmer braucht es einen Anlass, um aktiv zu werden. Im Extrem bedeutet das: Erst wenn die Unternehmenszahlen katastrophal geworden sind, die Firma also bereits in Schieflage geraten ist, werden zehn, hundert oder tausend Leute schlagartig an die Luft gesetzt.

Die dritte Gruppe sind die Kollegen. Sie tragen den Leistungsausfall ihrer Teamkameraden durch eigene Mehrarbeit meist klaglos mit. Unglücklich sind alle miteinander – der Minderleister selbst genauso wie alle anderen auch.

Rückzugsgefechte

»Die da oben machen mit uns, was die wollen« ist ein Satz, der häufig zu hören ist. In der Regel sind es die Verlierer und Wenig-Erfolgreichen, die Ängstlichen und Passiven, die sich ausgebeutet und umhergestoßen fühlen. Die Resignierten also. Denn wer sein Leben aktiv in die Hand nimmt, hat wenig Grund, sich über fehlende Gestaltungsmöglichkeiten zu beklagen.

Wer keine Entscheidungen mehr trifft, steigt aus dem Teufelskreis der Überforderung aus. Doch gleichzeitig ist es auch mit der aktiven Gestaltung des Lebens vorbei. Wer resigniert hat, hat die Macht über sein Leben abgegeben. Er ist ohnmächtig. Also fühlt er sich ausgeliefert und findet sich in der Opferrolle wieder. Doch es gibt keinen großen Bösewicht mit Welteroberungsplänen.

»Sweet Dreams« heißt ein Song der Eurythmics aus den Achtzigern:

Some of them want to use you
Some of them want to get used by you
Some of them want to abuse you
Some of them want to be abused

Macht muss immer erst losgelassen werden, bevor ein anderer sie übernehmen kann. Es ist der einzelne Mensch, der aus Überforderung und unbewusst die Macht über sein Leben fortwirft. Manchmal lesen andere diese Macht von der Straße auf. Oft ist es aber so, dass niemand diese Macht haben will. Dann gestaltet der reine Zufall das Leben der Resignierten. Mir scheint das fast noch schlimmer zu sein als die erstere Variante.

Humberto Maturana, Systemtheoretiker und Biologe, sagte einmal: »Man tut immer das, was man will, auch wenn man behauptet, dass man eigentlich gegen den eigenen Willen handelt und zu etwas gezwungen wurde.«(www.heise.de) Der Selbstbetrug der Resignierten geht so weit, dass sie sich wünschen, zu den alltäglichsten und auch zu den wichtigsten Dingen gezwungen, also erpresst zu werden. Das muss nicht alle Lebensbereiche gleichzeitig betreffen. Mancher ist äußerst entschlussfreudig, was seine Partnerschaften angeht; aber im Job ist er froh, wenn er Entscheidungen delegieren kann. Leider hat Resignation die Tendenz, immer mehr Raum einzunehmen. Es ist wie ein Domino-Effekt: Hat sie sich erst einmal in einer Persönlichkeit festgefressen, dann schwächt sie die Willens- und Antriebskraft des Betroffenen mehr und mehr.

Der Nicht-Entscheider ist heilfroh, wenn es regnet, weil er dann nicht joggen gehen muss.

Der Nicht-Entscheider zahlt eine Rechnung erst, wenn eine Mahnung kommt.

Der Nicht-Entscheider wartet darauf, dass er von seinem Vorgesetzten motiviert wird zu arbeiten.

Der Nicht-Entscheider muss von seinem Lebenspartner erst verlassen werden, damit er sich endlich eine neue Liebe sucht, die ihn glücklicher macht.

Der Nicht-Entscheider geht sein Leben nicht aktiv an, sondern lässt es mit sich geschehen.

Irgendwann kommt der Nicht-Entscheider ohne Impulse von außen überhaupt nicht mehr in Bewegung. Er hat seine Willenskraft verloren und wartet auf die Entscheidungen anderer: Bitte zwing mich zu arbeiten! Bitte zwing mich zu zahlen! Bitte sag mir, was ich tun soll!

Das ist dann Selbstlosigkeit pur. Wörtlich.

KAPITEL

Die Abschaffung des nächsten Jahres

Im Jahr 2011 fragte die Fluglinie Virgin Atlantic 3.000 Flugbegleiter nach ihren merkwürdigsten Erlebnissen im Dienst. Auf ihrer Webseite wurden im Februar 2011 einige der vielen erstaunlichen Wünsche aufgelistet, mit denen Fluggäste ihre Kabinen-Crews Tag für Tag konfrontieren:

»Wäre es möglich, die Motoren zu drosseln? Sie sind zu laut.«

»Könnten Sie den Kapitän bitten, die Turbulenzen zu stoppen?«

»Gibt es ein McDonald's an Bord?«

»Nehmen Sie meine Kinder bitte in das Spielzimmer mit!«

Als ich das las, habe ich erst mal gelacht, aber dann ist mir aufgegangen, dass diese Liste eigentlich gar nicht komisch ist. Ganz im Gegenteil: Sie gibt mir Anlass zu größter Besorgnis. Was geht nur in einem Menschen vor, der meint, das Kabinenpersonal sei für die Bespaßung seiner Kinder verantwortlich? Wie kommt jemand auf die Idee, dass für ihn elf Kilometer über dem Erdboden Hämorrhoiden-Creme und Nagelknipser auf Zuruf bereitgehalten würden? Und wie ist es zu erklären, dass ein Mensch alles um sich herum so weit ausblendet, dass es für ihn nicht nur möglich, sondern auch plausibel erscheint, ein Verkehrsflugzeug mal eben ein paar tausend Meter niedriger fliegen zu lassen, damit er eine bessere Aussicht hat? Bitten wie diese wurden von den Fluggästen allen Ernstes geäußert – wer so fragt, erwartet, dass sein Anliegen Gehör findet.

Diese Wünsche zeugen von einer unfassbaren Weltfremdheit. Und zwar nicht die Sorte Weltfremdheit, die man einer etwas schusselig gewordenen älteren Dame gern verzeiht. Sondern die, die sich aus einer Anspruchshaltung heraus entwickelt, die jedes vernünftige Maß verloren hat. Diese Menschen, die nach der Maxime »Hoppla, jetzt komm ich« leben, haben Sie auch schon getroffen. Nicht nur im Flugzeug, sondern auch in der langen Schlange vor der Käsetheke, wo der Kunde vor Ihnen auch noch den vierten Käse in aller Ruhe probieren will. Oder in der Firma, wo der Kollege so lange nervt, bis er endlich in das Büro umziehen kann, das ihm am meisten behagt. Oder in der Nachbarschaft, wenn der Hausgenosse regelmäßig auf der Matte steht und sich zu Kaffee und Kuchen einlädt, weil er mal wieder seinen Schlüssel vergessen hat und seine Frau erst in einer Stunde von der Arbeit kommt. All diese Leute malträtieren mit ihren maßlosen Forderungen ihre Mitmenschen.

Zurzeit ist auf vielen Ebenen von zu hohen Ansprüchen die Rede. Aber leider genau mit dem umgekehrten Vorzeichen! Das Augenmerk richtet sich auf Mitarbeiter, die durch die Erwartungen ihrer Vorgesetzten in den Burn-out getrieben werden. Auf Kinder, deren letzte Reste an Freizeit durch den Ehrgeiz ihrer Eltern zunichte gemacht werden. Auf Menschen, deren hochgezüchteter Perfektionismus sie am Ende in die Depression treibt.

Es stimmt – überzogene Ansprüche, die von außen an einen Menschen herangetragen werden, können ihn fertigmachen. Die Gesellschaft nimmt dieses Problem ernst und hat Gegenmaßnahmen ergriffen. Arbeits-, Gesundheits- und Familienministerien klären auf, Mediziner lassen sich im Umgang mit den entsprechenden Krankheitsbildern schulen, Hunderte Ratgeber unterweisen den Leser, wie er zu hohen Erwartungen anderer entgegentreten kann. Forschung, Politik und Medien stürzen sich geradezu auf den ausgenutzten Menschen und ermuntern ihn, sich gegen dieses unmenschliche System zu wehren.

Das genaue Gegenteil, die maßlose Anspruchshaltung, die viele Menschen an den Tag legen, wird völlig übersehen. Dagegen wird nichts unternommen. Kein Nachrichtenmagazin widmet diesem Thema einen Top-Titel, keine Studien verkünden, wie viel Geld der Volkswirtschaft verloren geht, weil unsinnige Forderungen die Arbeitsabläufe lähmen. Das Verhalten, wie selbstverständlich alles und jedes für sich einzufordern, wird von Staat, Arbeitgebern und Familie sogar noch nach Kräften unterstützt!

Brot ohne Kruste bitte

Tag für Tag sind wir der extremen Suggestion ausgesetzt, dass wir alles haben können. Dass die Werbung da kräftig mitmischt, ist ein alter Hut. Es ist schließlich ihre Aufgabe, Bedürfnisse zu wecken und ihre Befriedigung möglichst positiv in Aussicht zu stellen. Jedem Schulkind wird beigebracht, dass Reklame uns nur etwas vorgaukelt. Aber sind die Versprechen, die sie uns macht, denn wirklich nur Lügen?

Nein, sind sie nicht. Denn uns stehen ja *tatsächlich* alle Möglichkeiten offen. Ein Kunde kann heute in den Laden gehen, einen gigantisch dimensionierten Fernseher mit nach

Hause nehmen und ihn erst ein Jahr später bezahlen. Einem Kind, das Lego spielt, stehen 78.000 verschiedene Bauteile in 96 Farben zur Verfügung. Eine junge Familie kann mit 30.000 Euro Eigenkapital ein Haus für eine halbe Million Euro in Besitz nehmen.

Es ist nicht nur ein Eindruck – das ist Realität: Es geht uns fantastisch. Es gibt kaum einen Wunsch, den wir uns nicht erfüllen könnten. Wir buchen mehrmonatige Kreuzfahrten und laden uns die ausgefallensten Spezialitäten aus aller Welt auf den Tisch. Die Zeitschrift Focus meldete im September 2014, dass jedes dritte Grundschulkind ein Smartphone besitzt. Wir haben mehr Kleidung im Schrank, als wir im Leben auftragen können. Was wir uns nicht leisten können, legen wir uns eben auf Pump zu. Selbst wenn wir uns bis über die Ohren verschulden, kann uns nicht viel passieren. Seit Juli 2014 ist es möglich, dass ein Schuldner in Privatinsolvenz statt sieben Jahren nur noch drei Jahre bei gedeckelten Bezügen aushalten muss, bis er alle seine Verbindlichkeiten los ist. Dazu muss er in dieser Zeit nur ein gutes Drittel seiner Schulden getilgt haben. Der Rest ist geschenkt.

Alles ist möglich. Und zwar sofort. Dank der digitalen Revolution wird die Zeitspanne zwischen dem Aufkeimen eines Wunsches und seiner Erfüllung immer geringer. Wer zu den Babyboomern gehört, schaute in den Sechzigern und Siebzigern »Daktari«, »Raumschiff Enterprise« und Co. im Fernsehen. Jede Woche eine neue, heiß ersehnte Folge. Später gab es in jedem Stadtteil eine Videothek, sodass man sich mittags aussuchen konnte, was abends über den Bildschirm lief. Bald musste man noch nicht einmal das Haus verlassen, um einen Film seiner Wahl anschauen zu können: Die per Internet bestellte DVD lag am nächsten Morgen im Briefkasten. Heute erlaubt das Streaming, praktisch jeden gewünschten Film und jede Serie ohne Zeitverzug anzuschauen. Und wer Lust auf Pizza oder Sushi hat, dem bringt der Lieferservice das Gewünschte 15 Minuten später an die Tür. Getränke inklusive.

Weil uns quasi unbegrenzte Möglichkeiten zur Verfügung stehen, ist Verzicht zum Fremdwort geworden. Und wer nicht verzichten muss, dem wachsen die Ansprüche in den Himmel. So kommt es, dass Gebrauchtwagen ohne Klimaanlage mittlerweile praktisch unverkäuflich sind. Der Trend zum Anspruch ist ungebrochen.

Es stimmt – jeder Trend löst auch einen Gegentrend aus. 2012 schrieb der Produktdesigner Moritz Grund sein Buch »Einhundert«, in dem er von seinem Versuch berichtet, seinen Besitz auf 100 Dinge zu reduzieren. Auch manch anderer will seine Ansprüche herunterschrauben. Wer aufs Auto, aufs Handy verzichten kann, fühlt sich wie von einem Alptraum befreit. Diese Versuche, einem Überangebot zu entkommen, zeigen aber nur umso deutlicher, wie normal die alles überwallende Maßlosigkeit der Mehrheit längst geworden ist.

Dieses Anspruchsdenken endet nicht beim Materiellen. Auch wenn sich Krankheiten einstellen, lautet der Anspruch: Ich habe ein Recht auf Gesundheit, und zwar so, wie ich mir das vorstelle. Dass sich zum Beispiel die Anzahl der Knieoperationen laut Statistischem Bundesamt von 145.000 im Jahr 2005 auf über 250.000 im Jahr 2011 nahezu verdoppelte, hat verschiedene Gründe: das zunehmende Alter der Bevölkerung und der auf den Krankenhäusern lastende Druck, ein positives Betriebsergebnis zu erzielen. Nur *einen* Grund will niemand hören: dass es oft auch an den Patienten selber liegt.

Die Abschaffung des nächsten Jahres

Im Sommer 2013 setzte sich der Vorsitzende des Gemeinsamen Bundesausschusses von Ärzten und Krankenkassen, Josef Hecken, in die Nesseln, als er zu sagen wagte, dass auch die »unglaublich gewachsene Anspruchshaltung der Patienten« dazu beitrage, die Anzahl der Operationen zu steigern. »Es sind doch nicht immer die Krankenhäuser, die aus Geldgründen Eingriffe vornehmen wollen«, klagte er in einem Interview mit der Berliner Zeitung. »Es sind häufig die Patienten, die Behandlungen einfordern. Viele halten doch ihren Arzt inzwischen für unfähig, wenn er von einem Eingriff abrät und einfach nur ein paar Tage Bettruhe verordnet.«

Die Devise lautet: lieber eine Knieoperation, als ein halbes Jahr Gymnastik machen zu müssen. Der Einzelne vermeidet Anstrengung, egal, was sein Verhalten die Allgemeinheit kostet. Die schaut zu und unternimmt – nichts.

Menschen, die mit ihrer Anspruchsmentalität der Gesellschaft schaden, werden auch noch in Schutz genommen. Der Geschäftsführer des Verbandes der Feuerwehren in NRW beklagte im Januar 2014 in einem Interview mit der WAZ, dass die »112« oft aus reiner Bequemlichkeit angerufen wird: »Einige denken fälschlicherweise, es sei einfacher, den Notarzt zu rufen und im Krankenhaus untersucht zu werden, als beim Facharzt lange auf einen Termin zu warten.« Es ist natürlich angenehmer, sich zum Krankenhaus fahren zu lassen, als beim Arzt Schlange zu stehen. Ein solcher Egoismus verursacht nicht nur enorme Kosten, sondern hat unter Umständen den Effekt, dass für einen echten Notfall ein Rettungswagen nicht rechtzeitig zur Verfügung steht. Statt aber diejenigen, die ohne jeden Skrupel den für sie bequemsten Weg wählen, zur Rechenschaft zu ziehen, werden sie auch noch verteidigt. Der Sprecher des Dortmunder Klinikums zeigt jede Menge Verständnis: »Unnötig ist aber zunächst mal kein Fall. Das Empfinden von Beschwerden ist eben individuell verschieden.«

Das volle Programm

All diese Beispiele deuten auf eines hin: Die Frustrationstoleranz des Einzelnen geht gegen null. Wir meinen Anspruch auf materiellen Wohlstand und stetes Wohlgefühl zu haben, das durch keinen Schmerz und keine Anstrengung getrübt wird. Wenn uns mal etwas fehlt oder wenn uns etwas abverlangt wird, wird das als Zumutung verstanden. Wir wollen uns keinen Herausforderungen stellen, wir wollen nicht geduldig sein und auch nicht hart arbeiten, um etwas zu erreichen. Die Frage ist: Was ist denn daran so schlimm?

Schließlich ist es heute für Menschen in unseren Breiten möglich, vom ersten Schrei bis zum letzten Atemzug »unbeschadet« durchs Leben zu kommen. Wie gesagt: Es gibt mehr Nahrung, als wir essen können, Zentralheizung und ein schützendes Dach über dem Kopf sind selbstverständlich. Im Krankheitsfall stehen uns hochwirksame Medikamente zur Verfügung, und Kriege finden weit weg statt. Wir *müssen* im Alltag nicht viel aushalten.

Wenn wir aber doch in einer Welt leben, in der wir Frustrationen aus dem Weg gehen können, warum sollten wir uns Enttäuschungen, Anstrengungen und andere Zumutungen antun? Wenn wir wie die Made im Speck leben, dann schadet es auch nicht, wenn wir uns auch wie eine verhalten, oder?

Nein, so zu denken, wäre ein krasser Fehlschluss. Zwei Gründe gibt es, die die »Made im Speck«-Variante unmöglich machen. Erstens: Auch der hartgesottenste Egoist kann Frustrationen nicht vollständig aus dem Weg gehen. Es müssen nur zwei Menschen aufeinanderprallen, die beide hohe Ansprüche stellen, sprich: die erwarten, dass all ihre Bedürfnisse erfüllt werden. Dann sind die Konflikte vorprogrammiert. Zwei Egoisten können miteinander nicht glücklich werden. Wie soll es dann eine Gesellschaft, in der es vor Egoisten nur so wimmelt?

Zweitens: Wir können unsere Natur nicht verleugnen. Sie hat es ursprünglich ganz anders gemeint. Hunderttausende Jahre waren die Lebensumstände des Menschen durch Hunger, Durst, Kälte, Krankheit und kämpferische Auseinandersetzungen geprägt. Das waren die Realitäten, mit denen er Tag für Tag zurechtkommen musste. Ohne die Fähigkeit, auch mal harte Zeiten durchzustehen, hätte er niemals überleben können.

Die Psyche des Menschen ist nicht nur so angelegt, dass er viel aushalten *kann*, sondern dass er es auch *muss*. Als Psychiater weiß ich, was einem Menschen blüht, der meint, für ihn müsse es rote Rosen regnen. Ihm steht nicht nur ein hartes Erwachen bevor. Die Folgen sind viel tief greifender: Er stellt sich gegen ein Grundprinzip, das den Menschen in seinem innersten Wesen ausmacht. Warum das so ist, zeigen die Entwicklungsstufen eines Kindes aus tiefenpsychologischer Sicht.

Zehen im Mund

Orale Phase, anale Phase, magische Phase – das ist die gültige Einteilung der ersten Lebensjahre eines Kindes in Entwicklungsabschnitte, so, wie die Natur sie in uns angelegt hat.

Im Mutterleib lebt das Ungeborene mit seiner Mutter in Symbiose. Neun Monate lang ist für alles gesorgt: Wärme, Nahrung, Geborgenheit. Wenn es der Mutter gut geht, dann geht es auch dem Kind gut. Nach der Geburt folgen weitere neun Monate, in denen das Baby genauso wie im Mutterbauch eine Rundum-sorglos-Versorgung ohne jeden Zeitverzug beansprucht. Hunger ist für ihn ein reiner, durch keine Frustrationstoleranz gemilderter Schmerz. In diesem Alter ist das Kind definitiv nicht in der Lage zu verstehen, warum es etwas nicht bekommen kann oder warum es warten muss.

Der Zeitraum, den das Kleinkind in seinem ersten Lebensjahr durchläuft, wird die orale Phase genannt, denn es erfährt Lustgewinn, wenn es an etwas saugen und nuckeln kann: an der Brust der Mutter, den eigenen Fingern, Zehen – einfach an allem, was es zu fassen bekommt. In dieser Phase ist das Leben des Kindes durch das Erleben definiert: Ich werde bedient; mir fehlt es an nichts.

Erst nach etwa neun Monaten geht es langsam los mit der Fähigkeit, auch einmal etwas auszuhalten. Schritt für Schritt trainiert das Kind, Trennung, Hunger und andere unangenehme Dinge zu verkraften. Das in der oralen Phase aus Erfahrung gebildete Vertrauen hilft ihm nun, kürzere Phasen des Verzichts zu überstehen.

Mit zwei, drei Jahren tritt das Kleinkind in die anale Phase ein. Das Kind entdeckt den eigenen Willen: Es bestimmt darüber, ob es den Stuhlgang einhält oder ob es aufs Töpfchen geht bzw. in die Windel macht. Nun kann es auch mal aus freien Stücken etwas, was es selber haben möchte, abgeben. Mit angstvoller Lust gibt das Kleinkind seinem Gegenüber im Spiel die geliebte Puppe, heilfroh, wenn es sie ein paar Sekunden später zurückbekommt und wieder in den Arm schließen kann.

Die Abschaffung des nächsten Jahres

Die Zeit des nächsten Entwicklungsschritts nennen Psychoanalytiker die magische Phase. Mit drei bis fünf Jahren kommt das Kind aus dem Kindergarten heim und erzählt wilde Geschichten: »Heute habe ich mit einem Löwen gekämpft!« In diesem Alter ist in der Vorstellung des Kindes alles möglich; es baut sich seine Welt so, wie es sie haben will. Die Fantasie brodelt. In diesem Alter lernt das Kind, dass es sich lohnen kann abzuwarten. Zum Beispiel weiß es: Heute Abend ist Weihnachten. Es versteht: Erst wenn es dunkel ist, geht's los.

All die Entwicklungsschritte dienen einem Zweck: Wie einen Muskel trainiert das Kind durch stete Übung seine Fähigkeit, Situationen auszuhalten, die ihm keinen Spaß machen. Je weiter das Kind in seiner Entwicklung ist, desto mehr kann es verstehen und aushalten, wenn seine Bedürfnisse nicht sofort erfüllt werden. Und desto längere Zeiträume, in denen es nicht nach seinen Wünschen geht, kann es überbrücken. Dieser Entwicklungsschritt ist eminent wichtig, denn ohne ihn wäre das Kind ein Leben lang auf eine Bezugsperson angewiesen.

Wenn das Kind eingeschult wird, sollte es gelernt haben, mit den alltäglichen kleinen Frustrationen umzugehen. Wenn es sich auf den Boden wirft und brüllt, weil ein anderes Kind ein Eis schleckt und es selbst keines bekommt, ist es noch nicht reif für die Schule. Denn Lernen bedeutet: ein Dutzend Mal versuchen, ein M in sein Erstklässlerheft zu schreiben und es auszuhalten, wenn es ein Dutzend Mal misslingt. Lernen bedeutet sich anstrengen und weitermachen, auch wenn sich der Erfolg nicht sofort einstellt.

Was bedeuten diese Entwicklungsphasen eines Kindes nun für uns? Wir glauben, es ginge uns besser, wenn wir Anstrengungen vermeiden und uns den sofortigen Genuss gönnen. Aber das Gegenteil ist der Fall. Frustrationstoleranz ist Voraussetzung und Antrieb der allgemeinen Entwicklung des Menschen, nicht nur des Kindes. Wir entwickeln uns ein Leben lang. Wenn wir Frustrationstoleranz nicht stetig üben, degeneriert der »Muskel«. Das ist fatal, denn auch der Erwachsene braucht bei aller Sättigung die Fähigkeit, Enttäuschungen auszuhalten, Rückschläge zu verkraften und mit Kritik umzugehen. Ein Mensch, der sich anstrengen und auch mal etwas aushalten kann, hat eine weitaus bessere Chance auf ein zufriedenes Leben als jemand, der es nicht aushält, wenn ihm der Wind mal etwas stärker ins Gesicht bläst.

Barrierefrei

Es ist nicht lange her, dass ich Zeuge eines Unfalls war. An einer Kreuzung waren zwei Autos ineinandergekracht, einer der beiden Fahrer war verletzt. Die Unfallstelle war nicht passierbar, deshalb hatten sich bereits lange Autoschlangen gebildet. Einige der genervten Autofahrer versuchten, sich vorbeizuschlängeln, indem sie über die Bürgersteige fuhren. Nur mit Mühe konnte der Rettungswagen bis zum Unfallort vorfahren. Als er neben den beiden ineinander verkeilten Autos hielt, drängte sich eines der wartenden Fahrzeuge in die entstehende Lücke, bis seine Stoßstange fast das Heck des Rettungswagens berührte. Der Autofahrer war fünf Meter weitergekommen, aber der Sanitäter konnte nun die hintere Tür seines Wagens nicht mehr öffnen, um den Verletzten einzuladen. Der Drängler war auch nach mehrmaliger Aufforderung nicht bereit, auch nur eine Handbreit des gewonnenen Bodens wieder abzugeben. Eher hätte er sich mit dem

Schneidbrenner aus seinem Wagen holen lassen, als ein Stück zurückzusetzen. Der Sanitäter musste also wieder in den Rettungswagen einsteigen, ihn mühsam zwei Meter weiter nach vorne manövrieren, damit er endlich die Trage mit dem Verletzten einladen konnte.

An diesem Beispiel kann man gut sehen, wie das Anspruchsdenken »Ich will hier langfahren, niemand darf mich aufhalten« in eine alle anderen Belange ausblendende Rücksichtslosigkeit mündet. Warum ich diese kleine Begebenheit erzähle, hat aber noch einen weiteren Grund.

Dem Fahrer war es egal, dass er durch seinen Starrsinn die Verstopfung der Kreuzung um ein paar weitere Minuten verlängerte. Sein Verzicht auf ein paar Meter Raumgewinn hätte es für alle schneller gemacht – auch für ihn selbst. Aber die Folgen seines Verhaltens waren ihm egal. Eine wichtige menschliche Eigenschaft fehlte ihm schlichtweg: die langfristige Bedeutung seines Verhaltens zu erkennen.

In der Psychologie wird der Verzicht auf kurzfristige Lustbefriedigung zugunsten langfristigen Gewinns *deferred gratification* genannt – Belohnungs-Aufschub. Berühmt geworden sind die Marshmallow-Experimente des Psychologen Walter Mischel. Ende der Sechziger-, Anfang der Siebzigerjahre führte er Versuchsreihen mit Kindern durch. Im Prinzip ging es bei den Experimenten immer darum, ob die Kinder auf einen sofortigen Lustgewinn verzichten konnten und unter welchen Bedingungen ihnen das gelang. Zum Beispiel wurde Vierjährigen ein Marshmallow auf den Tisch gelegt, das sie für eine kurze Zeit nicht essen sollten. Als Belohnung für das Aushalten winkte ein zweites Marshmallow. Sie konnten sich also für Genuss sofort entscheiden oder für doppelten Genuss ein wenig später.

Um diese Aufgabe zu bewältigen, muss man eine Vorstellung davon haben, was die Zukunft aufgrund eines heutigen Verzichts für einen bereithält. Und man muss über die Selbstkontrolle verfügen, diese Zukunft abzuwarten. Der Autofahrer, der sich an den Notarztwagen gedrängelt hatte, hatte weder das eine noch das andere.

Es geht aber nicht nur um die paar Minuten, die vergeudet wurden, und den Ärger, den unser Egoist bei den Umstehenden verursachte. Es steht noch mehr auf dem Spiel, wenn ein Mensch ohne Rücksicht auf Verluste darauf aus ist, seine Bedürfnisse zu stillen.

Erntesegen

Anstrengung ist – anstrengend. Wer sich anstrengt, verzichtet auf momentane Belohnung. Dieser kurzfristige Schmerz ist sinnvoll, wenn die Bemühung zu einer Belohnung führt, die der Anstrengung wert war. Das ist beim Menschen seit der Urzeit so. Tausende Generationen lang hat er ein paar Handvoll Körner der diesjährigen Ernte für die Aussaat im nächsten Jahr zurückgehalten, statt sie gleich zu essen. Vor allem in Hungerzeiten muss ihm das eine unglaublich hohe Selbstbeherrschung abverlangt haben. Aber das Wissen darum, dass das nächste Jahr nur mit dem aufgesparten Saatgut gut werden konnte, half ihm bei seiner Entscheidung.

Und es ist noch immer so: Nur wer heute verzichten kann, wird morgen eine gute Ernte einfahren. Das weiß zum Beispiel der Handwerker, der seinen Meister macht. Er verzichtet auf Einkommen und besucht Kurse, um nach einigen Jahren mit seiner Werkstatt wachsen zu können. Auch ein Unternehmen, das einen Teil des Gewinns in neue Maschinen steckt, handelt nach diesem Prinzip. Wenn es nicht investiert, hat es keine Überlebenschancen. Der Staat handelt ebenfalls nach diesem Prinzip – oder sollte es doch zumindest. Er steckt zum Beispiel hohe Beträge in sein Schulsystem. Der Lohn dafür – wenn es sinnvoll geschieht – wird erst sichtbar werden, wenn die Jugendlichen nach ihrem Schulabschluss reif für eine Ausbildung oder ein Studium sind.

Wer nach dem Lustprinzip lebt, kann nicht lernen. Denn das ist nur möglich, wenn auf sofortigen Lustgewinn verzichtet wird. Etwas zu lernen, macht keinen Spaß. Es dann zu können, macht Spaß. Es ist wie beim Skifahren. Wenn die Kinder dauernd hinfallen, Schnee in die Hose bekommen und zehnmal hintereinander aus dem Kinderlift rutschen, ist das anstrengend. Erst wenn sie dann alleine einen Hang hinuntersausen, kommt der Spaß ins Spiel.

Und wer nicht lernen kann, wird sich auch nicht entwickeln. Und genau darin liegt die Antwort auf die Frage, warum es so grundverkehrt ist, jede Anstrengung zu vermeiden. Jahrzehnte nach den Marshmallow-Experimenten hat der Psychologe Mischel belegt, dass genau die Erwachsenen, die als Kinder auf das Marshmallow verzichtet hatten, später im Leben mehr Erfolg hatten und eine höhere soziale Kompetenz als jene, die ihrem Wunsch sofort nachgegeben hatten.

Die Tatsache, dass der Begriff »Lebenslanges Lernen« neuerdings so vollmundig unter die Leute gebracht wird, ist ja nur ein Zeichen dafür, dass die Wohlstandsgesellschaft das lebenslange Lernen, das ja in uns angelegt ist, bisher unterdrückt hat. Lernen sollen immer nur die anderen. Die Expertenbefragung »Lernen im Jahr 2030« des Institute of Corporate Education e.V. in Zusammenarbeit mit der F.A.Z. Executive School ergab: 95 % aller Mitarbeiter finden, dass Führungskräfte bereit sein sollten, sich weiterzubilden. Die Mitarbeiter selbst sind aber oft nicht einmal bereit, eine neue Software im Büro auszutesten.

Wir sind niemals »fertig ausgebildet«. Es ist sogar so, dass ein erschreckend hoher Anteil an Jugendlichen es nie gelernt hat zu lernen. In einer Veröffentlichung vom Juni 2014 auf der Webseite »Vorsprung durch Vielfalt« spricht die Landesvereinigung Unternehmerverbände Rheinland-Pfalz, in der 30 Fach- und Branchenverbände aus unterschiedlichen Wirtschaftsbereichen organisiert sind, von einem Anteil von 25 % der Schulabgänger, die nicht ausbildungsfähig sind. Es fehlt an den grundlegendsten Fähigkeiten wie Lesen, Schreiben, Rechnen, aber auch Zuhören, Hinschauen, Mitdenken. Sozialkompetenzen – nicht vorhanden. Ausdauer – entfällt. Lust, sich in etwas Neues hineinzuknien – wozu denn? Und bitte: Das liegt nicht etwa an Migrationshintergründen. Es gibt Lehrlinge aus allen Bevölkerungsschichten, die mit dem Auftrag des Gesellen: »Hol mal den Hammer!«, nichts anfangen können. Mancher Azubi aus »gutem Hause« wie aus prekären Verhältnissen ist Sonntagnacht nicht in der Lage, an Montagmorgen zu denken. Weil sie am Wochenende im Club versumpft sind, kommen sie erst gar nicht zur Arbeit.

Wer nicht die Zukunft im Blick hat, steht auf der Verliererseite. Für den Einzelnen ist das schon eine Katastrophe. Für eine ganze Gesellschaft bedeutet so ein Entwicklungsstopp aber den Todesstoß.

Lauter Pfeifen

Ich weiß von einem Fall in einer afrikanischen Gegend, in der es auch nach Jahrzehnten der engagierten Entwicklungshilfe nicht gelungen ist, ein funktionierendes Gemeinwesen ins Leben zu rufen. Es ist sicher nicht opportun, die Dinge beim Namen zu nennen. Doch ich will es trotzdem tun.

Die Bewohner des Dorfes, das ich meine, wurden mir als freundliche, herzensgute Menschen beschrieben, die sehr im Augenblick leben. Manchem Menschen in der westlichen Kultur mag es ein Sehnsuchtsziel sein, so zu leben – keine Sorge um die Zukunft zu haben und sich ganz dem Hier und Jetzt zu widmen. Doch was passiert, wenn Menschen nicht langfristig denken, zeigt dieses extreme Beispiel. Das größte Problem des Dorfes ist die Trockenheit, nur wenige Regenfälle im Jahr sorgen für die Bewässerung der Felder. Den Bewohnern kam nicht in den Sinn, das Wasser für spätere Verwendung aufzufangen. Auch von Hilfsorganisationen bereitgestellte Behältnisse änderten nichts daran. Auf den kargen Äckern vertrockneten oft die Feldfrüchte, bevor sie geerntet werden konnten. Die Folge waren extreme Fehlernährung und sogar Hungertote.

Endlich wurde eine aus Spendengeldern westlicher Länder finanzierte Bewässerungsanlage mit Zisterne gebaut. Innerhalb kürzester Zeit war die Ernährung gesichert; es konnte sogar Überschuss ins Nachbardorf verkauft werden, sodass sich ein bescheidener Wohlstand bildete. Alles schien auf dem besten Weg zu sein. Nach 18 Monaten kam der Projektleiter noch einmal zurück in das Dorf, um nach dem Rechten zu sehen. Die Bewässerungsanlage war kaputt, das Wasserauffangbecken knochentrocken. Was war geschehen?

Der Bürgermeister des Dorfes war Pfeifenraucher. Er hatte keine Zähne mehr, musste also seine Pfeife immer in der Hand halten. Auf bewundernswert geniale Weise hatte er eine Lösung für sein Problem gefunden: Er baute einen Dichtungsring aus der Zuleitung des Bewässerungssystems aus, befestigte den Pfeifenstiel in der Öffnung der Dichtung und steckte beides in den Mund. Alles passte exakt. Er konnte nun endlich seine Pfeife rauchen, ohne seine Hände benutzen zu müssen.

Leider lief nun der Regen, der für trockene Zeiten gespeichert werden sollte, wieder ungenutzt in den Sand. Als es benötigt wurde, war kein Wasser da. Wieder mussten Menschen hungern, so wie vor Beginn des Projektes auch.

Eine Gesellschaft, deren Mitglieder im Hier und Jetzt leben und deshalb die Fähigkeit zum Aushalten, Abwarten, Verzichten, Investieren nicht besitzen, wird niemals in den Genuss von Stabilität kommen. Denn Stabilität hat immer mit Langfristigkeit zu tun. Vorausschauendes Planen ist die Basis von Wohlstand und Entwicklung, ja von Überleben überhaupt.

Was Anlass zu größter Sorge gibt, ist, dass in Deutschland an allen Ecken und Enden die Kurzfristdenke ein Comeback gefeiert hat. Zum Beispiel hat der Staat über Jahrzehnte hinweg zu wenig Geld in die Sanierung seiner Straßen gesteckt; warnende Stimmen wurden überhört. Jeder Hausbesitzer kennt das: Wenn Renovierungen nicht rechtzeitig in Angriff genommen werden, wird es teurer und teurer.

»Geht ja noch«, heißt es immer – bis es dann eines Tages nicht mehr geht. So wie bei der Autobahnbrücke bei Leverkusen, die Ende November 2012 praktisch über Nacht für Fahrzeuge über 3,5 Tonnen gesperrt werden musste. 14.000 Lastwagen pro Tag müssen seitdem die Stelle – wie es so schön heißt: großräumig – umfahren, und das auf den notorisch überlasteten Straßen rund um Köln! Die für Anfang 2015 angekündigte Wiedereröffnung musste um weitere sechs Monate verschoben werden. PKW dürfen diesen Abschnitt der

Die Abschaffung des nächsten Jahres

A1 immerhin noch mit 60 Stundenkilometer befahren. Aber vielleicht geht auch das bald nicht mehr. Die Totalsperrung der Brücke droht. Keine Ausweichstrecke könnte die durchschnittlich 120.000 Fahrzeuge täglich aufnehmen. Ein eilig geplanter Brückenneubau wird frühestens 2020 fertig sein. Die ernsthaft angedachte Alternative: die Fahrzeuge mit Fähren über den Rhein setzen.

Wie ein Hohn hört sich da die Aussage eines Sprechers an, NRW-Verkehrsminister Groschek habe »nie eine Garantie gegeben, dass die Brücke hält, bis es eine neue gibt«. Nun, Herr Groschek ist erst wenige Monate vor der Brückensperrung Minister geworden. Seine Vorgänger haben das Kind in den Brunnen fallen lassen. Geld wäre genug da gewesen, Straßen und Brücken auf Stand zu halten – wenn auch meist nur geliehenes. Sprudelnde Fördergelder sorgten seit den Siebzigerjahren dafür, dass in vielen Orten Turnhallen, Krankenhäuser und Kongresszentren entstanden. Statt das Vorhandene pfleglich zu behandeln und die Folgekosten zu bedenken, wurde mehr und mehr gebaut. Kaum ein 800-Seelen-Dorf ohne eigenes Schwimmbad. Irgendwann versiegte der Geldstrom, und selbst das Schuldenmachen wurde zu Schwerarbeit. Nun nagt an all der schönen Infrastruktur ungehindert der Zahn der Zeit, und die Gemeinden sitzen hoch verschuldet auf all den Einrichtungen und wissen nicht mehr, woher sie das Geld nehmen sollen, um sie zu unterhalten. Das hat nicht nur zur Folge, dass in manchem Freibad das Wasser kalt bleibt, sondern dass auch zwei von drei befragten Unternehmen angeben, dass ihre Geschäftstätigkeit durch Mängel des deutschen Straßennetzes beeinträchtigt wird. Nachzulesen ist dies in einer Pressemitteilung des Instituts der deutschen Wirtschaft (IW) vom Februar 2014, das im November 2013 eine entsprechende Umfrage bei 2.800 Unternehmen durchgeführt hatte.

Überall auf der Welt gibt es Märchen, die davon erzählen, was mit denen passiert, deren Ansprüche ins Maßlose gehen. Bei uns heißt die Geschichte »Vom Fischer und seiner Frau«. Die Frau lebt allein in der Gegenwart, sie will mehr und mehr und mehr, und zwar sofort. Ihr Mann wagt nicht, ihr ein deutliches Nein entgegenzusetzen. Doch je mehr die Frau bekommt, desto unzufriedener ist sie. Immer schneller dreht sich das Wunsch-Karussell. Und immer weniger kann sie mit dem anfangen, was sie hat. Wie soll sie denn König sein? Oder Kaiser? Oder Papst? Sie *kann* ja nichts. Sie hat nur Wünsche. Egal, wo auf der Welt man diese Märchen hört, immer enden sie damit, dass die Maßlosen mit leeren Händen dastehen.

Offensichtlich haben das einmal alle Völker gewusst: Wer seine Ansprüche sofort erfüllt haben will, beraubt sich seiner Zukunft. Und zwar auf zweierlei Weise. Zum einen verplempert er hier und jetzt Geld, Gut und Gesundheit, weil er es nicht mehr kennt, dass manche Dinge sich entwickeln müssen. Zum anderen beraubt er sich der Möglichkeit, sich selbst zu entwickeln. Weil er nie das Sich-Anstrengen geübt hat, fehlt ihm die Kraft, auch nur die geringsten Widerstände zu überbrücken. Wenn er wirklich mal gefordert wird, ist er schwach. Indem er heute auf nichts verzichtet, sorgt er dafür, dass er sich in Zukunft keine Wünsche mehr erfüllen kann.

Denn wer Zukunft nicht denken kann, hat keine mehr.

KAPITEL 5

Love Machine

Wer Kinder im schulpflichtigen Alter hat, weiß, wie es abläuft, wenn auf dem Elternabend der anstehende Wandertag geplant wird. Fünf, zehn oder gar fünfzehn Kilometer bei Wind und Wetter wandern – das ist schon lange nicht mehr drin. Abgesehen davon, dass die meisten Kinder gar nicht mehr das geeignete Schuhwerk besitzen, um einen solchen Marsch zu bewältigen, würde sich gleich die Hälfte der Klasse aus Protest krank melden. Wenn sich die Schüler schon eine halbe Stunde zu Fuß irgendwohin schleppen müssen, dann muss dort wenigstens ein Event auf sie warten. Ein Klettergarten oder ein Freizeitpark sollte es schon sein. Statt der Stärkung der Klassengemeinschaft steht der Spaß- und Erlebnisfaktor im Vordergrund.

Oft ist auch der Besuch in einem Wildpark noch zu viel Anstrengung. Also werden die Schüler vom Fünf-Sterne-Komfortreisebus vor der Schule abgeholt und in die Fußgängerzone der nächstgelegenen Großstadt gekarrt. Dort splittet sich die Klasse in kleine Grüppchen auf, und dann geht es ans Shoppen. Die Lehrer gehen in der Zwischenzeit einen Kaffee trinken. Treffpunkt um 14.30 Uhr wieder am Bus, sodass man auch garantiert vor vier wieder zu Hause ist. Der ursprünglich geplante Museumsbesuch wird kurzerhand aus dem Programm gestrichen, weil sich sowieso keines der Kinder dafür interessiert.

Das Bayrische Kultusministerium hat nicht ohne Grund den Wandertag in »Gemeinschaftstag« umgetauft. Offiziell lautet das Ziel immer noch, an diesem Tag Gemeinschaftsgeist und soziales Verhalten der Schüler zu fördern. Weil man ja nicht weiß, wie das Wetter wird, geht der Trend allerdings weg von Unternehmungen unter freiem Himmel hin zu Indoor-Veranstaltungen. Nicht dass die Kinder noch nass werden! Ob aber eine Bowlingbahn mit muffiger Atmosphäre und billiger Aufbackpizza der geeignete Ort für das Festigen einer Klassengemeinschaft ist, darf bezweifelt werden. Trotzdem sind die entsprechenden Etablissements der Umgebung an Wandertagen regelmäßig ausgebucht. Manchmal werden auch gleich Karten für einen Blockbuster reserviert. Im Kino sitzen dann die Schüler zwei Stunden lang schweigend im Dunkeln nebeneinander und schauen sich irgendeinen Actionfilm an.

Mag sein, dass ich hier den typischen Gemeinschaftstag deutscher Schulen ein wenig überspitzt darstelle. Es gibt selbstverständlich Einrichtungen, die das anders handhaben, oder wenigstens einzelne engagierte Lehrer, die sinnvolle Sachen mit ihrer Klasse machen. Aber die Regel ist, dass Kindern kaum mehr etwas abverlangt wird. Meiner Erfahrung nach sind »Tiger-Moms« und -Dads, die ihre Sprösslinge unerbittlich zu Höchstleistungen antreiben, nur eins von zwei Extremen. Überall um mich herum – nicht nur in meiner Praxis – sehe ich auch die andere Seite: die sogenannten »Curling-Eltern«, die wie beim gleichnamigen Eissport wie wild mit dem Besen das Eis vor dem Curlingstein bearbeiten, damit der Klotz mit geringstmöglicher Reibung sanft dahingleiten kann. Widerstandslos. In vorauseilendem Gehorsam räumen diese Eltern ihren Kindern jede Unebenheit aus dem Weg.

Der Mainstream sieht das völlig anders. Als ob der Blick der Gesellschaft verstellt wäre, beißt er sich am Trugbild völlig überforderter Kinder und Jugendlicher fest. »Das kann man von dem Kind doch nicht verlangen!«, ist das Mantra, das in der deutschen Familien- und Ausbildungslandschaft zur Regel geworden ist. Und schon turnen Kinder im Restaurant auf den Stühlen herum und bekommen Fernseher in die Rückenlehnen des Familienautos eingebaut.

Im vorigen Kapitel habe ich dargestellt, dass wir *uns selbst* nicht mehr viel zumuten und wo immer möglich Anstrengungen vermeiden. Wir verlangen aber auch *von anderen* nicht mehr viel. Stattdessen wird partnerschaftlich diskutiert – zum Beispiel in der Familie ...

Der Tritt vor's Schienbein

Eine Familie kommt zu mir in die Sprechstunde; ein sympathisches Elternpaar mit ihren beiden Söhnen, 12 und 14 Jahre. Die Jungs sind fit und begabt, doch es häufen sich Probleme mit gelegentlichen Ausrastern des Älteren. Eher nebenbei erfahre ich von einem Ereignis, das sich in der Woche zuvor zugetragen hat.

Beide Jungs und der Vater sind im Fußballverein ihres Wohnortes fest verwurzelt. Die Familien, die dort trainieren, kennen sich gut, im Sommer wird nach den Spielen gemeinsam gegrillt. Nun geschah Folgendes: In einem Heimspiel der Jugendmannschaft traf der Schiedsrichter eine Entscheidung, die dem 14-jährigen Sohn nicht passte. Der Junge trabte quer übers Spielfeld auf den Schiri zu und trat ihm mit voller Wucht gegen das Schienbein. Weil die Sportregeln es so verlangen, wurde er in die Kabine geschickt und für drei Spiele gesperrt.

Daheim gab es ein Gespräch mit dem Vater. Dieser redete dem Jungen ins Gewissen: »Du weißt doch, dass man das nicht darf!« Das war's. Der Tritt hatte keine weiteren Konsequenzen. Ich fragte den Jungen: »Hast du dich denn beim Schiri entschuldigt?« Nö. »Weißt du denn nicht, dass der dich anzeigen kann?« Hä? »Du bist 14. Ein Richter könnte dir für den Tritt 250 Sozialstunden aufbrummen.« Totale Verständnislosigkeit.

Die Eltern wurden unruhig, während ich ihrem Sohn die möglichen Folgen seines Handelns vor Augen führte. Sie begannen, ihn in Schutz zu nehmen. »War doch nicht so schlimm. Es ist doch nichts passiert!«, wiegelten sie ab.

Doch, es *ist* etwas passiert! Ein 14-Jähriger tritt in aller Öffentlichkeit und mit voller Absicht einen Schiedsrichter. Dem Vater, der auch im Verein tätig ist, muss das hochnotpeinlich gewesen sein. Doch diese Aktion hat für den Jungen keinerlei Folgen; ihm ist immer noch nicht klar, dass Körperverletzung als Reaktion auf was auch immer überhaupt nicht infrage kommen darf. Der Schiedsrichter tat so, als wäre mit dem Spielverbot für drei Spiele alles erledigt, der Trainer setzte den Jungen bei nächster Gelegenheit aber ganz selbstverständlich wieder ein, keiner der Sportkameraden sagte: »Hör mal, hast du sie noch alle?«

Es ist definitiv unmöglich, Kinder allein durch Diskutieren zu einer Verhaltensänderung, geschweige denn zu einer Einsicht zu bewegen. Wenn ein Kind normal entwickelt ist, können Sie ab einem Alter von elf, zwölf Jahren versuchen, ihm schon mal etwas allein durch Reden verständlich machen. Das kann allerdings mit fortschreitender Pubertät durchaus auch schiefgehen, wie das Beispiel mit dem Fußballer zeigt.

Love Machine

Diskutieren ist manchmal also auch kontraproduktiv. Einmal, weil Reden eigentlich ja Zuwendung ist. Das Kind hat etwas Verbotenes getan. Und dadurch, dass es aus seinem Verhalten keine Nachteile erlebt – wie z. B. Fernsehverbot, Ausgehverbot etc. –, machen sich Eltern unglaubwürdig, indem sie es mit Zuwendung belohnen. Außerdem verstärkt Diskutieren häufig nur die Aggression. Denn es wird ja meist so lange geredet, bis sich das Kind endlich mit dem Lippenbekenntnis »Ich werde es nicht wieder tun« freikauft. Diese Diskussion »auf Augenhöhe« hat ja nichts anderes als die Unterwerfung des Kindes zum Ziel.

Und noch einen weiteren Grund gibt es, warum Diskussionen Aggressionpotenzial freisetzen. Wenn jemand schlechte Laune hat, gibt es eine perfekte Methode, sie ihm noch mehr zu vermiesen. Es muss nur einer kommen, der ihm die Hand auf die Schulter legt und fragt: »Was hast du denn? Geht's dir nicht gut? Woran liegt es denn?« Viele kennen das von sich selbst: Man möchte seine Wut oder Enttäuschung in Ruhe mit sich abmachen, und dann kommt einer daher und thematisiert. Da könnte man doch die Wände hochgehen, oder? Ein Kind, das etwas ausgefressen hat und sich in einer Diskussions»runde« von seinen Eltern in die Zange genommen sieht, wird mit einiger Wahrscheinlichkeit nur in die Totalverweigerung gedrängt.

Es gibt allerdings auch Situationen, in denen Kinder sehr gerne mit ihren Eltern diskutieren – je länger, desto lieber. Zum Beispiel über das Teller-in-die-Spülmaschine-Stellen. Der Grund ist: Solange noch herumgeredet wird, muss die Spülmaschine nicht eingeräumt werden. So einfach ist das.

Vielmehr gefragt ist hier eine emotionale Spiegelung. Denn ab seinem dritten Lebensjahr orientiert sich das Kind am Affekt der anderen, also an der Gefühlsreaktion seines Gegenübers. Sie saugen geradezu in sich auf, wie der andere in bestimmten Situationen reagiert: Lacht er? Weint er? Nimmt er mich in den Arm? Ist er sauer? So bietet die Reaktion der Eltern die lebensnotwendige Orientierung.

Für Eltern ist es eigentlich gar nicht schwer, ein bestimmtes Verhalten von ihren Kindern einzufordern. Eine klare Linie genügt. Erst den Tisch decken, dann gibt es Abendessen. Die dreckige Wäsche wird in den Wäschesack gesteckt und nicht auf den Badezimmerboden fallen gelassen. Nach dem Geburtstag wird bei den alten Tanten angerufen, um sich für die Geschenke zu bedanken. Meist reicht es aus, das Kind geduldig und immer wieder anzuleiten. Und wenn das Kind ausprobiert, ob es nicht doch möglich ist, sich beim gemeinsamen Restaurantbesuch wie die Axt im Walde zu benehmen, dann braucht das Kind seine Eltern als klares Gegenüber.

Warum schaffen das die Eltern nicht? Sie haben verlernt, was ihre eigentliche Aufgabe ist. Statt ihr Kind auf dem Weg des Erwachsenwerdens zu begleiten, ihm Halt und Orientierung zu bieten, wollen sie nur eines: geliebt werden.

Um die Kindheit betrogen

In den Fünfzigern galt die Devise: Solange du deine Füße unter meinen Tisch stellst ... Alle Familienmitglieder definierten sich über ihre Rolle; Vater war der Vorgesetzte, Mutter war für Essen, Kleidung und Auch-mal-in-den-Arm-Nehmen zuständig und drohte: »Warte nur, bis der Papa nach Hause kommt!« Und das Kind hatte zu gehorchen. Ein Zweifel an der Autorität der Eltern war nicht vorgesehen. Gut, dass diese Zeiten vorbei sind!

Ende der Sechziger wurden diese Rollen massiv infrage gestellt. Die alte Autoritätshörigkeit war passé. Nun war klar: Auch Eltern machen Fehler. Das war eine große Entspannung.

Nach dem sporadisch angewendeten antiautoritären Erziehungsstil mit Endlosdiskussionen folgte in den Siebzigern bis in die Neunziger hinein die klassisch intuitive oder auch autoritative Erziehungsmethode. Das bedeutet: In der Beziehung zwischen Eltern und Kind war eine eindeutige Hierarchie erkennbar – es gab eine Erwachsenen-Welt und eine Kinder-Welt. Es gab Dinge, die für Kinderohren und -augen als nicht geeignet betrachtet wurden. Beziehungsstress zwischen den Eltern zum Beispiel, grausame Bilder aus Kriegsgebieten. So schützten die Erwachsenen ihre Sprösslinge vor emotionaler und psychischer Überforderung. Thomas Gordon hat sich in dieser Zeit mit seinem 1970 veröffentlichten Familienkonferenz-Modell sehr verdient gemacht. Kinder wurden auch mal in Entscheidungen mit einbezogen, aber sie wurden in der Regel als das gesehen und geschützt, was sie waren: Kinder eben.

Diese moderate Art, mit Autorität umzugehen, strahlte bis in die Erwachsenenwelt hinein. Wenn im Unternehmen zum Beispiel der Chef zu seinem Mitarbeiter sagte: Mach das *so*, dann war es möglich, dass der Mitarbeiter antwortete: Ich glaube, *anders* wär's besser. Dann lag es am Vorgesetzten zu entscheiden, ob sein Mitarbeiter einen vernünftigen Vorschlag gemacht hatte oder nicht. Damals waren wir ziemlich nah dran am Ideal: klare Rollenbilder, nicht zu viel Respekt und auch nicht zu wenig, dazu der Wunsch, gemeinsam zum Ziel zu kommen.

Heute sind wir weit übers Ziel hinausgeschossen. In der *partnerschaftlichen* Erziehung werden Kinder wie kleine

Erwachsene behandelt. Eltern diskutieren mit ihnen in allen Belangen als gleichberechtigte Partner – auch wenn das Kind erst drei Jahre alt ist. Das geht von der Frage: Welche Pizza sollen wir einkaufen? bis zu: Möchtest du bei Papa oder Mama wohnen? Natürlich sollte ein Kind auch mal entscheiden dürfen, welche Pizza es gerne hätte. Aber Tag für Tag solche Entscheidungen treffen zu müssen, ist Belästigung und Überforderung zugleich. Unterm Strich wird den Kindern heute eine Reife zugesprochen, die sie überhaupt noch nicht haben können. Aus ihrer lernenden Rolle werden sie zwangsbefreit. Nicht derjenige, der seinem Kind ein klares und eindeutiges Gegenüber ist, missachtet es. Es ist genau anders herum: Wer Kinder als Partner und damit wie kleine Erwachsene behandelt, hat nicht verstanden, was Kinder zum Wachsen brauchen. Trotzdem gibt es seit Beginn der Neunzigerjahre kaum noch eine Familie, in der die Erziehung nicht nach zumindest partnerschaftlichen Regeln erfolgt.

Es kann für das Kind sogar noch schlimmer kommen. Wie in den ersten Kapiteln dieses Buches gezeigt, fühlen sich viele Erwachsene im Alltag überfordert, sie nehmen sich als unsicher, isoliert und bedürftig wahr. Wenn sie selbst keine Orientierung haben, wie sollten sie dann ihren Kindern Orientierung geben? Aus kinderpsychiatrischer Sicht befinden sich viele dieser Eltern in der *Projektion*. Das heißt, sie definieren sich nur noch über ihr Kind. Die Kinder dienen als Messlatte, die anzeigt, wie gut die Eltern ihr Leben im Griff haben. Wenn das Kind zum Beispiel in der Schule schlechte Noten hat, dann ist die Reaktion: Ich bin ein schlechter Vater! Und nicht: Oh, da war mein Kind wohl etwas unaufmerksam im Unterricht; ich schau mal, wie ich ihm helfen kann.

Diese Reaktion ist schon so normal geworden, dass gar nicht mehr auffällt, dass es hier an der nötigen Distanz zwischen Eltern und Kindern fehlt.

Im Zustand der Projektion verschieben sich die Machtverhältnisse grundlegend: Die Eltern begeben sich in der Hierarchie unter das Kind, sie machen sich abhängig. Das Kind wird vom Erwachsenen umworben, damit dieser sich erfolgreich und geliebt fühlen kann.

Im dritten Stadium des unbewussten emotionalen Missbrauchs in der Beziehung zwischen Eltern und Kindern verschmilzt die Psyche des Erwachsenen endgültig mit der des Kindes. In der *Symbiose* nimmt der Erwachsene das Kind nicht mehr als Kind wahr, sondern als Teil von sich selbst. Das heißt: Impulse, die vom Kind ausgehen, werden als Eigenreiz wahrgenommen. Der Schmerz des Kindes ist auch der Schmerz der Eltern. Um diesen Schmerz zu vermeiden, werden dem Kind alle Steine aus dem Weg geräumt. Damit ist endgültig der Punkt erreicht, an dem nach den Regeln des Kindes gelebt wird.

Als 2008 mein Buch »Warum unsere Kinder Tyrannen werden« erschien, erzogen einige Familien ihre Kinder klassisch-intuitiv. Der hohe Anteil an partnerschaftlich und sogar in Projektion erzogenen Kindern gab mir damals Anlass zur äußersten Sorge. Zusätzlich hatte ich es in meiner Praxis sogar mit Kindern zu tun, die in symbiotischer Beziehung heranreiften, ich korrigiere: von ihrer Entwicklung nachhaltig abgehalten wurden.

Heute, nur ein knappes Jahrzehnt später, sehe ich, dass Erziehungskonzepte ganz allgemein und mit Bedacht partnerschaftlich gestaltet werden. Ministerien, Pädagogen und Eltern sind sich fast ausnahmslos einig darüber, wie Kinder erzogen werden sollen: als Partner auf Augenhöhe. Die Erziehungskonzepte an Kindergärten und Schulen sind partnerschaftlich geprägt.

Eine Kindergärtnerin zum Beispiel, die den klassisch-intuitiven Weg bevorzugt, wird es nicht wagen, gegen die kooperativ-partnerschaftlich eingestellten Eltern der ihr anvertrauten Kinder zu entscheiden, dass es feste Uhrzeiten für Mahlzeiten gibt. Also bleibt es dabei, dass die Kinder jederzeit an Saftflaschen nuckeln und Pausenbrote aus ihrer Tasche holen – auch wenn eine vernünftige Gruppenarbeit so nicht möglich ist. Andererseits müssen Eltern, die ihre Kinder auch im Kindergarten oder in der Schule konsequent und nach eigenen Idealen erzogen sehen wollen, sie meist in weit entfernte Einrichtungen schicken.

Die Entwicklung ist sogar so weit fortgeschritten, dass intuitiv erzogene Kinder pathologisiert werden – sie werden für krank erklärt. Bei einer Einschulungsuntersuchung eines Mädchens fiel der Ärztin auf, dass das Kind anormal zurückhaltend war. Sie empfahl der irritierten Mutter dringend, einen Psychiater aufzusuchen. Mutter und Kind kamen zu mir in die Praxis. Ich konnte an dem Kind keinerlei Auffälligkeit entdecken. Das Mädchen zeigte ein angemessenes Verhalten, war völlig gesund. Als ich mit der Mutter sprach, wurde mir klar, was da passiert war: Das Mädchen hatte sich bei der Schulärztin einfach nur gut erzogen verhalten. Sie war nicht durch die Praxisräume geturnt, hatte keine Schubladen aufgerissen und den Inhalt im Raum verstreut, hatte auch nicht dazwischengequatscht, wenn die Erwachsenen sich unterhielten. Wenn sie etwas gefragt wurde, hatte sie aufmerksam geantwortet.

Ein Kind, das sich gesund und gut entwickelt verhält, ist zur Abnormität geworden. Normal ist ein Kind, das keine

Grenzen mehr erfährt, weil den Eltern eine klare Haltung fehlt.

Nicht dass wir uns missverstehen: Ich rede nicht einer autoritären Erziehung das Wort. Das hieße ein Rückfall in alte Zeiten, in denen Erzieher kraft ihres Amtes Macht ausüben. Ich meine eine Erziehung, in der dem Kind ein klar umrissener Raum zur Verfügung gestellt wird, in dem es sich in Ruhe entwickeln kann. Weil sein Handeln eindeutige Reaktionen hervorruft, bekommt es eine klare Orientierung, was gerade von ihm erwartet wird.

Aus meiner Erfahrung heraus kann ich sagen, dass mittlerweile die meisten Eltern unbewusst mit ihren Kindern eine Symbiose eingegangen sind. Das sehe ich nicht nur in meiner Praxis, wo sich zwangsweise die Fälle sammeln, in denen die Entwicklung des Kindes aus genau diesem Grund gescheitert ist. Auch in meinem täglichen Erleben, im Supermarkt an der Kasse, in der Bahn, auf der Straße sehe ich, wie Erwachsene ihren Kindern auf diese Weise Gewalt antun. Sie haben sich ihr Kind zu eigen gemacht. Damit stehlen sie ihm die Möglichkeit, sich zu einer eigenständigen Persönlichkeit zu entwickeln; sie verweigern ihm die Erfahrung, wie es ist, sich anzustrengen – und zu lernen, den Lohn für eine Anstrengung genießen zu dürfen.

Diese Entwicklung habe ich kommen sehen. Was ich vor einigen Jahren noch nicht gesehen habe: Das Fehlverhalten im Rahmen der Projektion und der Symbiose spielt sich nicht nur zwischen Eltern bzw. Pädagogen und Kind ab. Wie ein Virus, das sich einen neuen Wirt erschließt, haben Projektion und Symbiose in der Vergangenheit Grenzen übersprungen. Auch in den Beziehungen zwischen Erwachsenen kommen diese als pathologisch zu bezeichnenden Störungen vor. Äußerlich ist das leicht daran zu erkennen, dass wir auch in der Erwachsenenwelt nichts mehr voneinander verlangen.

Curling-Chefs ...

Eine Sekretärin bekommt den Auftrag, 1.000 Seiten so zu kopieren, dass Vorder- und Rückseite eines Blattes genutzt sind. Dank der heutigen Kopiergeräte ist das nicht sehr schwer. Sie muss erst den Stapel mit ungeraden Seiten kopieren, dann den mit gerader Seitenzahl. Doch die Sekretärin macht einen Fehler. Die zweimal 500 Seiten hat sie bereits durchlaufen lassen, als ihr auffällt, dass die Zeilen der Rückseite auf dem Kopf stehen. Sie bindet die Seiten trotzdem zusammen und legt sie ihrem Vorgesetzten auf den Tisch. Als der sie auf ihren Fehler aufmerksam macht und von ihr verlangt, die Arbeit noch einmal zu tun, bricht sie in Tränen aus. Der Vorgesetzte will kein Unmensch sein und lässt sie sich erst mal hinsetzen. Tasse Tee? Taschentuch? Nach ein paar Minuten hat sich die Sekretärin gefangen und geht mit roten Augen in die Pause, um sich vom Schreck zu erholen. Weil der Chef die Unterlagen dringend braucht, stellt er sich nun selbst an den Kopierer und lässt die 1.000 Seiten noch mal durch – diesmal richtig herum.

Genauso verrückt, wie eine partnerschaftliche bis symbiotische Beziehung zwischen Kind und Eltern ist, ist sie auch zwischen Vorgesetzten und Mitarbeitern. Ein Vorgesetzter muss nicht 100 % dominant sein. Aber er muss es schaffen, die Arbeit seiner Abteilung zu kanalisieren, Klarheit über die Ziele herzustellen und gute Arbeit einzufordern. Genau das ist seine Rolle. Nur wenn er diese Rolle erfüllt, kann das Ergebnis gut werden.

Wenn ein Mitarbeiter nicht mitspielen will, so wie die desinteressierte Sekretärin, dann braucht es auch mal klare Worte. Konsequent wäre es gewesen, ihr Chef hätte ihr sehr deutliche Worte gesagt und sie beauftragt, die Arbeit umgehend noch einmal zu machen. Natürlich hätte ihr das nicht gepasst. Aber nur auf diese Weise kann jemand lernen.

Zur Rolle des Vorgesetzten gehört also auch: es aushalten, dass es seinen Mitarbeitern auch mal schlecht geht. Damit Arbeit gelingt, braucht es auch mal Härte.

Mancher Chef missversteht allerdings die momentane Begeisterung für Soft Skills so weit, dass er meint, er dürfe nur mit Samthandschuhen agieren – bloß nicht dem anderen wehtun! Bloß keine Konflikte! Dieses Harmoniestreben führt dazu, dass der Vorgesetzte seinen Mitarbeitern nur noch wenig abverlangt. Dann fragt er nicht nach, warum mehrere Teilnehmer einer Besprechung einfach zu spät kommen. Und er lässt auch zu, dass ein Meeting kein Ergebnis hat. Würde er nachhaken und einfordern, bereitete er seinen Mitarbeitern ja Unbequemlichkeiten. Weil dieser Chef seine Position nicht ausfüllt, leidet die Qualität der Arbeit und am Ende das Unternehmen.

Wir müssen manchmal Menschen wehtun – zum Besten aller. Der Politiker, der seinen Wählern reinen Wein einschenkt und sagt, dass die gewünschte Mehrzweckhalle den Haushaltsrahmen sprengen würde. Der Lehrer, der die Schüler, die einen Stuhl zertrümmert haben, nachsitzen lässt und die Eltern zum Gespräch bittet. Der Arzt, der seinem Patienten sagt, dass er keine Pillen braucht, sondern 20 Kilo abnehmen muss. – Das sind Menschen, die ich gerne sehen würde. Stattdessen heißt es nur: »Ach komm, lass mal ...« Denn dies ist die Crux: Wir wollen gemocht werden und vernachlässigen deshalb unsere Arbeit.

Harmonie wird in unserer Gesellschaft großgeschrieben. Dass man nur jeden Konflikt vermeiden muss, um sie zu erreichen, ist ein Irrglaube. Denn sie stellt sich genau dann ein, wenn Rollen und Aufgaben klar sind, wenn jeder das tut, was seiner Position und den Erwartungen anderer entspricht, und man sich aufeinander verlassen kann. In Harmonie zu *leben*, ist wunderbar. Um jeden Preis Harmonie *haben zu wollen*, ist wie Beton.

Im Bemühen, Konflikte zu vermeiden, werden nur noch mehr Konflikte herbeigeführt. Die Hoffnung, dass der andere schon merkt, was los ist, wird so gut wie immer enttäuscht. Vermeidungsstrategien lassen keine dauerhaften Lösungen zu, unklare Situationen vergiften die Atmosphäre und lassen Aggressionen entstehen. Dazu kommt, dass das Nichtausleben von Aggression stumm macht. Weil immer weniger kommuniziert wird, verschärfen sich die Probleme nur noch, bis sie sich schlagartig Bahn brechen, mit einer Abmahnung oder sogar einer Kündigung.

Ob in einer Ehe, in einer Beziehung zwischen Kollegen oder zwischen Kollegen und Vorgesetzten, unter Freunden usw. – zum Alltag eines erwachsenen Menschen sollte es gehören, Konflikte zur Sprache zu bringen und Lösungen zu finden. Wenn er das nicht tut, sind gute Leistungen nicht möglich.

Um es auf den Punkt zu bringen: Die allgemein herrschende Gruppenkuschel-Laune ist mit den Beziehungsstörungen Projektion und Symbiose zu erklären. Niemand traut sich, gute Arbeit einzufordern, weil sich ja das Gegenüber verletzt fühlen könnte. Und was mein Gegenüber verletzt, verletzt auch mich. So ist auch der merkwürdige Wille, sich jederzeit politisch korrekt zu äußern, zu erklären. Was man sagen darf und was nicht, wird ja meist nicht von den Betroffenen selbst bestimmt, sondern von Gutmeinenden.

Wer Schmerz vermeiden will, erzeugt nur noch mehr Schmerz. Und zwar bei sich selbst – so wie der Vorgesetzte, der sich lieber selbst an den Kopierer stellt, als von seiner Mitarbeiterin zu verlangen, ihre Arbeit gescheit zu machen. Aber auch bei denen, die eigentlich überhaupt nichts mit der Sache tun haben.

... und Helikopter-Staat

Im November 2014 sprachen sich SPD und Grüne des Berliner Bezirks Tempelhof-Schöneberg dafür aus, dass transsexuelle und intersexuelle Menschen im Stadtbad Schöneberg eigene Badezeiten aus Gründen des Selbstschutzes vor Bemerkungen anderer Badegäste bekommen sollten. Kleine Randbemerkung: Das Bad wird von einem Sportverein privat geführt.

»Die Initiatoren erklären, viele Betroffene hätten sich gar nicht mehr ins Schwimmbad gewagt«, heißt es. Das hört sich zunächst einmal schlimm an, was aber an diesem Satz auffällt: Die Initiatoren sind nicht die Betroffenen und die Betroffenen sind nicht die Initiatoren. Die eine Gruppe nimmt sich der anderen Gruppe fürsorglich an. Gruppenkuscheln ist angesagt.

Auch das ist Symbiose: Ein paar Stadtpolitiker sorgen lautstark dafür, dass selbst die engsten Nischen zu diskriminierungsfreien Räumen werden. Ein wenig erinnert mich das an Mütter, die ihrem Kind, sobald es nur Pieps macht, einen Keks in den Mund stecken. Was den Initiatoren egal ist: Selbst wenn das Bad nur für zwei Stunden im Monat gesperrt wird, stehen in diesen beiden Stunden wahrscheinlich mehr »normale« Familien und Kinder vor verschlossenen Türen, als sich Transsexuelle im Wasser tummeln. Auch das sind Betroffene, aber diese Betroffenen werden nicht gefragt. Wenn die Bewohner des Stadtteils sich per Unterschriftenliste dafür ausgesprochen hätten, dass es für ihre Mitbürger extra Badezeiten geben soll, dann wäre das ein wunderbares Beispiel für ein harmonisches Miteinander gewesen. So war es aber nur eine Curling-Aktion, die einige Menschen – unter Umständen ungefragt – zwangsbeglückt und andere leiden lässt. Hauptsache, die Politiker können sich Bürgernähe auf ihre Fahnen schreiben.

Ob nun Transsexuelle im Badekostüm ihrer Wahl oder Muslima in Burkinis schwimmen gehen sollen, mag eher von lokalem Interesse sein. Aber auch auf nationaler Ebene wollen Menschen geliebt werden, verschwimmen Grenzen und Rollen, und andere zahlen den Preis dafür. Für besonders viel Wirbel sorgte ein Fall Ende der Neunzigerjahre.

»Liebe Freunde, wir haben es geschafft!«, rief Bundeskanzler Gerhard Schröder in Frankfurt 4.000 Mitarbeitern des Baukonzerns Philipp Holzmann zu. Das Unternehmen hatte zwei Milliarden Mark Schulden angehäuft, ein Insolvenzantrag war bereits gestellt. Doch Schröder machte die Rettung des Konzerns zur Chefsache. Mit einem Kredit, für den Schröder 19 Banken zusammengetrommelt hatte, und einer Bürgschaft des Bundes kamen insgesamt über 250 Millionen Mark zusammen, die das marode Unternehmen retten sollten. Eine Viertelmilliarde! Die Menge in Frankfurt feierte ihren Helden mit »Gerhard, Gerhard!«-Rufen. 23.000 »Holzmännern« in aller Welt, 11.000 davon in Deutschland, fiel ein Stein vom Herzen. Betriebsratschef Jürgen Mahneke sagte: »Heute ist für uns Weihnachten.« (www.spiegel.de)

Love Machine

Gut zwei Jahre später war Holzmann endgültig pleite. Die Gläubiger bekamen bis 2010 5 % ihrer Forderungen ausgezahlt.

Für die Haltung »Ich bin ihr, und ihr seid ich« gibt es weitere Beispiele. 2009 half die Regierung dem Autobauer Opel mit einem 1,5-Milliarden-Euro-Kredit durch die Finanzkrise. Und als der Kronacher Fernsehhersteller Loewe 2013 verzweifelt nach einem Investor suchte, meinte Bayerns Ministerpräsident Seehofer: »In Bayern wird keine Region im Stich gelassen!« Nachzulesen im Handelsblatt vom 13. August jenes Jahres.

Natürlich muss ein Staat darauf schauen, dass durch den Konkurs eines Unternehmens wie Loewe nicht ein ganzer Landstrich arbeitslos wird. Wogegen ich aber etwas habe, das ist der Automatismus, mit dem staatliches Eingreifen lautstark eingefordert wird, wenn ein Unternehmen durch jahrelange Misswirtschaft an den Rand des Abgrunds und darüber hinaus geführt wurde. Und mit welcher Selbstverständlichkeit diesem Ansinnen Rechnung getragen wird. Dahinter steckt die Einstellung: Ein Unternehmen ist nicht dazu da, profitabel zu wirtschaften, sondern um Mitarbeitern ein Biotop zu sein. Das ist eine Verwechslung von Ursache und Wirkung. Denn ein Arbeitsplatz kann nur dann sicher sein, wenn das Unternehmen profitabel ist.

Es ist wie in der Kindererziehung: Wenn schlechte Arbeit toleriert, ja sogar mit Zuwendung belohnt wird, lernen diejenigen, die nicht mithalten wollen oder können, ganz schnell: Ich muss mich nicht anstrengen. Es wäre sogar dumm, wenn ich es täte. Je weniger ich mich anstrenge, desto mehr Last wird mir abgenommen. Das heißt nichts anderes als: Je schlechter ich bin, desto mehr werde ich belohnt. Das gilt für die Sekretärin, die zu schusselig ist, um Blätter richtig herum zu kopieren, genauso wie für Banken, die sich für too big to fail halten.

Diejenigen, die keine Lust haben, für andere dauernd einzuspringen, stehen automatisch als asoziale Treiber da und kommen in Erklärungsnot. Also beißen sie die Zähne zusammen und fügen sich. Vielleicht kommen sie aber auch auf den Gedanken: Was der kann, kann ich auch. Also lassen auch sie mit ihrer Performance nach.

Unterm Strich geht es in einer Kuschel-Gesellschaft, in der wir nur geliebt werden wollen, Konflikte scheuen und keine Leistung einfordern, mit der Leistung aller bergab. Damit verspielen wir unseren Erfolg und zwangsläufig auch unsere Zukunft.

Lückentext

Es gibt noch eine weitere Konsequenz, wenn wir nicht ertragen, dass es anderen auch mal schlecht geht. Denn es scheint eine Art Naturgesetz zu geben: Wo die Leistung in den Keller geht, werden die Anforderungen, die gestellt werden, in unglaubliche Tiefen heruntergekurbelt. Oder sollte ich sagen: heruntergekuschelt? Denn dann kann das schmerzhafte Gefühl des Versagens erst gar nicht aufkommen.

Schüler können nicht mehr gut schreiben. Weil es an Übung fehlt, ermüden sie nach wenigen Zeilen, und spätestens dann wird die Schrift unleserlich. Anstatt sich zu bemühen, Schreibfähigkeit und Lesbarkeit wiederherzustellen, wählen die Bildungseinrichtungen einen einfacheren Weg. In vielen Grundschulen wird nicht mehr die Schreibschrift, sondern eine Schrift aus Druckbuchstaben gelehrt, die sogenannte Grundschrift. Der Grundschulverband aus Lehrern, Eltern und Erziehungswissenschaftlern hat zum Ziel, diese Grundschrift als alleinige Schrift an allen Schulen durchzusetzen. Das offen eingestandene Argument: Es soll den Schülern leichter gemacht werden. Man könnte meinen, dass es für heutige Kinder eine Zumutung ist, was Generationen von Schülern vor ihnen wie selbstverständlich noch haben lernen können: eine gut lesbare Schreibschrift.

Das Pikante an dieser Absenkung der Anforderungen ist, dass den Kindern damit kein Gefallen getan wird: Mit einer Druckschrift geht das Schreiben langsamer, die Hand verkrampft schneller, die Schüler haben noch weniger Lust am Schreiben. Die Lehrer mussten feststellen, dass selbst Druckbuchstaben zu unlesbarem Gekrakel mutieren können. Der nächste Schritt ist naheliegend. Mit der Hand wird gar nicht mehr geschrieben; von Anfang an wird eine Tastatur benutzt. An einigen Schulen ist das schon Wirklichkeit geworden. Das ist für Lehrer und Schüler noch einfacher. Und noch fataler in der Auswirkung. Denn wer mit eigener Hand schreibt, prägt sich das Geschriebene besser ein, formuliert verständlicher, trainiert Grob- und Feinmotorik und – last but not least – übt psychische Funktionen wie Frustrationstoleranz und eine gute Arbeitshaltung ein. Sich konzentrieren können, etwas gut zu Ende bringen, ein Erfolgserlebnis haben – das alles fällt nun weg.

Nachdem die Orthografie schon keine Rolle mehr spielt – aus Grundschülern, die nach Gehör statt nach Regeln schreiben, werden Erwachsene mit massiven Rechtschreibproblemen –, steht jetzt auch das Schreiben an sich auf der Roten Liste. Damit ist die Atomisierung der Sprachkultur wieder einen gewaltigen Schritt weitergekommen. Überall bröckelt es: Der für Schüler im Curriculum vorgesehene Wortschatz wird immer weiter zusammengestrichen. Die »Leichte Sprache«, ursprünglich für geistig Behinderte und Ausländer mit geringen Deutschkenntnissen entwickelt, wird schleichend zum neuen Sprachstandard.

Um Kindern Frustrationen zu ersparen, wird ihnen nicht mehr viel beigebracht. Auch die Frustration, dass der Klassenkamerad das Einmaleins vielleicht besser auswendig kann, muss ein Grundschüler heute nur noch selten ertragen. Die Benotung der Leistungen ist in den Klassen eins und zwei schon seit längerer Zeit gestrichen. Seit 2014 können die Grundschulen in Schleswig-Holstein auch völlig auf eine Benotung verzichten.

Auch auf dem Sportplatz soll es keine »Verlierer« mehr geben: In den Fußballvereinen spielen die Kleinen oft gegeneinander, ohne dass die Tore gezählt werden. So soll vermieden werden, dass die Sprösslinge nach dem Spiel frustriert sind. Damit ist nicht nur der Torjubel wegkastriert, sondern auch der gemeinsame Wille, es beim nächsten Mal besser zu machen und der gegnerischen Mannschaft beim nächsten Mal »die Bude vollzuzimmern«. Bei den DFB Bambinis geht es sogar noch krasser zu: Es soll keine Schiedsrichter mehr geben. Die Spieler im Alter zwischen vier und sechs müssen selbst entscheiden, ob es ein Foul war oder nicht. Statt Freude am Spiel ist also auch hier Diskussionsrunde angesagt.

Wer seinen Blick geschärft hat, findet überall Beispiele dafür, dass Maßstäbe so weit zusammengeschrumpft werden, dass sich Zwerge an ihnen messen können. Hindernisse werden aus dem Weg geräumt, Leistungen nicht mehr abverlangt und klare Regeln verweigert. Krampfhaft wird daran gearbeitet, dass Menschen immer seltener Situationen ausgesetzt sind, in denen sie sich richtig anstrengen müssen. Das ist kein Fortschritt, sondern der direkte Weg dahin, nachhaltige persönliche Entwicklung zu verhindern. Denn Menschen wachsen auch an ihren Niederlagen; ohne Anstrengung wird man nicht stark. Ohne Niederlagen gibt es keine Siege mehr.

Die Gesellschaft, in der wir leben, generiert bevorzugt offensichtlich lebensuntüchtige Menschen. Ich meine damit nicht, dass sie nicht mehr wissen, wie man Rüben züchtet oder ein Hühnchen schlachtet. Lebensuntüchtig bedeutet, dass wir gezielt verlernt haben, mit Frustrationen umzugehen. Bei der ersten erschütternden Erfahrung gehen wir in die Knie. Und erschütternde Erfahrungen hält das Leben für uns einfach bereit, egal, in wie viel Watte wir gepackt wurden oder werden. Der Tod eines geliebten Menschen, der plötzliche Verlust des Arbeitsplatzes, eine schwerwiegende Krankheit ... Wie soll ein Mensch über solche persönlichen Katastrophen hinwegkommen, wenn er sich selbst niemals als starke Persönlichkeit erfahren durfte?

Erst wenn wir uns selbst und anderen wieder Leistung zumuten und es aushalten würden, nicht »geliebt«, sondern in unserer Rolle als Eltern, Mitarbeiter, Vorgesetzte, Nachbarn, Kunden usw. respektiert zu werden, können wir wieder wachsen. Und zwar gemeinsam.

KAPITEL 6

»Ich war's nicht!«

Es ist noch gar nicht so lange her, dass Geld Mangelware war. Die Finanzkrise hatte gerade Fahrt aufgenommen, und niemand wusste, welche Bank es als nächste erwischen würde. Die Geldinstitute trauten sich nicht mehr, sich gegenseitig Kredit zu gewähren. Die Banken mussten also schauen, wie sie an liquide Mittel kamen. Eine Möglichkeit waren die Privatanleger. Mit hohen Zinsen warben die Banken um deren Ersparnisse. Die höchsten Tagesgeldzinsen bot im April 2008 die isländische Kaupthing Bank an: 5,65 % bei einer Anlagesumme von 5.000 Euro – der Leitzins der Europäischen Zentralbank lag zu dieser Zeit bei 4,0 %.

Über 30.000 Deutsche überwiesen der isländischen Bank insgesamt 330 Millionen Euro. Niemand hatte diese Menschen dazu gezwungen, ihr Geld ins Ausland zu schicken; wohlüberlegt und gezielt haben sie im Internet den Anbieter mit dem höchsten Zinsversprechen herausgesucht. Sie schickten ihr Geld in ein Land, das – für alle eigentlich auch nachlesbar – schon seit Längerem für die Schwäche seines Bankensystems bekannt war. Die Inflationsrate im Land betrug 7 %, schon in den ersten Monaten des Jahres 2008 hatte die isländische Krone ein Viertel ihres Wertes gegenüber dem Euro verloren. Im Oktober desselben Jahres wuchsen der Kaupthing Bank ihre Spekulationsgeschäfte endgültig über den Kopf. Weil sie zahlungsunfähig war, wurde sie verstaatlicht und alle Konten gesperrt. Es war unklar, ob die Kontoinhaber ihr Geld jemals wiedersehen würden. Das Geschrei unter den privaten Anlegern war groß: Wer gibt uns unser Geld zurück? Wir sind getäuscht worden! Betrug! Als klar wurde, dass die nun im Besitz Islands befindliche Bank die Einlagen zurückzahlen würde, dass also die isländischen Bürger für die ausländischen Einlagen aufkommen mussten, sagte eine Anlegerin aus Deutschland im Februar 2009 dem Nachrichtenmagazin »stern«: »Wer soll denn sonst für Fehler, die in Island gemacht wurden, geradestehen?«

Wie unter einem Brennglas wird hier ein Verhalten offenbar, das sich wie ein roter Faden durch die Gesellschaft zieht: Man handelt, will aber nicht für die Folgen dieses Handelns verantwortlich sein. Entscheidungen werden getroffen, ohne dass man sich mit den aus ihnen resultierenden Konsequenzen auseinandersetzen und sie tragen will.

Wer sich mit seinen Geldgeschäften verzockt, schadet wenigstens nur sich selbst. Meistens aber haben unsere Handlungen, für die wir nicht geradestehen wollen, gravierende Auswirkungen auf unsere Mitmenschen – oder auf andere Mitgeschöpfe. Wer ein Schnitzel für 59 Cent pro 100 Gramm einkauft, weiß genau, dass es nicht von einem glücklichen Schwein kommen kann. Aber dieser Zusammenhang wird verdrängt. Da kann einer mit der Großmarkt-Currywurst auf dem Pappteller bei einer Demo gegen Massentierhaltung mitlaufen, ohne dass er einen Widerspruch in seinem Tun sieht.

Die Absurdität dieses Verhaltensmusters kennt keine Grenzen. »Ein Skandal, unter welchen Umständen die Näherinnen in Bangladesch arbeiten müssen«, sagt derjenige, der 19-Euro-Schuhe an den Füßen trägt.

»Warum müssen alle Leute freitags um vier unterwegs sein?«, ärgert sich der Autofahrer, der im 20-Kilometer-Stau steht.

»Da muss doch der Staat endlich mal was machen!«, fordert der Amazon-Prime-Kunde, wenn der letzte Buchladen seines Städtchens dicht macht.

Selbst wenn es nicht nur um Schnäppchen geht, sondern darum, für das eigene Leben einzustehen, deutet unser Zeigefinger von uns weg. Geht es mit der Karriere nicht so recht voran, müssen als Ursache wahlweise die unfähigen Vorgesetzten, die neidischen Kollegen, die unqualifizierten Mitarbeiter, die nervigen Kinder, der verständnislose Ehepartner, der weite Anfahrtsweg oder was auch immer herhalten.

Wir agieren unvernünftig, selbstsüchtig und nach dem Lustprinzip und rufen, wenn es schiefgeht, lauthals nach einer Instanz, die den angerichteten Schaden beheben oder zumindest die Verantwortung dafür übernehmen soll. Nur einer taucht niemals auf der Liste der Verantwortlichen auf: man selbst.

Schuld sind immer die anderen.

Fleischsalat vom Nebenmann

Die Konsequenzen des eigenen Handelns zu leugnen, ist ein sehr egoistisches Anliegen. Solange ich nicht verantwortlich zeichnen muss, kann ich fröhlich weiter das tun, was mir gerade durch den Kopf geht. So verrückt es auch klingt: Der Ich-war's-nicht-Egoismus zeigt sich am brutalsten in der Gemeinschaft. Egoisten dieser Art sind keine Einzeltäter, sondern laufen erst in der Gruppe zu ganz großer Form auf. Und wir alle sind Komplizen dieses Verhaltens. Doch bevor ich darauf eingehe, an welch überraschender Stelle der Egoismus, der alle Schuld und Verantwortung von sich weist, konsensfähig ist, möchte ich zeigen, wie sein Mechanismus genau funktioniert.

Der langjährige Gießener Professor für Philosophie und Präsident der Allgemeinen Gesellschaft für Philosophie in Deutschland, Odo Marquard, hat dieses Verhalten einmal als die »Kunst, es nicht gewesen zu sein« bezeichnet. Und er hat recht – es braucht schon eine gewisse Raffinesse, um sich immer und überall aus der Affäre zu ziehen. Worin besteht diese Kunst genau?

Das wird deutlich, wenn wir uns das Gegenteil anschauen: die Kunst, für sich selbst einzustehen. Wer mit gewissenhafter Überlegung und aus einer verantwortlichen Haltung heraus seine Entscheidungen trifft, hat keine Probleme damit, die tatsächlichen Gründe dafür zu nennen, warum er etwas getan oder nicht getan hat. Dies lässt ihn gelassen reagieren, wenn seine Entscheidung sich als unglücklich herausstellen sollte. Er darf gewiss sein: Ich habe mein Bestes gegeben, und die Konsequenzen meiner Entscheidung werden mich – wenn auch nicht auf direktem Weg, so doch überhaupt – auf meinem Lebensweg voranbringen.

Fehlen aber diese guten Gründe, dann ist es schmerzhaft, sich rechtfertigen zu müssen. Niemand macht sich gerne bewusst, dass er aus Faulheit den Bericht nicht zum vereinbarten Termin fertig hat. Oder dass er aus Geldgier bei einer Bad Bank investierte. Aus Bequemlichkeit das Stellenangebot ausschlug, das seine Talente besser zur Geltung gebracht hätte. Aus Dummheit mit zu viel Alkohol im Blut Auto fuhr.

Was soll einer groß sagen, der seinem Bürokollegen den Fleischsalat aus dem Gemeinschafts-Kühlschrank weggefuttert hat? Ich hatte eben Lust darauf? Das wäre beschämend. Also behauptet er: Ich *musste* das essen. Ich war unterzuckert; wenn ich den Salat nicht gegessen hätte, wäre ich umgekippt. Oder: Ich dachte, das wäre meiner! Ich hab' ja schon immer gesagt, dass die Kühlschrankaufteilung völlig unübersichtlich ist! Wenn »die anderen« oder »die Überforderung« oder »das System« schuld sind, entfällt die schmerzende Einsicht, selbst einen Fehler gemacht zu haben.

Die Kunst, es nicht gewesen zu sein, besteht also darin, *im Nachhinein* Ausreden zu erfinden, statt sich *im Vorfeld* zu überlegen, was das eigene Tun für Konsequenzen haben könnte, und die Verantwortung dafür zu tragen. Erkennbar wird diese Verschiebung an dem Wort »sich rechtfertigen«. Die ursprüngliche Bedeutung »die wahren Gründe für sein Handeln darlegen« ist in Richtung »die Schuld von sich schieben« gerutscht. Wer sich rechtfertigt, *nennt* nicht mehr seine Gründe, er überlegt sie sich.

Jederzeit eine gute Ausrede zur Hand zu haben, ist eine sehr wirksame Verweigerungsstrategie. Die Weigerung, Verantwortung zu übernehmen, umfasst auch die Weigerung, sich zu entwickeln. Statt Verantwortung für sein Tun zu übernehmen, muss man nur die Geschichte ein wenig anders erzählen. Schon ist man vor sich und anderen aus dem Schneider. Aber der Lerneffekt fällt weg – und damit auch die Möglichkeit, beim nächsten Mal besser zu entscheiden.

Ein anderes Beispiel: Marco Reus hat nie den Führerschein gemacht. Trotzdem fuhr der Dortmunder Fußball-National- spieler über fünf Jahre lang Auto. Je steiler seine Fußballer- karriere verlief, desto schneller wurden seine Autos. Fünfmal bekam er einen Bußgeldbescheid wegen zu schnellen Fahrens.

Als er einmal in eine Polizeikontrolle geriet, zeigte er sogar einen gefälschten Führerschein vor. Fünf Jahre ging das gut. 2014 flog die Sache auf. Er bekam eine Geldstrafe aufgebrummt und entkam nur knapp einem Eintrag ins Strafregister.

Reus hat auf die harte Tour lernen müssen, dass Regeln und Gesetze für alle gelten. Hat er versucht, sein Fehlverhalten durch windelweiche Erklärungen kleinzureden? Dann hätte er in den vielen Interviews, die er gab und gibt, Gelegenheit genug gehabt, sich zum Thema zu äußern: »Ich hatte doch gar keine Chance, einen Führerschein zu machen. Ich war doch immer im Training.« Oder: »Ich fahr doch schon seit fünf Jahren unfallfrei, ich versteh gar nicht, was der Staat will. Das ist doch kleinlich.« Aber das hat er nicht.

Mir hat der Umgang des Fußballspielers mit seinem Fehler imponiert. In den allermeisten Fällen blockte er die Fragen der Journalisten zur Führerschein-Affäre ab. Er hat nur eines gesagt: »Wenn ich das rückgängig machen könnte, würde ich es tun. Aber das kann ich nicht, und deshalb muss ich dafür nun geradestehen.« Er hat offenbar eingesehen, dass sein Tun nicht korrekt war, und die Strafe angenommen.

Wie viele andere Menschen würden so reagieren? Hätten nicht auch Sie erwartet, dass ein junger Mann, der praktisch von der Schulbank weg zu einem der bestbezahlten Fußballspieler wurde, sich ungerecht behandelt fühlt, wenn er erwischt wird? Dass er empört jede Schuld von sich weist und wie ein Dreijähriger, dem noch die Schokolade in den Mundwinkeln klebt, behauptet: Ich war's nicht. Doch ein solch unerwachsenes Verhalten ist leider vielfach normal geworden. Reus hat in Erinnerung gerufen, dass man auch größer reagieren kann.

Ausreden-Prophylaxe

Ich wiederhole hier noch einmal: Wer sich Ausreden einfallen lässt, gibt im Nachhinein die Verantwortung ab – erst kommt das Handeln, dann das »Ich war's nicht«. Es gibt aber auch die Möglichkeit, den Ablauf umzudrehen. Also schon im Vorfeld dafür zu sorgen, nicht für seine Taten geradestehen zu müssen.

Das Zauberwort heißt: Anonymität. Wer sich unter einem Tarnmantel versteckt, kann sich alles erlauben. Er muss sich noch nicht einmal mehr hinterher herausreden. Eine dankbare Umgebung für No-Name-Personen ist das Internet, und genau das ist auch so gewollt. Im August 2014 veröffentlichte die Bundesregierung die Digitale Agenda 2014-2017. Aus Sorge um den Datenschutz wurde dort festgehalten: »Wir fördern Geschäftsmodelle, die Anonymisierungs- und Pseudonymisierungsmaßnahmen verwenden.«

Natürlich hat der Wunsch nach Anonymität auch mit der Sorge um Datensicherheit zu tun. Niemand möchte seinen Namen auf Adresslisten wissen, die zum Beispiel für ein wahres Bombardement mit unerwünschter Werbung sorgen. Darüber soll aber nicht vergessen werden, dass der Wunsch, nicht zur Rechenschaft gezogen zu werden, ein weiterer wichtiger Anreiz ist, sich anonym durchs Netz zu bewegen. Ich gehe sogar so weit zu sagen, dass das Motiv Datensicherheit oft nur eine Ausrede dafür ist, ungestraft giften und ätzen zu können, ohne dass sich der Absender für seine Ausfälle und Verbalattacken verantworten müsste.

Auf der Webseite der Diskussionsplattform Disqus (nach eigenen Angaben mit 600 Millionen Nutzern pro Monat auf über einer Million teilnehmenden Webseiten) waren im Februar 2015 folgende Zahlen zu lesen: 61 % der Diskussionsbeiträge werden unter Pseudonym ins Netz gestellt, 35 % sind anonym, und nur 4 % kommen von Usern, die ihren Klarnamen verwenden. Bei den Anonymen gibt es doppelt so häufig negative Reaktionen (55 %) wie bei den Mitgliedern, die ein Pseudonym benutzen (28 %).

Was ist der Unterschied zwischen Anonym und Pseudonym? Ein Pseudonym hat derjenige, der zum Beispiel seinen Mail-Account nicht thomas.mueller@irgendwas.de nennt, sondern superhero@irgendwas.de. Auch wenn der Kommunikationspartner nicht unbedingt die reale Identität von Superhero kennt – der Anbieter des Maildienstes kennt sie. Der Name Thomas Müller ist dort hinterlegt und mit dem Nickname Superhero verknüpft. Gibt es keinen Schlüssel, mit dem der Fantasiename mit dem Klarnamen verbunden werden kann, dann ist der User tatsächlich anonym im Netz unterwegs.

Nicht nur Diskussionsbeiträge werden mit heruntergelassenem Visier gepostet, auch ganze Webseiten stehen anonym im Netz. In der öffentlich einsehbaren WHO.IS-Datenbank kann normalerweise jedermann nachlesen, welcher Klarname hinter einer Webseite steckt. Doch immer mehr Webseiten werden über Proxyserver ins Netz gestellt, die die wahre Identität des Webseiten-Betreibers verschleiern, indem sie gegen Aufpreis sich selbst als Domain-Inhaber eintragen und die Domain treuhänderisch für den Kunden verwalten. Die Studie des National Opinion Research Center, die von der Internet-Verwaltung ICANN 2010 veröffentlicht wurde, kommt zu folgendem Ergebnis: Bei den Domains mit den Endungen .com, .net, .org, .info und .biz sind im Durchschnitt 18 % über einen Dienst angemeldet, der die Anonymität des Webseiten-Besitzers wahrt.

Auch in der analogen Welt gibt schon die totale Maske: den Morphsuit. Das ist eine Art Ganzkörper-Strumpfhose, die auch das Gesicht bedeckt; sie erlaubt es dem auf diese Weise unkenntlich gemachten Träger, Dinge zu tun, die er sich sonst nicht trauen würde. Ich bin gespannt, wann Morphsuits nicht mehr nur als Partygag dienen, sondern im Alltagsstraßenbild normal werden.

Mussten Sie erst einmal im Internet nachschauen, wie so ein Morphsuit ausschaut? Nun, es gibt einen Morphsuit im übertragenen Sinne, den Sie garantiert kennen. Überall dort, wo Entscheidungen getroffen werden, erlaubt dieser »Morphsuit für alle« den Ich-war's-nicht-und-ich-war's-nicht-Egoisten, ihre Sichtbarkeit auf Level Zero zu schrumpfen und sich aus der Affäre zu ziehen, wenn Konsequenzen ihres Handelns drohen.

Ich rede von: Teamarbeit.

No Rocket Science

Individualisten und Einzelkämpfer haben es auf dem Arbeitsmarkt schwer; ohne Teamfähigkeit geht es nicht. Wo sie in einer Bewerbung oder Stellenausschreibung nicht explizit erwähnt ist, wird sie als selbstverständlich vorausgesetzt. Ohne Teamarbeit geht es nicht mehr. Wenn Arbeitsabläufe kompliziert sind – und das sind sie in fast allen Branchen –, werden sie in einzelne Projekt-Häppchen aufgeteilt, auf die dann Teams angesetzt werden.

Arbeitsteilung kannten schon die Menschen in der Steinzeit. Die einen jagten, andere machten Faustkeile. Teamarbeit aber ist etwas ganz anderes. Dahinter steckt mehr als eine Reihe Arbeiter, die zu Henry Fords Zeiten Autos an einem

Fließband zusammenschraubten. Auch gemeinsame Ziele, Werte und Spielregeln machen noch keine Mannschaft. Das Revolutionäre an der Teamarbeit ist: Unter den Teammitgliedern gibt es keine Hierarchie; sie bestimmen selbst darüber, wie sie die Aufgaben untereinander aufteilen; jeder macht das, was er am besten kann. Ziele werden offen formuliert, Alternativen und Kritik nicht abgebügelt, sondern im Blick behalten. Jeder trägt sein Können und seine Perspektive zum Ganzen bei, sodass sich ein maximales Ergebnis bilden kann. Der Beitrag vieler Einzelner macht das Team flexibel und schlagkräftig – und lässt es produktiver sein als die Summe seiner einzelnen Mitglieder.

Einer der ersten, der die Vorteile dieses Organisationsstils sah, war der deutsche Raumfahrtpionier Wernher von Braun. Als im Februar 1958 unter seiner Leitung der erste amerikanische Satellit Explorer 1 erfolgreich in die Erdumlaufbahn geschossen wurde, sagte er: »Darunter verstehe ich, dass heutzutage Erfindungen nicht mehr von einzelnen Menschen gemacht werden, sondern das Produkt einer Gemeinschaftsleistung sind. An diesem Versuch sind insgesamt mehrere tausend Menschen sehr aktiv beteiligt gewesen und zwar in einem Grade, dass das Versagen eines jeden einzelnen von diesen die Ergebnisse aufs Spiel gesetzt hätte. Das meine ich mit Teamarbeit.« (www.kalenderblatt.de)

Tolle Sache. Nur hat sich Teamarbeit zum genauen Gegenteil von dem entwickelt, was ursprünglich mal gemeint war. Wernher von Braun konnte noch darauf zählen, dass jeder, der an dem Projekt »Explorer 1« beteiligt war, es mit seiner Verantwortung genau nahm. Jedes Teammitglied wusste: Wenn ich versage, steht der Erfolg des Ganzen auf dem Spiel. Doch längst steht das Wort »Team« nur noch selten für gemeinsame Anstrengung und gemeinsame Verantwortung für ein gemeinsames Ziel, sondern für »Toll, ein anderer macht's«.

Dass Teamarbeit nicht immer effizient, schnell und zielgerichtet ist, wird an ihrem zentralen Bestandteil, der Teambesprechung, offenkundig. Im Meeting soll zusammengeführt werden, was im vorausgegangenen Zeitabschnitt in kleineren Arbeitseinheiten bewerkstelligt wurde, gemeinsam sollen die nächsten Arbeitsschritte geklärt werden. Im Prinzip ist das ein sinnvolles Vorgehen.

Doch wie schaut denn heute so ein Teammeeting aus? Auf den hinteren Bänken hängen ein paar Mitarbeiter in den Stühlen und schauen alle paar Minuten auf die Uhr. Im Mittelfeld sitzen die, die sich nicht vorbereitet haben und darauf warten, dass etwas passiert. Und vorne werden sich zwei, drei Leute einig, das Meeting nach der Präsentation – gerne auch als »betreutes Lesen« bezeichnet – auf nächste Woche zu vertagen, weil bestimmte Unterlagen fehlen.

Ist Ihnen schon einmal aufgefallen, dass es oft »So, zurück an die Arbeit!« heißt, wenn wieder einmal eine Teambesprechung überstanden ist? Ich finde diesen Satz sehr sprechend.

Das Unternehmen Sharp Europe befragte in einer Studie 2.200 Büroangestellte in sechs Ländern, darunter Deutschland, nach ihren Erfahrungen mit Meetings. In der Pressemitteilung vom Mai 2014 werden die Zahlen genannt: Nur 42 % der Befragten beschrieben ihre Meetings als »gemeinschaftliche Zusammenarbeit«. Moment mal! Genau darum sollte es doch eigentlich gehen! 58 % waren der Meinung, dass Meetings effektiver werden würden, wenn jeder Teilnehmer mehr Möglichkeiten hätte, sich einzubringen. Auch hier wie-

»Ich war's nicht!«

der: Das, was ein Team ausmacht, dass nämlich alle zum Erfolg beitragen, findet gar nicht statt. 79 % der Befragten waren sogar der Meinung, dass sie allein am Schreibtisch produktiver als im Meeting wären. Solche Zahlen lassen nur einen Schluss zu: Das, was heute Teamarbeit genannt wird, ist eine Mogelpackung. Da steht zwar Team drauf, da ist aber kein Team drin.

Auch aus anderen Weltgegenden kommen Nachrichten, die an der Effizienz von Teamarbeit zweifeln lassen. Als Larry Page, Mitbegründer von Google, einem der Mutterschiffe der Teamarbeit, 2011 wieder die Leitung des Konzerns übernahm, sah er Handlungsbedarf. Er bestimmte, dass kein Meeting mehr als zehn Teilnehmer haben darf und dass jeder einzelne von ihnen zum Ergebnis beitragen muss. Und vor allem: Wenn der Entscheidungsträger fehlt, wird das Treffen abgebrochen. Interessant ist, dass er diese Regeln überhaupt aufstellen musste.

Wir sind so viele Lichtjahre vom ursprünglichen Teamgedanken eines Wernher von Braun entfernt, dass wir vergessen haben, was Team einmal bedeutet hat. Wir haben uns daran gewöhnt, dass die im Team ausgehandelten Kompromisse nur Mittelmaß sind und dass alles länger dauert, weil alle ihren Senf dazugeben müssen. Dass die Leistungen des Einzelnen heruntergeschraubt und kritische Stimmen ausgeschaltet werden, sehen wir genauso als gegeben an wie den Effekt, dass Ideen totgeredet und Meetings zum Balzplatz der Selbstdarsteller werden. Das alles ist längst nichts Neues mehr.

Die Frage ist: Wenn die Noten so schlecht sind – warum ist das Modell Teamarbeit dann immer noch so beliebt?

Ultimative Lastenverteilung

Manchmal kommen Familien zu mir in die Sprechstunde, deren Lebensumstände so festgefahren sind, dass eine ambulante Behandlung nicht mehr ausreicht. Den Eltern empfehle ich dann, Hilfe beim Jugendamt zu beantragen. In diesen Fällen besteht meine Arbeit als Kinderpsychiater darin zu empfehlen, welche Hilfsmaßnahmen für ein Kind aus einer Familie in Not die richtigen zu sein versprechen. Ob zum Beispiel eine Einweisung in ein Heim notwendig ist, um eine weitere Eskalation zu verhindern. Oder ob es genügt, wenn alle paar Tage ein Sozialarbeiter vorbeischaut.

Aus meiner gut 25-jährigen Berufs- und Lebenserfahrung heraus kann ich sagen, dass Anfang der Neunzigerjahre das Prozedere sehr verantwortlich gehandhabt wurde. Wenn mir ein Fall anvertraut wurde, bildete ich mir im direkten Kontakt mit der Familie ein Urteil und besprach dann meine Einschätzung mit der zuständigen Sozialarbeiterin. Wir diskutierten eingehend, welches Vorgehen für das Kindeswohl die voraussichtlich beste Möglichkeit sei – und dann wurde sofort gehandelt. Das Vier-Augen-Prinzip gab uns die Sicherheit, dass keiner von uns sich in eine falsche Auffassung verrannt hatte. Wenn das Kind dann tatsächlich in eines der vielen infrage kommenden Heime kommen sollte, schlug ich gleich das passende vor, das am besten auf die jeweilige Verhaltensauffälligkeit des Kindes vorbereitet war.

Diese Entscheidungen wurden jedes Mal mit größtem Verantwortungsgefühl getroffen. Ein Kind aus einer Familie herauszuholen oder es nach einem Heimaufenthalt wieder zurück in die Familie zu geleiten – es gibt kaum etwas in der Vita eines Kindes, das größere Auswirkungen auf Wohlbefinden und Entwicklung besitzt.

Heute werden die Entscheidungen auf ganz anderem Wege getroffen. Nachdem ich mir das Kind und die Familie angeschaut und mir meine Meinung gebildet habe, gibt es kein persönliches Gespräch mit einem greifbaren Gegenüber mehr. Ich schreibe einen Bericht. Das ist alles. Dieser Bericht wird einem Gremium von 15 bis 20 Leuten vorgelegt, das wöchentlich tagt und über das weitere Vorgehen entscheidet.

Jetzt könnte man meinen: Toll! So viele Fachleute kümmern sich um das Kind! Da ist die geballte Kompetenz am Werk! Wer aber weiß, wie es weitergeht, erkennt, dass das Vorgehen eine reine Katastrophe ist. Und das liegt nicht etwa an den Personen, die dem Gremium angehören – die sind durch die Bank gut meinende und gut ausgebildete Menschen. Es liegt am System »Teamarbeit«.

Zunächst einmal dauert es länger, bis eine Entscheidung fällt. Die Sitzungen sind im Wochenturnus anberaumt, wenn es dumm läuft, liegt die Angelegenheit also erst mal sieben Tage lang brach. Außerdem werden bis zu zwanzig, dreißig Fälle pro Sitzung besprochen, begutachtet und entschieden – im Zehn-Minuten-Takt. Kind 1 kann unter Auflage des zweimaligen Besuchs pro Woche durch die Sozialarbeiterin in seiner Familie verbleiben, Kind 2 wird in das Kinderheim Y eingewiesen, Kind 3 in die Pflegeeinrichtung Z, Kind 4 kommt aus dem Heim in eine Pflegefamilie usw. Es ist völlig verrückt: Kaum einer der zwei Dutzend Anwesenden hat das Kind, um das es geht, jemals gesehen. Vor ihnen auf dem Tisch befindet sich nur Papier – ein Haufen Formulare, Befunde und andere Unterlagen.

Mein Arztbrief verschwindet in der Anonymität des Teams. Ich werde auch nicht informiert, was aus dem Kind geworden ist, warum auch? Ich habe ja meinen Bericht geschrieben und damit »meine Schuldigkeit getan«. Wenn ich mich auf eigene Faust umhöre, was aus Henrik oder Anna geworden ist, die ich ja intensiv und persönlich kennengelernt habe, wundere ich mich oft. Dann erfahre ich, dass Kinder in Heimen untergebracht wurden, die nicht im Geringsten auf ihre Probleme eingerichtet sind. Dafür stellen diese Heime etwas günstigere Rechnungen als die von mir vorgeschlagene Unterbringung. Dieses Argument sticht – auch wenn die kurzfristige Kostenersparnis dann langfristig gesehen nur zu noch höheren Kosten führt, weil das Kind nicht stabilisiert werden konnte.

Die Teams, die ich hier meine, agieren anonym. Es gibt keine Ansprechpartner, selbst wenn es ein Foto von einer freundlich dreinblickenden und Headset tragenden Telefonistin gibt, die der Kunde oder Antragsteller anrufen kann. Aber die hat ja keine Entscheidungsgewalt, sondern vermittelt den Anrufer nur weiter an – das Team. Sie ist das vorgeschobene Bollwerk vor der uneinnehmbaren Festung. Die einzelnen Teammitglieder verschmelzen zu einer amorphen Masse, die nicht zu knacken ist.

Es gibt nichts, was Teammitglieder an der Richtigkeit ihres Tuns zweifeln lassen würde. Ist erst einmal ein Konsens gefunden, dann wird alle Kritik von innen ausgeschaltet. Auch von außen ist Kritisieren kaum möglich. Es gibt ja kein greifbares Gegenüber. Wenn eine Person gefragt wird: »Warum haben Sie denn so entschieden?«, dann muss sie Rede und Antwort stehen. Wenn ein Team derselben Frage ausgesetzt wird, gleitet sie ab wie Wasserperlen von einem Lotosblatt. Die Aussage »Das Team hat es so entschieden« ist ein wahres Totschlag-Argument.

»Ich war's nicht!«

Die Mitglieder eines Teams müssen auch nicht die Verantwortung für ihre Entscheidungen übernehmen. Die übernimmt scheinbar das Konstrukt »Team«. Doch wann immer ein Gremium, eine Partei oder eine andere Körperschaft »die volle Verantwortung übernimmt«, ist das nicht viel wert. Wenn es gar nicht anders geht, wird das Team eben aufgelöst. Im schlimmsten Fall wird ein Sündenbock gefunden und in die Wüste geschickt. Dann wird das Team neu formiert, und es geht fröhlich genau so weiter wie zuvor.

Nur einzelne Banker wie Jérôme Kerviel von der Société Générale, Fabrice Tourre von Goldman Sachs oder Kweku Adoboli von der UBS wurden im Laufe der Finanzkrise verurteilt. Die Vorzeige-Bösewichter wanderten ins Gefängnis; viele andere, die Ähnliches taten, blieben unbehelligt – zum Beispiel der letzte Chef der Bank Lehman Brothers, Richard Fuld, dessen Einkommen in seinen Jahren an der Spitze von Lehman Brothers fast eine halbe Milliarde Dollar betrug. Lehman Brothers hat's erwischt, aber Team Société Générale, Team UBS und Team Goldmann-Sachs gibt es immer noch.

Teams sind praktisch unverwundbar. Und ihre Mitglieder mit ihnen. Das Team ist zum Biotop geworden, in dem sich der Einzelne verstecken kann und nicht damit rechnen muss, zur Verantwortung gezogen zu werden. Weil die Verantwortung auf so viele Schultern verteilt wird, hat am Ende keiner mehr eine.

Wenn es alle gewesen sind, ist es keiner gewesen.

Die Fehlerkultur der mangelnden Fehlerkultur

Eine gute Fehlerkultur ist etwas Feines. Schließlich sind Fehler ein wichtiger Wettbewerbsfaktor – denn aus ihnen lernt man. Ich bin allerdings nicht der Meinung, dass es eine verbesserte Fehlerkultur braucht, damit Menschen endlich wieder für ihre Entscheidungen geradestehen. Warum? Weil mit diesem Ruf nach einem offeneren Umgang mit Fehlern wieder genau das alte Muster bedient wird: nach Ausreden suchen, Verantwortung wegschieben.

»Ich würde meinem Chef ja gerne sagen, dass ich gerade unseren wichtigsten Kunden brüskiert habe. Dann könnten wir gemeinsam nach einer Lösung suchen. Aber ich kann nicht. Die Fehlerkultur in meiner Firma gestattet das nicht.« – Kein Zweifel! Das ist nichts anderes als eine Ausrede: Jemand hat einen Fehler gemacht und will dafür nicht geradestehen. Der Popanz »mangelnde Fehlerkultur« hilft ihm nur, sich zu verstecken.

Genau anders herum wird ein Schuh daraus: Wenn Menschen endlich wieder eigenverantwortlich handeln, entsteht automatisch auch wieder eine Fehlerkultur, die Menschen, die eine falsche Entscheidung getroffen haben, nicht stigmatisiert, sondern sich ihrer Erfahrungen bedient. Doch es ist wie bei einem alten Kinderspiel: Wer zuerst zuckt, hat verloren.

Niemand soll glauben, es wäre immer einfach, für sich selbst einzustehen. Eigenverantwortlichkeit ist nicht umsonst zu haben – man muss immer einen Preis bezahlen. Wer einen wichtigen Auftrag in den Sand gesetzt hat, verliert seinen Bonus. Wer es mit seinem Chef nicht aushält, muss sich eine andere Stelle suchen. Wer 20 Kilo zu viel auf den Rippen hat, lässt die Finger von der Sachertorte.

Diesen Preis zu bezahlen, den Schmerz auszuhalten, ist der einzige Weg, dass es uns wieder gut geht. So gesehen ist dieser Schmerz ein Wachstumsschmerz, der uns zu einem größeren Ich führt. Zu uns als Persönlichkeit, die nicht reagiert, sondern aus ihrem Willen heraus frei agiert.

Denn genau dies ist das Geheimnis verantwortlichen Handelns – nicht zu sagen: Ich *musste* so handeln. Sondern: Ich *wollte* es so.

KAPITEL 7

Diktatur
der Angst

Armbänder, die die Schritte ihrer Besitzer zählen und berechnen, wie viele Kalorien dabei verbraucht werden, sind nur der Anfang. Die Zukunft gehört dem »Self-Tracking«. Intelligente Kleidung – Socken, T-Shirts, Jacken, Taschen mit eingebauten Sensoren – wird in wenigen Jahren ganz normal sein. Schon heute kann ein Mensch per App seine Vitalwerte im Tagesverlauf quasi lückenlos im Auge behalten: Atem- und Pulsfrequenz, Schlafdauer und -tiefe, Hirnströme, Koffein- und Kalorienaufnahme, Körperfettanteil ... auf Knopfdruck werden die gesammelten Daten aufs Smartphone übertragen und per App in vielfarbige Diagramme übersetzt. Laut einer Emnid-Umfrage von 2013 würden 53 % der Deutschen gerne eine App nutzen, die ihre Kalorienzufuhr überwacht. 62 % würden gerne ihren Blutzucker und Blutdruck im Auge behalten. Ich konnte diese Zahlen kaum glauben, als ich sie las.

Nicht nur der eigene Körper, das gesamte Leben soll vermessen werden. 60 % der Frauen in Deutschland hätten gerne eine App, die eine Überwachung ihrer CO_2-Bilanz möglich macht – bei den Männern sind das »nur« 45 %. Da wächst ein Riesenmarkt heran, dessen Erzeugnisse uns erlauben, unser Verhalten zu digitalisieren, damit wir es kontrollieren können. Apps beantworten unsere Fragen: Bin ich effektiv in meinem Tun? Stehe ich täglich zu lange im Stau? Nutze ich meine Freizeit, oder verplempere ich sie? Habe ich mein Geld gut angelegt? Und vor allem: Bin ich besser als der Durchschnitt oder schlechter?

Die einen finden diese Entwicklung super. Sie haben Spaß am coolen Design der Geräte, lassen sich gerne dabei unterstützen und motivieren, fitter, gesünder und bewusster zu leben. Andere befürchten die totale Überwachung – die Versicherungskonzerne AXA und Generali arbeiten bereits daran, die Fitness ihrer Kunden zu erfassen und die Beitragsgestaltung entsprechend anzupassen. Jeder Mensch, der sich über die technischen Möglichkeiten der grenzenlosen Selbstoptimierung eine Meinung gebildet hat, reiht sich ein auf einer Skala irgendwo zwischen totaler Begeisterung und absoluter Ablehnung.

Ich aber will eine andere Dimension beleuchten. Mir geht es nicht um die Frage, ob die Daten sicher sind, und auch nicht um den Sinn oder Unsinn der entstehenden Datenberge. Ich will wissen: Was treibt uns eigentlich dazu, uns auf gerade diese Weise mit unserem Körper und unserem Leben auseinanderzusetzen?

Natürlich spielt der Wunsch nach Selbstoptimierung eine Rolle. Es ist zweifellos motivierend, wenn die eigene Fitness messbar zunimmt und dies auch noch grafisch aufbereitet in bunten Bildern sichtbar wird. Das löst die gleichen Glücksgefühle aus, als würden wir in einem Computerspiel das nächste Level erreichen. Aber die eigentliche Aussage, die hinter einer App steht, die uns sagt, wie viel Flüssigkeit wir in den letzten Stunden zu uns genommen haben, ist meiner Meinung nach eine ganz andere.

Von alleine kommen wir anscheinend nicht mehr darauf, dass unser Körper Flüssigkeit braucht. Erst wenn wir die Flasche Wasser getrunken haben, geht uns auf: »Mensch! Hab ich einen Durst gehabt!« Wir sind hundemüde und setzen uns abends trotzdem noch ein paar Stunden vor den Fernseher. Uns plagt ein Völlegefühl, und trotzdem greifen wir zur Packung mit den Keksen. Es scheint uns tatsächlich zu erleichtern, wenn ein Apparat uns sagt: Du hast erst 360 Milliliter Flüssigkeit zu dir genommen. Also trink etwas! Du bist seit 15,32 Stunden wach; geh schlafen! Deine heutige Kalorienaufnahme liegt schon bei 2.815 kcal. Lass die Kekse in der Schublade!

Das Problem ist, dass wir das Gefühl für unseren Körper verloren haben. Und dafür, was psychisch gut für uns ist und was nicht. Denn wir sind mit etwas ganz anderem beschäftigt.

An dieser Stelle würde man wohl das übliche Lamento erwarten, dass wir hundert Mails pro Tag checken und auf Facebook Fotos von unseren Mahlzeiten posten – und darüber ganz unsere eigenen Bedürfnisse aus den Augen verlieren. Das tun wir zwar. Und das lenkt uns auch ab. Aber darauf will ich an dieser Stelle nicht hinaus. In den digitalen Medien sehe ich *eben nicht* den Grund für unsere gestörte Selbstwahrnehmung.

Der eigentliche Grund dafür, dass wir nicht mehr Herr im eigenen Haus sind, liegt ganz woanders: Wir haben Angst.

Große Hunde und kleine Missgeschicke

Die einen fürchten sich vor Hunden, weil sie schon einmal gebissen wurden oder weil das laute Bellen sie erschreckt. Andere sorgen sich, bei einem Waldspaziergang im Sturm von einem herabfallenden Ast getroffen zu werden. Das sind durchaus rationale Ängste, die ihren Grund in realen Bedrohungen haben. Indem sie uns zum Beispiel einen Sicherheitsabstand zum Klippenrand einhalten lassen, helfen sie uns dabei, in nicht allzu große Gefahren hineinzustolpern.

Es gibt auch irrationale Ängste, die keine greifbare Ursache haben, aber deshalb nicht weniger stark empfunden werden. Mancher geht auch dann, wenn er längst kein Kind mehr ist, nur mit Grausen in den Keller, weil er sich vor finsteren Gestalten im Dunkel fürchtet. Auch solche Ängste gehören zum Leben dazu.

Normalerweise können wir mit diesen Ängsten sinnvoll umgehen. Angst ist Erregung, und von seiner Angst befreit man sich, wenn es gelingt, sich wieder zu beruhigen. Der Trick liegt in der Distanzierung. Entweder bringt man wortwörtlich eine Distanz zwischen sich und die Quelle des Unbehagens – wer keine großen schwarzen Hunde mag, wechselt einfach die Straßenseite, wenn ihm ein solches Tier entgegenkommt – oder im übertragenen Sinne. Wer auf der Kellertreppe zögert, kann sozusagen aus sich heraustreten und seine Situation von außen betrachten: »Bis jetzt bin ich immer unbeschadet aus dem Keller wieder herausgekommen, da unten ist niemand, wie sollte hier überhaupt einer reinkommen?« Mit diesen Gedanken distanziert er sich von seiner Angst. Nun kann er sich eine Taschenlampe greifen und sich trotz seines mulmigen Gefühls beherzt auf den Weg nach unten machen. Solange wir uns distanzieren und auf unsere Befürchtungen mit sinnvollen Strategien antworten können, bleiben wir handlungsfähig und haben unsere Ängste im Griff.

Schlimm wird es, wenn die Angst den Menschen überwältigt. Der Spinnenphobiker, dem etwas Pelziges mit acht Beinen auf die Hand krabbelt, ist der Situation schreckensstarr ausgeliefert. Ihm fehlt die Distanz zu sagen: Oh, da ist eine Spinne, wenn ich die Hand schüttle, wird sie herunterfallen. Weil die Angst seine Psyche blockiert, kann er von sich aus den Alptraum nicht beenden. Erst wenn das Tier weiterkrabbelt, ist er wieder handlungsfähig.

Könnten wir uns nicht von all den großen und kleinen Katastrophen, Kriegen und Krisen, die uns in Erregung versetzen, abgrenzen, wären wir nicht wir selbst. Wir müssten ein Leben wie ein Spinnenphobiker führen, der in einem Raum voller Spinnen sitzt.

Wie funktioniert diese offensichtlich lebenswichtige Distanzierung? Wenn uns zum Beispiel die Nachricht erreicht, dass es in Südamerika ein furchtbares Erdbeben gegeben hat, dann erschrecken uns die Bilder von eingestürzten Häusern und Bränden. Nun wird die Information mit unserer Erfahrung abgeglichen: Bedeutet das Geschehen Gefahr für mich? Oder kann ich mich wieder beruhigen? Im Normalzustand wird unsere Psyche nach ihrem kurzen Check beruhigende Signale senden: Ich selbst bin nicht verletzt. Ich wohne in keinem Erdbebengebiet; es ist fast unmöglich, in Deutschland durch ein Erdbeben schwer verletzt zu werden oder gar zu sterben. Nachdem uns die Nachricht also zuerst in Unruhe versetzt hat, gibt die Psyche Entwarnung: Entspann dich! Du bist nicht in Gefahr! – Die innere Angstabwehr hat funktioniert.

Auch ganz alltägliche Entscheidungsaufforderungen bringen uns in Aufregung. »Da steht neben dem normalen Speisesalz auch noch welches aus Hawaii und Tibet. Was bedeutet das? Welche Vor- und Nachteile bringt mir ein Salz aus Tibet? Verpasse ich etwas, wenn ich ein anderes Salz nehme?

Diktatur der Angst

Welches soll ich kaufen?« Unsere Psyche untersucht jede Information, die wir sehen, hören, riechen etc. auf ihre unmit-
telbare, persönliche Bedeutung für uns. Ein großer Teil dessen, was uns für Sekundenbruchteile erregt, erreicht erst gar
nicht unser Bewusstsein, weil unsere Psyche es als »unwichtig« eingestuft hat und Entwarnung gibt.

Andererseits sorgt sie dafür, dass die Erregung bestehen
bleibt, vielleicht sogar noch verstärkt wird, wenn die Information für uns von direkter Bedeutung ist. Wenn ich sehe, dass
die Waschmaschine ausgelaufen ist und das Badezimmer unter Wasser steht, ist es gut, wenn mich der Alarmzustand, in
den meine Psyche mich setzt, auf Trab bringt – das Wasser
darf sich nicht bis auf den Parkettboden im Wohnzimmer er-
gießen – schnell! Wo sind die Handtücher?

Unsere Psyche wirkt also wie ein Filter, der die einlaufenden Signale bewertet und nur einen Bruchteil ungehindert
durchlässt. Nur mit dieser auf Distanzierung beruhenden
Vorselektion ist es uns möglich, das Leben zu bewältigen
und das Wichtige vom Unwichtigen zu unterscheiden. Dann
bräuchten wir keine App, die uns sagt, wann wir etwas trinken sollten.

Das Problem ist nur, dass sich in den letzten zwanzig Jahren etwas ereignet hat, das diesen Filter immer unzuverlässi-
ger werden lässt.

On duty

Als die Arbeitspsychologin Annette Hoppe, Leiterin des
Lehrgebiets Arbeitswissenschaften an der Brandenburgi-
schen Technischen Universität Cottbus, 2004 auf einer Fach-
konferenz zum ersten Mal das Wort »Technikstress« ver-

wendete, wurde sie noch ausgelacht; dies erzählt sie in einem Bericht der Zeitschrift »Spektrum der Wissenschaft«, der im Oktober 2014 online veröffentlicht wurde. Dass die digitale Revolution uns nicht nur völlig neue Möglichkeiten, sondern auch Stress beschert hat, musste sich erst noch herumsprechen. Mittlerweile gibt es Forschungszweige wie die Psychoinformatik, die sich unter anderem die Überforderung durch digitale Medien zum Thema gemacht haben. Seitdem werden wir mit Warnungen von Wissenschaftlern und Ärzten geradezu überschüttet: Die auf uns einstürzende Informationsflut, zum Beispiel das Gebrumme und Gedudel in unserer Hosentasche, weil eine Mail, eine SMS, ein Anruf unsere Aufmerksamkeit fordert, überlaste uns auf Dauer.

Tatsächlich lässt sich ein starker Anstieg der psychischen Erkrankungen beobachten. Christoph Straub, Vorstandschef der Barmer Krankenkasse, sagte im September 2014 der »Welt am Sonntag«: »Die Veränderungen in unserer Arbeitswelt, zum Beispiel der Gebrauch von Smartphones und die damit verbundene ständige Erreichbarkeit, führen zu immer mehr Stress.« Warum der Chef einer Krankenkasse, die 8,6 Millionen Versicherte zählt, sich zu diesem Thema äußert, ist offensichtlich: Psychosomatische Erkrankungen werden immer häufiger diagnostiziert – und das geht ins Geld. Der BKK Gesundheitsreport 2014 zeigt, dass nur Rückenschmerzen und andere Muskel- und Skeletterkrankungen sowie Atemwegserkrankungen für mehr Ausfälle an Arbeitstagen verantwortlich sind. Auch wenn die Erkrankungen der Psyche noch auf Platz 3 liegen, wird sich das aufgrund der enorm hohen Steigerungsraten wohl bald ändern. Dazu kommt, dass psychische Erkrankungen die längsten Krankschreibungen verursachen: Während der Durchschnitt einer Krankschreibung

12,7 Tage beträgt, sind Arbeitnehmer mit psychischen Problemen im Durchschnitt 38 Tage außer Gefecht; länger sogar als Patienten mit Tumorerkrankungen (35 Tage). Nicht selten steigen die Betroffenen sogar ganz aus dem Arbeitsleben aus. Die Bundesanstalt für Arbeitsschutz und Arbeitsmedizin berechnete für das Jahr 2012: Mehr als 42 % der Frühverrentungen sind psychisch bedingt.

Die Informationsflut und die ständige Erreichbarkeit scheinen uns tatsächlich krank zu machen. Doch eines ist merkwürdig: Von der digitalen Revolution überfordert sind immer nur die anderen!

Das Marktforschungsinstitut ARIS startete im Auftrag des Hightech-Verbands BITKOM eine repräsentative Umfrage unter Internetnutzern nach ihrer gefühlten Belastung. Im Januar 2014 hieß es in einer Pressemeldung von BITKOM: 82 % aller Befragten meinten, dass sie gut mit der steigenden Informationsmenge zurechtkommen. Nur 14 % empfanden die Informationsflut durch Internet, Smartphone etc. als belastend.

Wie passt das zusammen? Gibt es eine Art Hysterie unter Ärzten und Wissenschaftlern, die ein Schreckgespenst an die Wand malen, das es in Wirklichkeit gar nicht gibt? Oder merken die Menschen gar nicht, dass sie überlastet sind?

Für mich als Psychiater liegt die Antwort auf der Hand: Es ist tatsächlich so, dass uns Menschen der Sinn dafür fehlt, eine Überlastung des Gehirns zu erkennen. Wir können hochgradig überfordert sein, ohne es zu merken.

Wenn Sie Magenschmerzen haben, dann können Sie sich von diesen Schmerzen distanzieren. Das bedeutet nicht, dass Sie den Schmerz nicht mehr spüren würden. Aber Sie können sich selbst beobachten: Seit zwei Tagen habe ich dieses Drücken im Bauch. Wenn das morgen nicht besser geworden ist, werde ich zum Arzt gehen, dass er sich die Sache mal anschaut.

Von seiner Psyche kann man sich aber nicht distanzieren. Denn Ihre Psyche – das sind *Sie*! Und Sie sind Ihre Psyche. Es ist völlig unmöglich, das eigene Ich von außen anzuschauen. Natürlich können Sie Ihr eigenes Verhalten beurteilen, aus der Distanz heraus können Sie sich über eine schlagfertige Antwort freuen oder auch von Herzen bereuen, dass Sie einem Menschen nicht geholfen haben. All das gehört zu Ihrer Persönlichkeit, die Sie mehr oder weniger unbefangen einschätzen können. Aber Sie können sich niemals von Ihrem eigenen Ich distanzieren.

Es ist total verrückt – und doch wieder absolut logisch: Genau das Organ, das unter anderem dazu da ist, sozusagen aus der Vogelperspektive die eintreffenden Informationen zu bewerten, kann eine einzige Sache nicht objektiv betrachten: sich selbst! Deshalb kann die Psyche auch nicht feststellen, ob sie im Moment überlastet ist oder nicht. Ein Gehirn tut ja auch nicht weh, es bekommt keinen Muskelkater, wenn es zu viel arbeitet. Warum auch? Es ist in der Evolution einfach nicht vorgesehen, dass Informationen in so hoher Geschwindigkeit und hoher Taktung auf uns einprasseln, wie es heute der Fall ist.

Selbst wenn der Körper durch die ständige Hirnaktivität schon in Mitleidenschaft gezogen ist und Signale sendet: Hey, Gehirn, mir geht es nicht so gut, kannst du mal Pause machen?, dann wird das Gehirn darauf nicht reagieren. Genau das ist das Perfide an der Überforderung durch zu viel Information: Genau dort, wo es wehtun müsste, befindet sich ein Blinder Fleck.

Ein Mensch, dessen Psyche durch die Informationsflut bis an die Grenzen des Machbaren überfordert ist, wird also einen Artikel über Belastungsstörungen lesen und sagen: »Oh, die armen Menschen. Gut, dass ich nicht davon betroffen bin!« Selbst dann, wenn er kurz vor dem Zusammenbruch steht, wird er genauso weitermachen wie zuvor auch: von einem Meeting zum nächsten hetzen, hundert Mails am Tag verteilen, abends noch ein paar Telefonate mit den Kollegen führen und zum Abschluss des Tages noch ein bisschen durch die Fernsehprogramme zappen. Denn im Zustand der Überforderung reagiert die Psyche wie ein echter Workaholic. Sie arbeitet ständig auf Hochtouren und kommt gar nicht auf die Idee, dass eine Pause guttun könnte. Der Dauerstress verleiht ihr sogar ein positives Gefühl: Ich bin effektiv. Super, wie ich das alles schaffe! Stromberg, der Held der gleichnamigen Fernsehserie, würde sagen: Läuft!

Doch es »läuft« eben nicht!

Fünf Schritte bis zum Zusammenbruch

Damit die Psyche ihre Filterfunktion wahrnehmen kann, braucht es ein erholtes Gehirn und eine überschaubare Anzahl an Informationen. Doch aktuell steht es so: Sobald unsere Psyche für eine Information Entwarnung geben kann, sind schon zwei weitere Katastrophenmeldungen, Klingeltöne oder Entscheidungsaufforderungen da, die uns in Unruhe versetzen. Also muss sie schneller arbeiten. Und noch schneller. Und noch schneller. Weil von Ruhepausen längst keine Rede mehr ist, rutschen wir immer weiter in eine Übererregung hinein, die nicht mehr abgebaut werden kann.

Was macht diese ständige Übererregung mit uns? Sie führt uns in den ständigen Alarmzustand – und der bringt uns direkt in die Angstreaktion. Nur ist das keine gerichtete Angst, eine, die einen benennbaren Grund hätte und der wir uns entziehen könnten. Sondern eine ungerichtete Angst oder auch: diffuse Angst.

Je länger wir in diesem Zustand der Dauer-Erregung und damit in der diffusen Angst sind, desto tief greifender wirkt er sich auf uns und unseren Alltag aus. Denn auch wenn die Psyche gar nicht merkt, dass da etwas gewaltig schiefläuft, reagiert doch unser Körper auf diesen pausenlosen Stress.

Ich unterscheide fünf Grade dieser diffusen Angst, die eine sukzessive Abkopplung vom Selbst zur Folge haben. Jeder Grad ist einen Schritt weiter entfernt von einem ruhigen und gelassenen Leben. Je mehr die diffuse Angst regiert, desto weniger spüren wir uns – und desto mehr sehnen wir uns nach einer App, die uns sicher durchs Leben führt. Am Ende steht der Zusammenbruch.

Die *Alarmphase* ist die erste Reaktion auf die Übererregung. Wir drehen richtig auf und arbeiten wie unter Strom – sehr effektiv und mit hoher Leistung. Stress ist aber nur dann gut, wenn er von Ruhepausen unterbrochen wird, in denen wir uns erholen können. In der Alarmphase kommen wir allerdings kaum mehr aus dem Stressmodus heraus. Wenn Sie sich abends im Bett überlegen: Habe ich heute eigentlich einmal 20 Minuten für mich gehabt?, dann wissen Sie, was ich meine.

In der *Tunnelblick-Phase* wird die diffuse Angst so mächtig, dass wir bevorzugt Negativmeldungen wahrnehmen. Vielleicht kennen Sie das: Sie erzählen einem Arbeitskollegen von den Fortschritten im Projekt. Step 1 und 2 sind erfolgreich abgeschlossen, der neue Mitarbeiter hat sich als echter Gewinn herausgestellt, die Kosten liegen ein wenig unter

Plan, nur eine von zehn geplanten Lieferungen verzögert sich um einen Tag, doch das ist nicht weiter von Bedeutung. Die Reaktion Ihres Kollegen: O mein Gott! Warum verzögert sich denn die Lieferung? Was machen wir denn da? Da ist doch das gesamte Projekt in Gefahr! Keine der vielen positiven Nachrichten hat ihn erreicht, nur die einzige negative Nachricht ist bei ihm hängen geblieben.

Warum ist das so? Was das Gehirn an Nachrichten ausfiltert, hängt stark davon ab, in welcher psychischen Verfassung der Mensch gerade ist. Ein Mensch im angstgetriebenen Zustand wird verstärkt Angst machende Informationen aufnehmen. Aber auch anders herum funktioniert dieser Mechanismus. Ich erinnere mich sehr gut an den April 1986. In aller Welt herrschte helle Aufregung, weil in Tschernobyl gerade ein Atomkraftwerk explodiert war – mir aber war das herzlich egal. Ich verstand gar nicht, was die alle haben. Denn ich war frisch in meine heutige Frau verliebt. Für mich hing der Himmel voller Geigen und nicht voller radioaktiv verseuchtem Staub.

Es ist ganz normal, wenn die aktuelle persönliche Gemütslage die Wahrnehmung beeinflusst. Nicht normal ist es allerdings, wenn durch den andauernden Angstmodus der positive Teil der Realität nachhaltig ausgefiltert wird. Denn ohne diesen Ausgleich gewinnen die negativen Nachrichten nur noch mehr an Macht über uns. Die selektive Wahrnehmung wirkt wie ein Brandbeschleuniger, der die Ängste noch mehr anfacht. So werden wir zunehmend genervt, gereizt, überfordert. Je nachdem, wie der Betroffene gestrickt ist, treten nun erste körperliche Beschwerden auf: Bluthochdruck, Schlafstörungen, Magenschmerzen, Rückenschmerzen ...

In der *ineffektiven Phase* passieren uns aus der Überforderung heraus vermehrt Fehler, wir werden vergesslich, lassen öfter etwas fallen. Kleinste Geschehnisse können uns explodieren lassen. Da reicht ein umgefallenes Wasserglas oder ein verpasster Bus, um völlig unverhältnismäßig aus der Haut zu fahren.

Obwohl wir extrem hochtourig unterwegs sind, bekommen wir kaum mehr was geschafft. Die To-do-Liste wird immer länger. Rasen mähen, einkaufen gehen, der Tochter bei den Vorbereitungen auf die morgige Mathearbeit helfen, das Auto in die Werkstatt zum Reifenwechsel fahren ... Wären wir nicht übererregt und getrieben, könnten wir Wichtiges von Unwichtigem unterscheiden und in aller Ruhe eine Sache nach der anderen erledigen. So aber droht uns all das, was wir bewältigen müssen, wie eine Welle zu überspülen. Nachts rotieren die Gedanken. Um Abhilfe zu schaffen, doktern wir an den Symptomen herum; Medikamente sollen gegen Schlaflosigkeit und Vergesslichkeit helfen.

Menschen in dieser Phase merken gar nicht, dass sie ineffektiv werden. Weil sie blind für ihre Lage sind, reagieren sie nur mit noch mehr Einsatz. Sie bleiben länger im Büro. Erst eine Stunde, dann zwei am Tag. Oder sie bügeln nachts um halb eins die Wäsche. Früher wurden Menschen in diesem Rauschzustand Workaholics genannt. Irgendwie ist dieser Begriff unmodern geworden. Wahrscheinlich, weil sich die meisten von uns mittlerweile in diesem Stadium befinden – es ist ganz normal geworden, so hoch zu drehen, dass man sich ständig in Greifweite des Herzinfarktes befindet.

Ohne die dringend benötigten Erholungsphasen kommt die vierte Phase zum Zuge. In der *Erschöpfungsphase* sinkt die Arbeitsfähigkeit des Gehirns stark ab. Die Reaktion auf die

Überforderung ist nun: Rückzug! Nichts interessiert mehr. Statt »Auch *das* schaffe ich noch« heißt es: »Lasst mich doch in Ruhe!« Menschen in dieser Phase erkennt man an ihrer geradezu depressiven Verfassung. In einem Zustand der Dauermüdigkeit schleppen sich die Betroffenen nur noch so durch den Tag. Das Leben wird zurückgefahren auf »Überleben« – nur noch das Nötigste steht auf dem Programm.

Man könnte meinen, spätestens jetzt würde einem Menschen klar werden, dass mit ihm etwas nicht stimmt. Doch immer noch ist der objektive Blick versperrt. Es bleibt dabei: Die Psyche stellt sich selbst nicht infrage. Als Psychiater weiß ich, mit welcher Strategie sie vermeidet, das Offensichtliche zu sehen: Rationalisierung. Das bedeutet, dass Gründe dafür gesucht und gefunden werden, warum es genau so sein muss, wie es gerade ist.

Bestimmt kennen Sie aus Ihrem Bekanntenkreis Beispiele wie dieses: Jemand, der schon am Rande des Zusammenbruchs steht, bestellt noch nachts um drei die Kacheln für das neue Bad im Internet. Für ihn scheint das total sinnvoll zu sein: »Ich *muss* das jetzt machen. Wenn ich heute nicht bestelle, dann kommen die Kacheln nicht vor dem Wochenende, und dann können wir die nicht verlegen.« Ja und? Der super-wichtige Grund ist doch Quatsch! Daran, dass Badezimmerkacheln eine Woche später verlegt werden, stirbt niemand. An Überlastung aber schon. Die Psyche desjenigen, der da nachts am Computer sitzt, hat sich mit dieser nur scheinbar rationalen Erklärung die Erlaubnis gegeben, so weitermachen zu können.

Die Strategie der Rationalisierung ist übrigens noch gar nicht so alt. Sie passt nur besonders gut in unsere Zeit, in der alles einen Grund haben muss. Vor 150 Jahren war die

Strategie der Psyche, sich vor unangenehmen Fragen zu drücken, noch eine ganz andere: Wenn ein Mensch sich mit etwas konfrontiert sah, das er nicht ertragen konnte, dann fiel er in Ohnmacht. Zwei Kniffe – derselbe Effekt: Für die Psyche kann alles so bleiben, wie es ist. Vielleicht wird unser Rationalisieren ja kommenden Generationen genauso lächerlich vorkommen, wie uns das ständige In-Ohnmacht-Fallen unserer Urgroßeltern erscheint.

Wenn uns aus der vierten Phase keine externe Hilfe aus der Dauer-Erregung herausholt, geht es in die fünfte und letzte Phase – die diffuse Angst verselbstständigt sich.

Es brennt

Vielleicht kennen Sie die Sirenen, die mancherorts alle paar Wochen zu Übungszwecken in Betrieb genommen werden. Wenn sie losheult, merken alle auf: Droht Gefahr? In Sekundenbruchteilen wird klar: Nein, das ist nur eine Übung; das hat nichts mit mir zu tun. Nun stellen Sie sich vor, diese Sirene würde ohne Pause heulen – Tag und Nacht. Das Geräusch geht so stark auf die Nerven, dass wir nicht weghören können. Wir ziehen aber auch keine Information mehr daraus. Wir bestehen nur noch aus reiner Erregung. Das ist die 360°-Angst.

Ich finde es immer wieder erstaunlich, wie lange es für einen Menschen möglich ist, in ständiger diffuser Angstspannung zu leben – das wäre das unaufhörliche Sirengenheul. Doch früher oder später kommt der totale Zusammenbruch.

Es ist kläglich zu sehen, wie Menschen in einen Burn-out hineinschlittern. Die Außenwelt hat meistens schon gewarnt: Mensch, mach mal langsamer! Nimm dir einen Tag frei! Aber die Rationalisierung ließ das nicht zu. »Wenn ich jetzt nicht in der Firma bin, geht alles den Bach runter!«, sagt der Burn-out-Gefährdete. Er sieht nicht, dass er längst nicht mehr effizient arbeitet. Dass sein Tunnelblick ihn die Realität nur noch selektiv wahrnehmen lässt. Seine Psyche ist überzeugt, dass sie alles im Griff hat.

Und dann ist es so weit: In der *Verselbstständigungsphase* übernimmt die diffuse Angst endgültig das Ruder. Für den Betroffenen kommt das urplötzlich, von jetzt auf gleich. Da ist nicht nur die totale Erschöpfung, die den Gang zum Bäcker so schwierig macht wie die Besteigung eines Viertausenders. Die kleinste Entscheidung stellt ein schier unüberwindliches Hindernis dar. Soll ich die schwarze oder die blaue Hose anziehen? Der Mensch mit Burn-out ist selbst mit einer Frage dieses Kalibers völlig überfordert; er sitzt dann zwei Stunden auf dem Bett, bis der Ehepartner kommt und ihm die blaue Hose in die Hand drückt.

Diese fünf Phasen sind wie eine abschüssige Rampe, auf der wir immer weiter in die sich verselbstständigende diffuse Angst hineinrutschen. So geraten wir in eine tiefe innere Unsicherheit, die uns in einer Art vorauseilendem Gehorsam jeden potenziellen Kritikpunkt wegfeilen und jede potenzielle Gefahr übergroß wahrnehmen lässt.

Hier kommt ein Strauß an Beispielen, die jedes für sich die sich verselbstständigende Angst zeigt:

- Teure glutenfreie Produkte werden gekauft, weil »es ja sein könnte, dass ich allergisch gegen Gluten bin«.
- Nicht nur Unternehmen gestalten – aus der begründeten Sorge heraus, dass sie von Juristen gezielt abgemahnt werden – ihre Stellenanzeigen »gendergerecht«;

auch viele Kleintierzüchtervereine wenden sich auf ihren Webseiten an die »lieben Kleintierzüchter und Kleintierzüchterinnen«.

- Obwohl die Sozialsysteme in Deutschland alle Gefahren abdecken, plagen uns überdimensionierte Ängste, den Job zu verlieren.
- Der Karnevalswagen, der auf dem Kölner Rosenmontagszug gegen den Charlie-Hebdo-Terrorismus Stellung beziehen sollte, wurde nicht gebaut – obwohl das Festkomitee nach dieser Entscheidung verlauten ließ: »Nach Auskunft hochrangiger Vertreter der Polizei und weiterer Behörden gegenüber dem Festkomitee besteht und bestand keinerlei Risiko für den Kölner Rosenmontagszug, weder für Teilnehmer noch für Besucher – auch ausdrücklich nicht wegen des Charlie-Hebdo-Wagens.«
- Eltern bringen ihre Kinder jahrelang mit dem Auto bis vor die Schultür, manche sogar Hand in Hand bis ins Klassenzimmer.
- Nachdem seit Januar 2004 gesetzlich Versicherte keine Zuschüsse mehr für Sehhilfen erhielten, verkaufte bis Mitte 2005 allein der Filialist Fielmann 800.000 Brillenzusatzversicherungen – »Man weiß ja nie« ...

Wir leben in einem Land, dem es so gut geht wie kaum einem anderen. Es kann uns eigentlich gar nichts passieren. Und trotzdem beherrscht die Angst unser Leben. Es ist eine Angst ohne realen Anlass, eine Art Phantom-Angst.

Stimmt es also, was so oft gesagt wird? Man könnte tatsächlich meinen, dass es die Informationsflut ist, die uns krank und zu ängstlich macht, um den Alltag zu bewältigen.

Meine Überzeugung allerdings ist, dass hier das Pferd von der falschen Seite aufgezäumt wird.

Laptops, Smartphones, Tablets bieten uns tolle Möglichkeiten; vieles wurde leichter, einfacher, vieles wurde überhaupt erst möglich. Dabei ist es noch keine 30 Jahre her, dass die ersten Handys auf den Markt kamen. Aller Wahrscheinlichkeit nach haben Sie vor Mai 2010 noch kein Tablet in der Hand gehalten. Erst damals kam das iPad in Deutschland auf den Markt. Unglaublich, wie schnell auch heute noch die digitalen Geräte in unseren Alltag integriert und zur Selbstverständlichkeit werden!

Doch wir haben uns von diesem wunderbaren technischen Fortschritt überrollen lassen. Wir sind überfordert, weil wir nicht gelernt haben, mit den neuen Medien umzugehen. Wir merken: Irgendetwas stimmt nicht mit uns, und trotzdem kommen wir nicht auf die Idee, uns dieser Situation zu entziehen. Nicht: das Außen überfordert uns. Sondern: Wir *lassen* uns überfordern. Wir sind nicht stark genug, dafür zu sorgen, dass es uns gut geht.

Der Soziologe und Zukunftsforscher Matthias Horx ist sich sicher, dass es in den nächsten Jahren zu einer Re-Fokussierung auf die eigentlichen menschlichen Bedürfnisse kommen wird. Gegenüber der Deutschen Presseagentur meinte er im Dezember 2014:

> *Wir realisieren allmählich, dass wir in einer Kultur der Störung leben, in der wir zunehmend abgelenkt, unkonzentriert, fahrig und nervös, ja geradezu asozial werden. In wenigen Jahren wird das Suchtverhalten mit den elektronischen Medien so sanktioniert sein wie das Rauchen. Man wird dann als ungebildet und charakterschwach gelten, wenn man auf sein Smartphone starrt.*«

Auch ich bin der Meinung, dass wir in fünf oder zehn Jahren gelernt haben werden, mit den digitalen Medien umzugehen. Aber mit gut gemeinten Ratschlägen wie: »Nehmt euch mal ein bisschen mehr Zeit für euch selbst!« und »Legt mal das Tablet aus der Hand!« wird es nicht gehen. Unsere Psyche würde diese Aufforderung immer nur als Aufforderung an andere verstehen. Nicht an sich selbst.

Die gute Nachricht: Der Zustand der diffusen Angst, in dem die meisten von uns seit vielen Jahren gefangen sind, ist reversibel. Wir können ihn binnen kürzester Zeit verlassen. Wir selbst sind es, die uns antreiben. Nicht der Chef, nicht die Familie. Unsere Psyche *glaubt* ja nur, dass sie zehntausend Entscheidungen treffen muss. Muss sie ja gar nicht! Theoretisch können wir jederzeit und überall entscheiden, wann und wie viele Nachrichten wir aufnehmen wollen. Sobald wir das Handy weglegen, den Fernseher auslassen und die Mails nicht mehr minutengenau abrufen, können wir uns binnen Minutenfrist eine Oase der Ruhe schaffen.

Der überforderte Mensch ist wie ein Pilot, der in einem Flugsimulator sitzt und eine Katastrophensituation nach der anderen bewältigen muss. Er ist ausgelaugt, müde, die Muskeln schmerzen, die Augen brennen – und immer weiter wird eine Notsituation nach der anderen auf den Screen projiziert, die ihn an die Grenzen seiner Leistungsfähigkeit und darüber hinaus bringt. Dabei müsste er nur eines tun: aufstehen, Tür aufmachen und rausgehen.

Es wäre ganz einfach.

KAPITEL 8

Erwachsen sein
ist kein Alter

Der 41-jährige Mann, der bei Problemen mit seinen häufig wechselnden Beziehungen oder mit seinem Chef als Erstes zum Telefonhörer greift und seine Eltern anruft, um sich von ihnen trösten und beraten zu lassen.

Die 35-jährige Mutter, die zum dritten Mal in der Woche ihr Kind zu spät vom Kindergarten abholt und eingeschnappt ist, weil die Erzieherin sie bittet, das nächste Mal wieder pünktlich zu sein. Als die Erzieherin auf ihrer Forderung besteht, fängt die Mutter an zu weinen.

Der 53-jährige Abteilungsleiter, der es nicht aushält, kritisiert zu werden. Er schafft es auch nicht, von seinen Mitarbeitern konsequent Leistung einzufordern. Wenn etwas nicht klappt, macht er die Arbeit lieber selbst, als die Verantwortlichen zur Rechenschaft zu ziehen.

Die 24-Jährige, die bereits die zweite Lehre abgebrochen hat und immer noch zu Hause wohnt. Am liebsten schaut sie sich Kindersendungen an und entspannt auf ihrem mit Kuscheltieren bedeckten Bett.

Realitätsvermeider, Sich-in-eine-heile-Welt-Zurückzieher, ewige Kinder – solchen Menschen möchte ich zurufen: »Mensch, werd' doch mal erwachsen!« Auch auf die Gefahr hin, dass ich dann als Spaßbremse dastehe. Denn die Fraktion, die Kalenderblattsprüche wie »Lasst uns wieder wie Kinder sein« toll findet, ist weitaus größer als die derjenigen, die der Meinung sind, Erwachsene sollten sich auch wie Erwachsene verhalten.

Auf der einen Seite die bunte Fantasiewelt der Kinder ohne Sorgen und lästige Verantwortung. Auf der anderen Seite die armen Menschen, die das Kind in sich »getötet« haben, nicht mehr träumen können und nun in ihrer durchrationalisierten Welt an 230 Tagen im Jahr mit der Aktentasche ins Büro gehen.

Diese Einteilung in »gute Kinder« und »böse Erwachsene« ist blanker Unsinn. Mir sind die Menschen suspekt, die sich so viel Kindliches wie nur möglich bewahren und ihr Leben spielerisch angehen. Denn alles hat seine Zeit. Genauso unnatürlich, wie es ein Kind ist, das sich erwachsen verhält, ist auch ein Erwachsener, der sich infantil gibt. Es scheint da ein Missverständnis zu geben, was einen Erwachsenen ausmacht.

Die Frage ist also: Was bedeutet es eigentlich, erwachsen zu sein?

Trennung auf Raten

Das Gesetz macht keine großen Umstände: Mit seinem 18. Geburtstag ist ein junger Mensch voll geschäftsfähig. Aber macht die Erlaubnis, Miet- und Kreditverträge abschließen und ohne Begleitung Auto fahren zu dürfen, einen Menschen automatisch erwachsen?

Tatsächlich ist Erwachsenwerden keine Sache eines Augenblicks, sondern ein Reifungsprozess, bei dem die persönliche Unabhängigkeit sukzessive zunimmt. Parallel dazu findet die Trennung von den Eltern statt. Das heißt nicht, dass ein Erwachsener keine liebevolle Beziehung zu seinen Eltern haben könnte. Entscheidend ist, dass die Elterngeneration für ihn nicht mehr überlebenswichtig ist.

Ich finde die fünf Merkmale, anhand derer in der Soziologie der Fortschritt eines Menschen auf dem Weg zum Erwachsenen festgemacht wird, sehr aussagekräftig. Wie Meilensteine in einem Projekt zeigen sie an, wie weit das Unternehmen »Erwachsen werden« gediehen ist. Die Marker sind:

1. Das Ende der Ausbildung – der junge Mensch ist kein Schüler, Auszubildender oder Student mehr; nun kann er das Gelernte anwenden. Im Idealfall fällt dieser Schritt mit dem Beginn des ersten Jobs zusammen.

2. Die materielle Unabhängigkeit – weil er nun eigenes Geld verdient und nicht mehr am Tropf der Eltern hängt, kann der Heranwachsende zunehmend seine eigenen persönlichen Interessen verfolgen. Zum Beispiel ist jetzt ein Urlaub ganz nach eigenem Gusto möglich.

3. Der Umzug in die erste eigene Wohnung – damit ist auch die räumliche Trennung zwischen dem Heranwachsenden und seinen Eltern vollzogen.

4. Die Heirat – jetzt erschließt sich für den Heranwachsenden endgültig ein ganz eigener Lebenskreis.

5. Das erste Kind – in dieser Königsklasse findet die ultimative Begegnung mit den eigenen Gefühlen und Bedürfnissen statt, also mit sich selbst.

Mit diesen fünf Schritten erobert sich ein Mensch seinen Platz in der Welt. Er hat eine eigene Meinung und einen eigenen Geschmack gebildet und ruht in sich selbst. Nicht nur seine materiellen, auch die emotionalen Abhängigkeitsmuster hat er überwunden, er muss sich nun nicht mehr aus Angst davor, aus seinem Freundeskreis ausgestoßen zu werden, dem Gruppendruck beugen. Mit der Verantwortung für seine Nachkommen wird der Erwachsene zu einer wahrhaft eigenständigen Persönlichkeit.

Erwachsen zu werden ist ein Prozess, der eigentlich schon mit der Geburt eines Kindes beginnt. Kindheit und Jugend dienen der Vorbereitung. Die genannten fünf Schritte sind die »heiße Phase« des Erwachsenwerdens; vom Ende der Ausbildung bis zur Familiengründung kann es ein paar Jahre dauern. Die Zahlen des Statistischen Bundesamtes zeigen, dass im Jahr 1970 das durchschnittliche Heiratsalter lediger Männer in Westdeutschland 25,6 Jahre betrug; die ledigen Frauen, die vorm Altar standen, waren im Durchschnitt 23 Jahre alt. Ein gutes Jahr später war dann das erste Kind da: Mütter waren im früheren Bundesgebiet bei der ersten Geburt durchschnittlich 24,3 Jahre alt; in der damaligen DDR ging es sogar noch schneller, hier waren die Mütter der Erstgeborenen 21,9 Jahre alt.

Dieser vorgeschriebene Weg ins Erwachsenenleben war in dieser Zeit kaum verhandelbar. Dass eine 30-Jährige noch bei ihren Eltern wohnt und ihnen »auf der Tasche liegt«, war gesellschaftlich nicht vorgesehen. Wer nicht heiratete, wurde nicht für voll genommen. Und wenn bei einem Ehepaar die Kinder ausblieben, dann war das keine bewusste Entscheidung, sondern ein Unglück.

Innerhalb von zwei Generationen hat sich dieses Bild

vollkommen gewandelt. Die Studie des Internetportals immowelt.de ergab, dass 34 % der 18- bis 30-Jährigen noch bei ihren Eltern wohnen. Gehen Sie einmal durch eine Fußgängerzone und zählen Sie die jungen Männer und Frauen, die Ihnen begegnen, wie bei einem Zählreim ab: Jeder Dritte von ihnen wohnt noch daheim! Vier von fünf der »Sitzengebliebenen« sogar noch im alten Kinderzimmer.

Auch Heiraten und Familiengründung sind keine Selbstläufer mehr. Noch einmal das Statistische Bundesamt: 2013 lag das durchschnittliche Heiratsalter der Männer bei 33,6 Jahren, das der Frauen bei 30,9 Jahren; ihr Alter bei der Geburt ihres ersten Kindes betrug 29,3 Jahre. 22 % der Frauen, die 2013 40 bis 44 Jahre alt waren, hatten keine Kinder und werden auch aller Wahrscheinlichkeit nach kinderlos geblieben sein.

Der Prozess des Erwachsenwerdens hat sich wie Kaugummi in die Länge gezogen und kann sich nun über Jahrzehnte hinziehen. In vielen Fällen ist er sogar völlig ins Stocken gekommen.

Was ist da passiert?

Entwicklungsstopp

Allgemein wird es als ein großer Fortschritt angesehen, nicht mehr in ein Schema gepresst zu werden. Die Schrittfolge »Ausbildung – Job – eigene Wohnung – Heirat – Kinder« wird heute eher als unzumutbare Einengung des persönlichen Gestaltungsspielraums denn als natürliche Entwicklung empfunden.

Es geht ja auch anders. Die Gesellschaft, so wie sie heute funktioniert, straft ja das Nicht-erwachsen-Werden nicht etwa ab, sondern begünstigt es. Wer keine Lust auf Ausbildung hat, bleibt eben zu Hause; notorischen Schulschwänzern und desinteressierten Lehrlingen ist nur schwer beizukommen. Es fehlt auch an Reizen, die elterliche Wohnung zu verlassen. Das Institut für Demoskopie Allensbach fragte im Jahr 2013 Eltern, was sie ihren Kindern im Alter zwischen 14 und 17 Jahren niemals erlauben würden. Nur für 7 % der Eltern wäre es ein No-Go, wenn ihre Kinder ihren Freund oder ihre Freundin zum Übernachten mit nach Hause bringen wollten. Der Effekt: Einer der Hauptgründe, warum früher junge Erwachsene von zu Hause ausziehen wollten, entfällt. Auch das Heiraten ist kein Muss mehr; statt Eheleuten gibt es Lebensabschnittspartner und One-Night-Stands. Das alles verspricht mehr Freiheit, weniger Zwang.

Und wenn sich dann doch einmal jemand darüber wundert, dass sich die Entwicklungsphasen so weit nach hinten verlagern bzw. ganz ausfallen, werden die Nicht-Erwachsenen gleich in Schutz genommen: »Die können ja gar nicht anders!« Als junger Mensch an einen Job zu kommen, sei schwerer als je zuvor. Die Mieten seien so teuer, dass junge Menschen es sich nicht leisten können, von zu Hause auszuziehen. Die Gesellschaft sei kinderfeindlich usw.

Ich will nicht darüber diskutieren, ob es tatsächlich schwieriger geworden ist, sich zu etablieren und eine Familie zu gründen, oder ob es eventuell an den mitunter erstaunlichen Ansprüchen der jungen Menschen liegt. Das ist hier nicht das Thema. Eines weiß ich allerdings sehr genau: Aus Sicht des Psychiaters ist diese »Entwicklung hin zur Nicht-Entwicklung« eine reine Katastrophe.

Denn das Erwachsenwerden ist in uns angelegt. So wie unser körperliches Wachstum ist auch das mentale und emotionale Wachstum von der Natur vorgesehen. Schon im Kleinkind ist ein ungeheurer Drang spürbar, die Welt zu entdecken und Erfahrungen zu sammeln. Dieser Antrieb führt von der totalen Abhängigkeit des Säuglings hin zu einem Leben als erwachsene, bewusste Persönlichkeit, die nicht nur im Wortsinne auf eigenen Füßen steht. Seit Urzeiten war diese Entwicklung zum Erwachsenen überlebenswichtig. Es war ein Wettlauf mit der Zeit, dass die Nachkommen schnell genug zur Reife kamen, bevor die Eltern starben. Wenn die es nicht schafften, ihren Nachwuchs rechtzeitig fit fürs Leben zu machen, sah es für die Kinder schlecht aus.

Es kann nicht sein, dass innerhalb von nur zwei Generationen die Psyche des Menschen nicht mehr lernen will und muss, sich abzugrenzen und Frustrationen auszuhalten; sprich: erwachsen zu werden. Und trotzdem reifen Menschen zwar körperlich, nicht aber mental und emotional heran. Sie werden zu Menschen, die zwar über 18 sind, aber ...

... sich von Oberflächlichkeiten leiten lassen, sodass ihnen der Schein mehr gilt als das Sein,

... mangelnde Entscheidungsfreude aufweisen,

... keine eigene Haltung haben und sich deshalb im Mainstream am wohlsten fühlen,

... es nicht aushalten, von anderen nicht geliebt zu werden,

... über geringe Ressourcen verfügen, auch mal eine Durststrecke zu überstehen,

... erwarten, dass andere ihnen Orientierung geben,

... die kurzfristige Erfüllung ihrer Wünsche erwarten,

... keine Verantwortung übernehmen wollen und können.

Ich will es beim Namen nennen: Dies alles sind Verhaltensweisen, die typisch für das Verhalten von Kindern, aber nicht für das von Erwachsenen sind. Die Entwicklung vom Kind zum Erwachsenen scheint tatsächlich nicht mehr zu funktionieren. Der Gedanke liegt nahe, dass da irgendein Hemmnis existiert, das die Reifung blockiert. Erstaunlicherweise ist das ein Fehlschluss. Wie bitte? Wenn Menschen, die längst schon keine Kinder mehr sind, nicht erwachsen agieren, dann muss das doch daran liegen, dass die Entwicklung vom Kind zum Erwachsenen gestört ist – oder nicht? Nun, zumindest für einen großen Teil der Nicht-Erwachsenen trifft diese Annahme nicht zu. Es gibt eine weitere mögliche Ursache.

Meine Diagnose lautet: Die Entwicklung der heute 40- bis 55-Jährigen zu Erwachsenen hat bis Anfang der Neunzigerjahre noch ganz gut funktioniert. Die Menschen, die heute in ihrem vierten und fünften Lebensjahrzehnt stehen, waren schon einmal erwachsen. Sie sind es aber in vielen Fällen nicht mehr.

Tatsächlich ist der Zustand des Erwachsenseins kein Plateau, das – einmal erreicht – nie wieder verlassen wird. Menschen können aus diesem Zustand auch wieder zurückrutschen in ein Stadium, das sie längst überwunden hatten. In der Psychiatrie hat dieses Geschehen einen Namen: Regression.

Rücksturz in die Kindheit

Etwa seit den Sechzigerjahren des vorigen Jahrhunderts geht es uns gut. Sehr gut sogar. Unser Leben ist in den vergangenen Jahrzehnten immer komfortabler geworden. Kaum mehr vorstellbar, dass es einmal ein Luxusmerkmal war, wenn das Auto über ein Handschuhfach verfügte.

Auch die Arbeit wurde immer leichter. Wer nun stöhnt: Ach, ich hab's aber trotzdem sehr schwer mit meinem Job, der sollte daran denken, wie hart früher in der Landwirtschaft gearbeitet werden musste oder im Hafen, wo Schiffe teilweise noch per Hand und Lastenkarre entladen und keine tonnenschweren Container per Fingerdruck mit dem Hebekran bewegt wurden. In der westdeutschen Eisen- und Metallindustrie galt bis 1956 noch die 48-Stunden-Woche, das bedeutet: sechs Acht-Stunden-Tage in der Woche. In mehreren Schritten – teilweise bei vollem Lohnausgleich – wurde die Arbeitszeit bis 1995 auf 35 Stunden reduziert. Anfang 2014 brachte die Familienministerin Schwesig den Vorschlag, für die Eltern kleiner Kinder die 32-Stunden-Woche ohne Lohneinbußen einzuführen. Und am noch linkeren Flügel der Politik steht die 30-Stunden-Woche auf dem Programm.

Das Leben war also so komfortabel wie nie zuvor geworden. Dann, vor etwa 25 Jahren, beschleunigte die digitale Revolution diesen Prozess noch einmal dramatisch. Die Verheißung, die uns damals erreichte: Die Arbeit erledigt sich auf Knopfdruck. Der Computer übernahm lästige Rechen- und Verwaltungsaufgaben. Bald stand auch per Mausklick der Pizzabote vor der Tür. Das Internet erfüllt heute jeden Wunsch – ich sehe etwas, ich will es, und ich bekomme es. Doch das ist brandgefährlich, weil wir so schnell keine Lust mehr haben, auf irgendetwas zu verzichten oder uns etwas zuzumuten. Warum denn auch? Es ist ja alles da! An die Verwirklichung des Ich-will-alles-und-zwar-sofort hat man sich schnell gewöhnt.

Das Internet erwies sich als die perfekte Regressionsmaschine. De facto rutschten diejenigen, die noch vor der digitalen Revolution groß geworden waren, in ein Entwicklungsstadium zurück, das dem eines Kleinkindes entspricht.

Zugegeben – der Gedanke ist fremd, dass nicht nur aus Kindern Erwachsene werden, sondern auch aus Erwachsenen Kinder. *Dass* das passieren kann, daran besteht kein Zweifel. Alle Entwicklungsstufen, die ein Erwachsener auf seinem Weg zur eigenen Persönlichkeit durchlaufen hat – orale, anale, magische Phase und viele mehr –, trägt er als ausgereifte Persönlichkeit in sich. Was wir durchlebt haben, liegt nicht hinter uns, sondern in uns. Bei vielen Erwachsenen sind noch Verhaltensweisen sichtbar, die auf eine tiefe Verwurzelung in einer der alten Phasen hinweisen. Wie stark welche Phase vertreten ist, ist individuell verschieden.

Nehmen wir an, ein Freund kommt von einer Reise zurück. Ein immer noch stark oral fixierter Mensch wird ihn zum Beispiel fragen: Wie war das Essen im Hotel? Hattet ihr auf dem Flug ein Mittagessen? Wart ihr auch mal in einem einheimischen Restaurant?

Es ist ja nichts Schlimmes dran, wenn jemand fragt: Wie hat es geschmeckt? Psychisch ungesund wird es erst dann, wenn einer nur noch Essen im Kopf hat. Dann wird er zum Beispiel Essen als Belohnung sehen. Oder als Trost. Seine Gedanken und Sorgen drehen sich um die Nahrungsaufnahme: Was werde ich morgen frühstücken? Ist genug Milch im Kühlschrank? Was wäre, wenn jetzt unangemeldet sechs Leute zu Besuch kommen – hab ich genug Vorräte da?

Einer, der den starken Kontrollwunsch der analen Phase zeigt, würde sich für etwas anderes interessieren: Hat denn alles geklappt? War der Flug pünktlich? War die Unterkunft in Ordnung? Während jener, der der magischen Phase noch stark verhaftet ist, wissen will: Was habt ihr erlebt? Welche

Eindrücke hattet ihr? War es gefährlich? Denn in der magischen Phase ist die Welt der Kinder von Weihnachtsmann und Osterhase, aber auch von Hexen und Monstern bevölkert. Das Leben eines Erwachsenen, der hier wieder landet, ist von übermäßigen Fantasien und Ängsten geprägt. Es muss nicht so extrem werden, dass er sich völlig in Weltverschwörungstheorien verliert; es reicht schon, wenn er nur mit großem Widerwillen an einem Freitag, dem 13., aus dem Haus geht.

Wie gesagt: Unsere Kindheit ist ein Teil von uns. Doch die Kindheit macht bei einem gesunden Erwachsenen nicht den Hauptteil seiner Persönlichkeit aus. Nur bei Menschen, die in ihrer Entwicklung wieder zurückrutschen, verschüttet die Regression viele Funktionen seines Ichs, sodass der kindliche Anteil der Psyche wieder die Oberhand bekommt. Die Fähigkeit, sich zu distanzieren, sich abzugrenzen und Frustrationen auszuhalten, geht verloren. Auch das, was einen Menschen zum Akteur macht, fehlt: die Lust an der Anstrengung. Nur mit diesen Eigenschaften kann er etwas schaffen, verändern, verbessern. Sobald es nicht mehr so läuft, wie er sich das vorstellt, geht er in die Knie. Eine gereifte Persönlichkeit nimmt Einfluss auf den Lauf der Dinge, ein kindlicher Charakter kann sich nur als Mitläufer emotional über Wasser halten.

Ein solcher nicht erwachsener Mensch in seinen Vierzigern und Fünfzigern ist etwas zutiefst Trauriges. Als großes Kind wandelt er durch seine Welt und ist materiell, emotional und mental wieder in Abhängigkeit geraten. Manchmal in der Arbeitswelt, manchmal in seinem Familienleben oder seinen Beziehungen. Es kann sogar sein, dass er in *allen* Facetten seines Lebens die Chance verpasst, seinem Leben einen Sinn zu geben.

Nicht nur sein eigenes Leben ist zugrunde gerichtet: Nicht erwachsene Menschen sind zwangsweise miserable Eltern.

Zwangsbeglückte Kinder

Kindererziehung ist eigentlich nicht schwer – wenn man erwachsen ist. Erwachsene Persönlichkeiten geben ihren Kindern durch ihr Beispiel eine klare Orientierung. Dazu müssen sie sich nicht verbiegen, noch nicht einmal anstrengen. Sie müssen nur das sein, was sie sind: Menschen, die ihren Platz in der Welt gefunden und eine eigene Meinung davon haben, was richtig und falsch ist, was für sie wichtig und unwichtig ist. Sie halten es aus, dass das, was sie heute an Zeit und Emotionen in ihr Kind investieren, erst in zehn, zwanzig Jahren sichtbar werden wird. Erwachsene Eltern kommen nicht auf die Idee, von ihren Kindern Liebe einzufordern, und finden es ganz normal, ihrem Kind einen geschützten Raum für seine Entwicklung zu geben. So bauen sie zu ihrem Kind eine tragende und deshalb auch bis ans Lebensende bleibende Beziehung auf, ohne es in dessen Entwicklungsdrang zu beschneiden.

Die aktuellen Erziehungsmethoden sehen jedoch ganz anders aus. Das kann ich täglich in meiner Praxis beobachten, aber auch beim Einkaufen, im Restaurant, auf Reisen usw. Wahrscheinlich haben auch Sie in Ihrem Alltag entsprechende Erfahrungen sammeln können.

Erste Beobachtung: Viele Eltern verfügen über keine innere Stabilität. In einem Zustand der ständigen Erregung – oder besser gesagt: der diffusen Angst – wollen sie meist nur eines: in Ruhe gelassen werden. Weil es kurzfristig leichter ist, Ja statt Nein zu sagen, dürfen ihre Kinder fast alles tun und bekommen nahezu alles, wonach ihnen der Sinn steht. Diese Eltern sehen nicht mehr, dass sie ein Kind vor sich haben, das angeleitet werden will.

Zweite Beobachtung: Aus ihrer dramatischen Verunsicherung heraus rutschen Eltern in den Zustand der Projektion oder gar der Symbiose mit ihrem Kind. Dann haben sie das Gefühl, dass sie alles, was sie ihrem Kind »Gutes« tun, auch sich selbst tun. Auch deshalb wird dem Kind jeder Wunsch erfüllt. Wenn sich der Sprössling eine Wii-Station wünscht, dann bekommt er sie auch. Er muss höchstens bis Weihnachten oder zum Geburtstag warten. Für die Entwicklung des Kindes ist das fatal, denn für den, dessen Wünsche sofort befriedigt werden, gibt es keine Expansion mehr. Wohin soll denn die Entwicklung gehen, wenn immer schon alles mundfertig herangeschafft wird?

Aus meiner Praxis ist mir kein einziger Vater und keine einzige Mutter bekannt, die ihrem Kind nicht nach Kräften alle Widerstände aus dem Weg räumen würden. Sie tun alles, um es ihren Kindern so leicht wie möglich zu machen. Auch im Freundes- und Verwandtenkreis ist es ganz normal, von seinen Kindern nicht zu verlangen, dass sie sich anstrengen sollen. Wenn dann die Quittung kommt, zum Beispiel in Form einer schlechten Schulnote, ist der Lehrer schuld. Oder das Schulsystem. Dass sie ihr Kind damit um die positive Erfahrung der Selbstwirksamkeit bringen, sehen diese Eltern nicht. Selbstwirksamkeit bedeutet: Ich weiß, dass ich selbst etwas tun, bewältigen und bewirken kann. Kinder, die sich nie beweisen müssen, haben keine Chance, diese Erfahrung machen zu dürfen. Sie werden sich in ihrem späteren Leben kaum etwas zutrauen und wenig Resilienz zeigen, wenn es schwierige Situationen zu meistern gilt.

Die Vorstellung, das Kind soll immer glücklich sein, ist furchtbar. Sie birgt den Keim eines unvollendeten Lebens in sich. Das gesteckte Ziel immerwährender Zufriedenheit ist noch nicht einmal erreichbar. Denn Glück kann ein Mensch nur dann empfinden, wenn es auch Gefühle wie Enttäuschung und Verlust kennt. Essen kann man ja auch nur dann wirklich genießen, wenn vorher der Hunger da war. Die meisten Jugendlichen aber leben heute in einer Welt der permanenten Sättigung. Buchstäblich: Ich kenne Jugendliche, die noch nicht einmal Appetit kennen. Sie schieben sich irgendetwas rein. Den Ablauf »einkaufen gehen – etwas kochen – essen« kennen sie gar nicht. Das würde ihre Geduld über Gebühr strapazieren.

Nicht dass wir uns missverstehen: Die Übersättigung findet auf der materiellen Ebene statt. Auf emotionalem Gebiet sieht es sogar noch düsterer aus, wenn nicht erwachsene Eltern Kinder erziehen. Von einem Überangebot kann hier allerdings keine Rede sein.

Erfüllungsgehilfen des Defizits

Es ist nicht lange her, da kam eine Mutter mit ihrem fast fünf Jahre alten Kind zu mir in die Praxis. Das Problem: Nach zwei »trockenen« Jahren machte sich Luis im Kindergarten in die Hose. Jeden Tag. Die Kindergärtnerinnen hatten Druck auf die Mutter ausgeübt, weil es ihnen zu viel wurde, dauernd die Hosen zu wechseln. Die Mutter wiederum regte sich über die Erzieherinnen auf, weil die sich weigerten, »ihren Job zu machen«. Und mittendrin der kleine Luis. Die Mutter wusste genau, was sie von mir haben wollte: die Bestätigung, dass Luis gerade Schwierigkeiten bei einem Entwicklungsschub hat und dass es unter diesen Umständen normal ist, wenn ein knapp Fünfjähriger wieder in die Hose macht. Das ist ja nur vorübergehend.

Das ist eine ganz typische Geschichte. Immer heißt es: »Mit dem Kind stimmt was nicht«, niemand fühlt sich verantwortlich – und der Psychiater soll einfach nur bestätigen, dass entweder kein Handlungsbedarf besteht oder irgendein Ergo-, Logo- oder Psychotherapeut sich der Sache annimmt. Auf meine Nachfrage, was die Mutter denn meine, woran es läge, dass ihr Sohn wie ein Zweijähriger wieder in die Hose macht, antwortete sie: »Kann ich mir nicht erklären.« Und als ich weiter nachhakte, fiel ihr ein: »Das Kind ist im Kindergarten überfordert.«

Wer hier tatsächlich vom Leben überfordert war, ist die Mutter. Sie kam weder auf die Idee, dass es ihre Aufgabe ist, sich um ihren Sohn zu kümmern, noch darauf, dass sie selbst der Grund für das Einnässen sein könnte. Aus dem Wunsch heraus, nicht noch mehr auf die Schultern geladen zu bekommen, war sie davon überzeugt, dass andere sich mit dem Problem zu befassen und es zu lösen hätten. »Lasst mich bloß mit meinem Sohn in Ruhe, ich hab schon genug am Hals!« Ich wunderte mich nicht, dass der emotional vernachlässigte Luis in die Hose machte. Weil er nicht als Kind gesehen wurde, wurden auch seine kindlichen Bedürfnisse nicht gesehen.

Es hört sich zunächst unlogisch an, doch viele der emotional nicht angemessen versorgten Kinder sind gleichzeitig emotional überfordert. Weil die Elterngeneration unsicher ist und sich in einem Zustand der diffusen Angst befindet, greift sie nach jeder Unterstützung, die sich ihnen bietet. Und wenn sie auch nur von einem kleinen Kind kommen soll. In der tragischen Perversions-Kaskade Partnerschaftlichkeit – Projektion – Symbiose machen sich die Eltern zunehmend abhängig von ihrem Kind und erpressen im Gegenzug von ihm Emotionen. Zur Kompensation der Defizite der Eltern soll das Kind den Erwachsenen lieben und die Stimmung hoch halten. Das Ergebnis ist das komplette Gefühls- und Rollenchaos.

Eine emotionale und soziale Entwicklung des Kindes ist unter diesen widersprüchlichen Bedingungen nicht möglich. Emotional vergewaltigt und materiell nicht auf die Welt vorbereitet, verharren sie auf der Stufe eines Kleinkindes. Sie bleiben lustorientiert und auf den Moment bezogen, sind nicht mehr in der Expansion und damit – ich muss es hier aussprechen – nicht lebenstüchtig. Insofern könnte man sagen, dass sie sich nur durch ihr Alter von ihren Eltern unterscheiden.

Die Kinder, die so aufwuchsen, sind nun selbst volljährig geworden, wohlgemerkt: nicht erwachsen. Das hedonistische Yolo – you ony live once – ist der Kampfruf derer, denen immer gesagt wurde: Die Welt hat auf dich gewartet. Gleichzeitig quält sie die unüberschaubare Anzahl an Handlungsoptionen – ihre Antwort auf zu viele Freiheiten ist die Angst vor der falschen Entscheidung. Zu der Versagensangst kommt die Angst davor, wie andere sie beurteilen; denn sie kennen es ja nicht anders, als dass sie dauernd beobachtet, behütet und überwacht werden.

Wenn es heute nur noch wenige Menschen gibt, die wissen, was ein Erwachsener ist, liegt das daran, dass »es nicht mehr genug wirklich Erwachsene gibt, die es uns zeigen könnten« – so wurde der Psychologe Frank Pittman schon 2001 in Heft 4 der Zeitschrift »Psychologie heute« zitiert.

Er hat recht, denn wir haben tatsächlich eine Gesellschaft aus 40- bis 60-Jährigen, die in die Regression gerutscht sind und es verlernt haben, erwachsen zu sein. Und dann sind da ihre Kinder, heute in ihren Zwanzigern und Dreißigern, die nie die Chance hatten, erwachsen zu werden, weil ihre Eltern sie als emotionale Ressource missbraucht und materiell abgesättigt haben.

Dies ist sozusagen der letzte Sargnagel: Die nicht erwachsenen Eltern sorgen dafür, dass ihre Kinder nicht erwachsen werden. Wenn wir diesen Mechanismus nicht durchbrechen, wird bald tatsächlich kein Erwachsener mehr da sein, der zeigen kann, wie es geht. Die zweite unerwachsene Generation nach Auftreten der digitalen Revolution beginnt nun auch schon, Kinder groß zu ziehen. Es ist wie bei Hartz-IV-Familien, bei denen drei Generationen lang niemand erwerbstätig war: Woher sollen die Kinder wissen, dass es auch anders geht?

Ich will mit meinen Ausführungen gewiss niemandem persönlich zu nahe treten. Ich weiß: Jeder kann unversehens in die Situation geraten, staatliche Unterstützung beantragen zu müssen. Genauso kann man in eine Familie hineingeboren werden, der es an erwachsenen Vorbildern mangelt. Das Problem liegt im Wesentlichen nicht beim Einzelnen, sondern in den Umständen, die es erlauben, dass ganze Familien buchstäblich über Generationen hinweg verlernen, ihr Leben verantwortlich in die Hand zu nehmen. Ständige Informationsflut und die damit einhergehende Überforderung haben dafür gesorgt, dass ein großer Teil unserer Gesellschaft aus unerwachsenen Volljährigen besteht.

Hier finden wir einen Rückkopplungseffekt, der die Ursache »Überforderung« noch verstärkt: Überforderung lässt uns auf eine kindliche Stufe zurückfallen bzw. hindert uns daran, unsere Kinder erwachsen werden zu lassen. Die Welt um uns herum ist aber immer noch eine Erwachsenenwelt. Auch wenn sich die Gesellschaft in Richtung Kinderwelt entwickelt – Spiel und Spaß drängen sich in den Vordergrund, Verantwortungslosigkeit macht sich breit –, gibt es noch genug »ernste« Dinge zu tun. Entscheidungen sollen getroffen, Unternehmen geführt, Arbeiten erledigt und nicht zuletzt Nachkommen großgezogen werden. Doch wie soll denn ein »Kind« in einer Erwachsenenwelt zurechtkommen? Es leidet nur noch mehr unter der Last der Überforderung.

Überforderung, so wie sie landläufig gesehen wird, ist ein Mythos. Diese Sicht unterstellt, dass die Welt da draußen so furchtbar böse mit uns ist. Wir sollen ein Dutzend Dinge gleichzeitig machen, immer erreichbar sein, immer auf dem neuesten Stand sein ... Das eigentliche Problem ist aber, dass wir aufgrund der sofortigen Befriedigung der meisten unserer Wünsche schwächer geworden sind.

Wer nicht pünktlich am Arbeitsplatz erscheint, kann harte Konsequenzen zu spüren bekommen. Das Problem ist allerdings nicht, dass ihm eine unmenschliche Umwelt Dinge aufzwingt, die er nicht leisten kann, sondern dass er es nicht geschafft hat, rechtzeitig aus dem Bett zu kommen. Nicht die harte Arbeitswelt ist schuld, da wird unser Problem nur am ehesten spürbar. Klar formuliert: Wenn wir über Überforderung klagen, dann ist das nur der verkappte Wunsch, weniger wachsen zu müssen.

Wenn wir glauben, dass wir unsere Überforderung durch noch weniger Arbeit und noch mehr Wellness lösen können, dann sind wir auf dem Holzweg. Dann machen wir es sogar noch schlimmer, weil wir uns nur noch weniger fordern. Es steckt doch so viel mehr in uns!

Höchste Zeit, uns wieder darauf zu besinnen, wozu wir tatsächlich fähig sind. Denn eine Gesellschaft nur aus Kindern kann nicht funktionieren.

Keine Macht den Kindern!

Stellen Sie sich vor, Sie machen eine Fahrradtour. 80 Kilometer durch bergiges Gelände haben Sie schon in den Beinen. Sie sind müde, wollen schnell im Hotel ankommen. Nun stehen Sie an einer Weggabelung: Sollen Sie sich noch über die nächste Kuppe quälen? Dann wären Sie nach 15 Kilometern am Ziel. Sie können aber auch erst mal bergab fahren, haben dann aber noch 30 Kilometer vor sich. Unerwachsene Menschen werden sich rollen lassen. »Ich kann jetzt nicht weiter bergauf. Lasst mich in Ruhe! Ich will jetzt ein bisschen Spaß haben.« Während der Erwachsene, der den Weg über die Kuppe gewählt hat, schon im Hotelrestaurant sitzt und einen Kaiserschmarrn genießt, heult der Unerwachsene auf der Landstraße vor sich hin, weil es jetzt doch noch – wer hätte das geahnt? – bergauf geht.

Die Grundlage jeder Gesellschaft ist die Bereitschaft ihrer Mitglieder, erst zu sparen bzw. sich anzustrengen, um später einen Genuss zu haben. Verzicht ist nicht nur der Motor der persönlichen Entwicklung, sondern des Überlebens einer Gemeinschaft überhaupt. Schüler, Studenten, Auszubildende müssen erst eine Zeit des Lernens durchmachen, bevor sie ins Erwerbsleben treten können. Jedes Mehr an Bildung ist durch Monate und Jahre anstrengender Übung erkauft. Im Grunde geht es immer um dasselbe: Entwicklung weg von der Mutterbrust hin zu einem eigenständigen Leben; Verzicht auf sofortige Lusterfüllung in der Gegenwart, um die Zukunft meistern zu können.

Ohne Entwicklung gibt es keine Lernfortschritte, ohne Lernen gibt es keine Lebensqualität. Das gilt für den Einzelnen wie für die Gesellschaft, ja sogar für die Menschheit als Ganzes. Deshalb kann eine Gesellschaft aus Sofort-Genießern keinen Bestand haben. Sofort-Genießer sind nicht konstruktiv, sie konsumieren nur und pflegen ihre Anspruchshaltung. Sie wollen sich aus den Töpfen bedienen und Unterstützungen abgreifen, sind aber nicht bereit, im Gegenzug etwas für andere zu tun. Man muss nicht Wirtschaftswissenschaften studiert haben, um zu verstehen, dass das nicht auf Dauer machbar ist.

Deshalb ist es geradezu überlebenswichtig, dass wir uns wieder belasten. Denn nur dann kann Entwicklung stattfinden. Damit es uns gut geht, dürfen wir es uns und unseren Kindern nicht zu leicht machen im Leben.

Damit meine ich nicht, dass wir nicht empathisch sein sollen. Aber wir müssen endlich verstehen, dass es nicht wohlwollend ist, wenn wir uns und anderen Hindernisse aus dem Weg räumen und sie so am Wachsen hindern. Wohlwollend ist es, wenn wir deutlich sind in dem, was wir tun, wenn wir berechenbar und konsequent sind. Jene, die diese Orientierungsmöglichkeit ihren Kindern, Mitarbeitern, Mitbürgern gegenüber nicht bieten, sind die wahren Kaputtmacher.

Ich glaube an die Entwicklungsfähigkeit jedes Menschen zu jeder Zeit. Selbst eine Regression kann aufgehoben werden. Jeder Mensch, egal, wie alt er ist, kann erwachsen werden. Wir sind belastbarer, als wir uns das vorstellen.

Wir *können* uns für das Sinnvolle entscheiden statt für das Einfache. Dann verhalten wir uns wieder wie Erwachsene – und können unseren Kindern zeigen, wie es geht: erwachsen zu sein.

KAPITEL

Die Kunst des Schnürsenkelbindens

Das alte Freiburger Schwarzwald-Stadion ist 4,50 Meter kürzer, als es die Regel der Fußballbundesliga erlaubt. Und es hat von Tor zu Tor ein Gefälle von einem Meter; die Mannschaften spielen also mal bergauf und mal bergab. Nur mit einer seit Jahren bestehenden Ausnahmegenehmigung darf der SC Freiburg zu Heimspielen in diesem Stadion einladen. Höchste Zeit also für eine nachhaltige Lösung.

Im November 2014 sprach sich der frisch gewählte Gemeinderat mit einer Dreiviertelmehrheit für einen Neubau des Stadions im Westen der Stadt aus. Es war allerdings klar, dass es auch Gegner dieses Plans geben würde; zum Beispiel viele Bewohner der Mooswaldsiedlung, die an den geplanten Bauplatz grenzt – der Verkehr, der Krach ... Da kam der Gemeinderat auf eine grandiose Idee: In einer Abstimmung sollten die 169.000 Freiburger Bürger noch einmal darüber entscheiden, ob das neue Stadion nahe der Siedlung gebaut werden sollte oder nicht.

Es folgten Wochen eines hoch emotional geführten Wahlkampfes voller Entgleisungen. Die eine Seite verunglimpfte die Stadiongegner als Wutbürger und Rechtspopulisten, die andere Seite sah sich als Opfer von Verschwörung und Cliquenwirtschaft. Am 1. Februar 2015 sprachen sich 58,2 % der

an dem Volksentscheid teilnehmenden Bürger für den Neubau »Im Wolfswinkel« aus.

Weil Oberbürgermeister und Stadträte ihre Arbeit, für die
sie sich haben wählen lassen, nicht gemacht haben, dürfen
sich nun 41,8 % derjenigen, die beim Bürgerentscheid mitge-
macht hatten, als Verlierer fühlen. Die Gräben, die sich in der
Bürgerschaft zwischen den Befürwortern des Neubaus und
den Nein-Sagern auftaten, sind tief.

Für mich ist die Diagnose klar: Den Politikern war offenbar nicht bewusst, welche Rolle sie haben. Die Gemeinderäte
sind – so wie alle anderen gewählten Politiker auch – dazu
da, Entscheidungen zu treffen. Sie wurden von ihren Wählern
beauftragt, mit ihrem Sachverstand die beste der Alternativen zu wählen. Dazu gehört auch, die Reaktionen der Unzu-
friedenen abzufedern. Das ist ihre Aufgabe. So funktioniert
Demokratie.

Vielleicht haben die Stadträte geglaubt, sie könnten sich
von ihrer Pflicht befreien, wenn sie sie anderen aufs Auge
drücken. Es ist aber genau anders: Wer seine Aufgabe nicht
erfüllt, wird unfrei. Warum das so ist, darum geht es in diesem Kapitel.

Rolle rückwärts

Gehen Sie einmal in Gedanken die letzten Tage durch.
Wie oft hatten Sie mit Menschen zu tun, die alles Mögliche
machen, nur nicht ihren Job? Da ist zum Beispiel die Verkäuferin des Warenhauses, die lieber ein privates Schwätzchen
mit einer Kollegin hält, als sich um ihre Kunden zu kümmern.
Wenn sie dann gefragt wird, ob es die Jacke auch in Größe 40
gibt, wird sie patzig: »Ja, Augenblick bitte, man wird sich ja

wohl noch unterhalten dürfen!« Ja, darf man. Aber bitte nur dann, wenn keine Kunden in der Nähe sind, die Hilfe bei der Auswahl brauchen.

Oder der Busfahrer, der sich weigert, einem Fahrgast, der sich nicht auskennt, Bescheid zu geben, wenn seine Haltestelle kommt. »Das ist nicht mein Bier«, sagt er, »ich kann hier doch nicht jedem den Weg erklären! Ich bin nur dazu da, den Bus zu fahren.« Falsch! Er ist dafür verantwortlich, dass die Fahrgäste sicher und pünktlich von A nach B kommen. Dazu muss er natürlich auch seinen Bus steuern, aber eben auch hilfsbereit sein. Ganz abgesehen davon, dass es sich einfach nicht gehört, jemanden, der um Hilfe bittet, auflaufen zu lassen.

Wenn Menschen ihre Aufgaben nicht erledigen, dann ist das ärgerlich. Das eigentliche Problem ist aber nicht, dass der Busfahrer am letzten Dienstag unhöflich zu Frau Meier war, die fremd in der Stadt ist, sondern dass er sich nicht klar darüber ist, was genau seine Rolle ist. Oder dass er überhaupt eine Rolle hat. Ich will erklären, was der Unterschied zwischen Rolle und Aufgabe ist.

Eine Rolle zu haben, ist viel mehr, als einfach nur eine gestellte Aufgabe abzuarbeiten. Es bedeutet, in einem bestimmten Kontext – das kann die Familie, die Freizeit, der Arbeitsplatz usw. sein – eine Funktion den Anforderungen entsprechend auszuüben. Wer eine Rolle übernimmt, der handelt selbstverantwortlich. Er ist frei zu entscheiden, was wichtig ist und was nicht. Deshalb heißt es ja auch: eine Rolle *ausfüllen*, dazu braucht es die ganze Person, oder besser gesagt: Hier ist Persönlichkeit gefragt. Aufgaben abarbeiten kann auch eine Maschine.

Wenn nun der Busfahrer einen schlechten Tag hat und seine Laune nahe dem Nullpunkt ist, dann kann es vorkommen, dass er aus seiner Rolle fällt und die arme Frau Meier anraunzt. Am Abend wird er vielleicht noch einmal über die Situation nachdenken und sich schämen. Das wird mir so schnell nicht noch einmal passieren, dass ich meinen Job schlecht mache, wird er sich vielleicht sagen.

Wenn der Busfahrer aber gar nicht weiß, dass es auch zu seiner Rolle gehört, Besuchern seiner Stadt durchaus die richtige Bushaltestelle anzusagen, dann wird er sich in diesem Verhalten nicht ändern. So wird er immer wieder seinen Job nicht machen, ganz einfach deshalb, weil er nicht weiß, was dazugehört.

Deshalb ist es so wichtig, dass jeder Mensch weiß, *dass* er eine Rolle hat, und auch, worin genau seine Rolle besteht. Da ist die Mutter, die ihre Kinder kleidet und ernährt, ihnen den Raum gibt, in Ruhe ihre Hausaufgaben zu machen, und sie nach draußen zum Spielen schickt. Da ist der Meister in einem Betrieb, der zwei Lehrlinge ausbildet, die Werkstatt auf Stand hält, Aufträge abarbeitet und einmal im Jahr den Betriebsausflug organisiert. Jede Rolle besteht aus mehreren Aufgaben – manchmal nur eine Handvoll, manchmal Hunderte.

Immer, wenn es in Abläufen irgendwo hakt, wenn ein Kind nicht verabredungsgemäß von der Schule abgeholt wird, wenn eine Postsendung den Empfänger nicht erreicht, wenn es Streit gibt zwischen Vorgesetzten und Angestellten, Eltern und Kindern, Trainern und Spielern, dann ist da irgendwo jemand, der seine Rolle nicht ausfüllt.

Das Phänomen, dass manche Menschen ihre Rollen nicht ausfüllen, hat einen Zwillingsbruder. Es gibt auch jene, die ungefragt in die Bresche springen und Verantwortung förmlich an sich reißen. Viel zu oft grätschen zum Beispiel Vorgesetz-

Die Kunst des Schnürsenkelbindens   179

te in die Prozesse ihrer Mitarbeiter hinein, wenn diese ihrer Meinung nach nicht optimal laufen. Dann kann es sein, dass ein Projektleiter montagmorgens zur Arbeit kommt und sein Chef am Wochenende über seinen Kopf hinweg mit Kunden oder Lieferanten gesprochen und wichtige Entscheidungen getroffen hat. Der Mitarbeiter wird sich zu Recht fragen: Bin ich jetzt der Projektleiter oder nicht? Wenn er sich seiner Rolle nicht sicher fühlen darf, dann leidet auch seine Leistung. Und der Vorgesetzte? Steht in seiner Stellenbeschreibung tatsächlich: ständiges Nothilfeprogramm, oder sollte auch er lieber lernen, sich auf seine eigentliche Rolle zu konzentrieren und seine Mitarbeiter ihren Job machen zu lassen?

Auch hier wieder ist fehlende Rollenklarheit das Problem. Wenn jeder weiß, wo sein Platz ist und wer welche Aufgaben hat, dann kann es erst gar nicht zu Missverständnissen, Übergriffigkeiten, Ausfällen usw. kommen.

Es hört sich gar nicht so kompliziert an, sich in einer ruhigen Minute mal hinzusetzen und zu überlegen: Was genau ist denn meine Rolle? Bei Unklarheiten kann ein Gespräch mit dem Lebenspartner helfen oder der Blick in die eigene Stellenbeschreibung. Mit einer positiven Grundhaltung ist es nicht schwer, seine Rolle im Leben zu definieren und diese dann auszufüllen. Es kommt aber noch etwas erschwerend hinzu.

Kittel an – Kittel aus

Jeder Mensch hat nicht nur *eine* Rolle, sondern Dutzende. Da ist zum Beispiel die selbstständige Unternehmerin, die auch Tochter eines 86-jährigen Vaters, Mutter einer achtjährigen Tochter und eines einjährigen Sohnes, Freundin, ehrenamtliche Familienhelferin, Nachbarin, Arbeitgeberin,

Gärtnerin, Köchin und Hauswirtschafterin ist. Ein anderer ist Familienvater, Hausbesitzer, Verkäufer, Mitglied eines Chors und eines Fußballvereins, Hundebesitzer, Freund, Ehemann, Vorgesetzter, Angestellter usw. Für beide gilt es, mit diesen Rollen so zu jonglieren, dass sie immer die richtige zur passenden Zeit ausfüllen. Die Kunst ist, die unterschiedlichen Rollen bewusst auseinanderzuhalten. Denn immer dann, wenn diese Rollen durcheinandergeraten, sind Konflikte vorprogrammiert.

Die selbstständige Unternehmerin mit zwei Kindern, die abends nach Hause kommt, ist idealerweise zu 100 % Mama und zu 0 % Chef. Wenn sie ihre kleine Tochter füttert, muss sie das als Mutter tun und nicht als Unternehmerin. Diese Rollenklarheit hat Konsequenzen: Sie ist konzentriert auf ihr Kind und checkt nicht nebenbei ihre Mails oder telefoniert mit einem Mitarbeiter. Auch anders herum muss Klarheit herrschen: Wenn sie in einem Geschäftstermin ist, darf sie sich nicht per Handy von ihrem Sohn stören lassen, der gerne Hilfe bei den Hausaufgaben hätte.

Genau in den Situationen, in denen die Rollen nicht klar getrennt werden, schlägt die Überforderung zu. Die Aufmerksamkeit der Mutter/Unternehmerin ist halb bei ihrem Sohn, dem sie begreiflich machen muss, dass sie jetzt keine Zeit hat, und halb bei der Besprechung, die weiterläuft, weil sie per Handzeichen signalisiert hat: Dauert nicht lange! Jeder weiß, wie stressig so ein Spagat ist. Der Effekt ist, dass keine der beiden Rollen ausgefüllt wird. Die Situation ist für alle Beteiligten höchst unbefriedigend – für die Unternehmerin, die Angestellten und auch für den Sohn. Bei allen steigt der Stresspegel, ohne dass irgendein Ergebnis erzielt wird. Die Motoren drehen hochtourig im Leerlauf.

Natürlich kann die Mutter/Unternehmerin als Arbeitgeberin ihren Angestellten sagen: »Entschuldigt bitte, wir verschieben das Gespräch; mein Sohn ist mir im Moment wichtiger.« Dann aber verlässt sie bewusst die Rolle als Unternehmerin und geht genauso bewusst in die Mutterrolle hinein. Das wird jeder verstehen. Und es hat den Effekt, dass sie sich nicht von der Situation beherrschen lässt, sondern dass sie die Situation souverän im Griff hat.

Rollenklarheit bedeutet, die eigenen Rollen zu erfüllen und klar nach außen zu vertreten. Das ist nur dann möglich, wenn sie in jedem Moment glasklar dem jeweiligen Kontext zugeordnet sind. Vater – Familie. Angestellter – Unternehmen. Freund – Freizeit. Torwart – Fußballplatz usw. Nur dann treten Rollenkonflikte, zum Beispiel durch falsche Erwartungen, erst gar nicht auf. Wer keine Grenzen kennt, steht auf verlorenem Posten.

Das ist der Grund dafür, warum ich streng auf die Trennung meiner Rollen als Michael Winterhoff privat und Michael Winterhoff als Psychiater achte. Zu Hause befasse ich mich grundsätzlich nicht mit beruflichen Angelegenheiten, und Familiäres will ich nicht in die Praxis tragen. Am liebsten würde ich in der Praxis einen Kittel tragen – nicht um irgendwen zu beeindrucken, sondern um diese Trennung auch optisch zu verstärken. Doch Kinderpsychiater tragen keine weißen Kittel. Also unterscheide ich meine Sakkos und Anzüge streng nach Arbeits- und privater Kleidung. Auch wenn ein Außenstehender kaum einen Unterschied bemerkt – mir persönlich hilft es enorm, bewusst die »Arbeitskleidung« abzulegen, wenn ich nach Hause komme.

Sind die verschiedenen Rollen, die jemand in seinem Leben einnimmt, wirklich vollständig voneinander getrennt?

Nein, denn sie haben einen gemeinsamen Nenner: den Menschen selbst. Jack Welch war zwanzig Jahre lang der CEO von General Electric. In dieser Zeit machte er aus dem schwächelnden Mischkonzern einen Global Player. Als ein Mitarbeiter ihn einmal fragte, wie man gleichzeitig ein guter Katholik und ein guter Geschäftsmann sein könne, soll er geantwortet haben: »Indem man stets seine Integrität bewahrt. Weder in guten noch in schlechten Zeiten bin ich von diesem Grundsatz abgewichen. Auch wenn jemand anderer Meinung war als ich – und das kam oft genug vor –, konnte er sich darauf verlassen, dass ich fair blieb.«

Integrität bedeutet: Die eigenen Werte und das, was man im Leben tut, stimmen so weit wie möglich überein. Nur ein Mensch, dessen Rollen nicht in Widerspruch zueinander stehen, kann integer sein. Für Welch bedeutete die Rolle »Katholik« unter anderem: fair zu bleiben, das Gegenüber nicht fertigzumachen, nur weil man die Macht dazu hat. Hätte er als Geschäftsmann Menschen in einer Art behandelt, die seiner Rolle als Katholik widersprochen hätte, wäre er sich selbst untreu geworden. Welch konnte aber die Rollen »Geschäftsmann« und »Katholik« und viele weitere unter *einen* Hut bringen, weil sie für ihn unter einen Hut *passten*. Sie kannibalisierten sich nicht gegenseitig. So konnte er integer sein, oder anders gesagt: sich selbst treu bleiben.

Rollenklarheit ist wie ein Kompass, der uns durch das Leben führt. Vor allem in kritischen Situationen ist sie wichtig. Nie habe ich das stärker erfahren als zu der Zeit, als ich noch als Notarzt tätig war. Am Unfallort ist der Notarzt derjenige, der darüber entscheidet, welcher Verletzte zuerst behandelt wird und auf welche Weise das geschieht. Da gibt es keine demokratische Abstimmung: Was meint ihr? Was sollten wir denn jetzt tun? Der Notarzt weist die Sanitäter, den zufällig anwesenden Hausarzt, die »Zuschauer« an. Nur wenn per Rettungshubschrauber ein weiterer Notarzt dazukommt, dann wechseln die Rollen: Hubschrauber geht vor Rettungswagen. Das ist klar geregelt, denn Kompetenzstreitigkeiten wären in diesen Situationen eine reine Katastrophe.

Zum eigenen Rollenverständnis gehört also noch etwas anderes untrennbar dazu: die Rollen der anderen akzeptieren zu können. Das scheint vielen Menschen fast noch schwerer zu fallen, als die eigene Rolle zu finden.

Der Daumen in der Suppe

Eltern regieren in die Schule hinein (»Mein Sohn muss keine Strafarbeit machen, er hat ja gar nichts getan!«) und Lehrer in die Familie (»Ihre Tochter sollte mal abnehmen!«). Und Eltern und Lehrer mischen sich in die Arbeit eines Kinderpsychiaters ein – davon kann ich ein Lied singen. Lehrer schicken zum Beispiel Eltern mit deren Kind zum Psychiater, weil sie fest davon überzeugt sind, das Kind habe ADHS. Wenn der Arzt dann zu einer ganz anderen Diagnose kommt, heißt es: »Das stimmt nicht! Natürlich hat es ADHS!«

Was hier passiert, ist Folgendes: Die Rolle des Gegenübers wird nicht anerkannt.

Bis in den innersten privaten Bereich reicht diese Missachtung. Gute Freunde beklagen sich nach der Einladung zum Abendessen: »Wie konntest du denn den Sowieso einladen? Der ist ja ein furchtbarer Schwätzer!«

Eine Rolle ist nicht nur etwas, was sich jemand wie einen Schuh anzieht. Sie wird erst dann wirksam, wenn er von außen eine Resonanz erfährt. Ich selbst bin dann, und nur dann, ein Kinderpsychiater, wenn ich auch Patienten habe. Säße ich in meiner Praxis und niemand wollte meinen Rat hören, dann nützte mir kein Staatsexamen und kein Doktortitel etwas. Noch einmal: Menschen haben nur dann eine Rolle, wenn sie ihnen zugestanden wird. Wird die Rolle verweigert, dann wird auch die Person negiert. Und das ist mit das Schlimmste, das einem Menschen passieren kann.

Trotzdem ist diese Form der Missachtung von Mitmenschen weit verbreitet; überall werden Rollengrenzen überschritten. Dort, wo früher klar war: Dies ist meine Sache und jenes liegt in der Verantwortung eines anderen, herrscht heute Niemandsland. Alle haben etwas zu sagen, aber niemand trägt die Verantwortung. Wenn Sie ein Glas Wasser nehmen und einen Tropfen schwarze Tinte hineingeben, dann bilden sich fantastische Farbwolken. Rühren Sie aber mit einem Löffel im Wasserglas herum, dann ergibt sich ein homogenes, durchscheinendes Grau. Damit haben Sie ein gutes Bild der Rollendiffusion vor Augen, wie wir sie heute überall beobachten können.

Es ist also die Aufgabe jedes Einzelnen und der Gesellschaft, Rollenklarheit wiederherzustellen. Wenn man erst weiß, worauf man achten muss, ist es für den Einzelnen nicht schwer, sich auf seine Rollen und auf die der anderen zu besinnen. Und doch leben wir in einem Umfeld, das es sich geradezu zum Ziel gemacht zu haben scheint, Rollen möglichst aufzuweichen und jede Rollenklarheit zu torpedieren.

Die Kunst des Schnürsenkelbindens

Geplante Unschärfe

Zwei Kinder von etwa sechs und neun Jahren hüpfen zum Concierge am Hotelempfang und krähen: »Wir möchten den Sonnenuntergang heute um 18 Uhr bestellen« – »Über dem Meer bitte!« Der Concierge lächelt und nickt diensteifrig.

Sie müssen sich nicht über die Fernsehspots von verschiedenen Urlaubsanbietern wundern, in denen Kinder als selbstbewusste Kommandeure auftreten. Die Firmen hinter den Werbespots haben schon lange erkannt, dass nicht nur die Erwachsenen in der Familie entscheiden, wo der nächste Urlaub hingeht. Die Gesellschaft für Konsumforschung (GfK) befragte für den »ITS Familienurlaubscheck 2012« fast 2.000 Familien. Die Auswertung der Antworten zeigte, dass nahezu unabhängig von Einkommen, Schulbildung oder Beruf der Eltern die Kinder einen erstaunlichen Einfluss haben: 46 % der Kinder entscheiden über den gewählten Urlaubsort!

Beim Autokauf reden Kinder sogar noch stärker mit. Das Nürnberger Marktforschungsunternehmen Puls befragte im Jahr 2010 1.000 Autokäufer, die Kinder zwischen 10 und 16 Jahren hatten. Die repräsentative Befragung ergab, dass 51 % der Eltern ihren Kindern ein Mitspracherecht geben. Bei den jungen Eltern unter 30 lag dieser Anteil sogar bei 82 %. Was heißt das? Es ist ganz selbstverständlich geworden, dass eine Investitionsentscheidung über ein paar 10.000 Euro in den Händen von Schülern liegt. Wenn also zum Beispiel der achtjährige Niklas sich einen Fernseher am Rücksitz wünscht und die 13-jährige Nadine die japanische Automarke total uncool findet, dann wird für ein paar tausend Euro mehr ein Auto angeschafft, das optisch mehr hermacht. Vielleicht werden Niklas und Nadine demnächst auch mitbestimmen, bei welchem Unternehmen ihre Eltern arbeiten – auf keinen Fall in einer langweiligen Versicherungszentrale, lieber bei McDonald's oder einem hippen Start-up-Unternehmen.

Bei den Entscheidungen, bei denen Kinder mitbestimmen, sind die Grenzen nach oben offen: Welcher Joghurt? Wohin fahren wir in den Urlaub? Welches Auto sollen wir kaufen? Bei wem willst du leben – bei Papa oder bei Mama? Gleichzeitig wird das Alter der Kinder, die in die Rolle von Entscheidern rutschen, immer geringer. Nach den Schülern sind jetzt die Kindergartenkinder dran.

In meiner Heimatstadt Bonn gibt es mindestens *einen* städtischen Kindergarten, dessen Erzieherinnen dazu angehalten wurden, einem Kind nur dann eine neue Windel anzuziehen, wenn es von sich aus mit diesem Wunsch auf sie zukommt. Die Motivation dahinter: Die Kinder sollen nicht »gegängelt«, sondern als Partner auf Augenhöhe behandelt werden.

Wir sprechen hier von Ein- bis knapp Dreijährigen, denen mit einem dürren Absatz in einem Rundschreiben die Verantwortung für eine trockene Windel aufgedrückt wird. Kleinkinder, die noch nicht einmal reif genug für den Kindergarten sind, sollen den Zusammenhang »nasser Po – volle Windel – Frau Müller macht das wieder trocken – dann fühle ich mich wieder wohler« kognitiv verstehen. Kleinkinder können das definitiv nicht. Das ist völlig unmöglich! Warum wehren sich die Erzieherinnen, die es doch besser wissen müssten, nicht? Würde eine Kindergärtnerin zum Beispiel

Die Kunst des Schnürsenkelbindens

den kleinen Lennart nehmen und ungefragt die volle Windel gegen eine frische austauschen, weil sie es nicht mit ansehen kann, wie er seit Stunden in der Nässe oder Schlimmerem sitzt und greint, dann würde sie Ärger bekommen. Es gibt Maßnahmen, die eine Kindergärtnerin ganz schnell dazu bringen, sich regelkonform zu verhalten. Sie wird zum Beispiel an den Wochenenden zu Fortbildungen geschickt oder muss bis zur Ermüdung Berichte schreiben und dem zuständigen Inspektor vorlegen. Spätestens mit der Drohung, wegen Arbeitsverweigerung einen Eintrag in die Personalakte zu bekommen, sieht sich die Erzieherin dazu gezwungen, der neuen Richtlinie zu folgen.

Es ist grotesk, welche Ausmaße der Versuch, aus Kindern Erwachsene zu machen, schon angenommen hat – und wie perfide sich dieser emotionale Missbrauch als vernünftige Maßnahme tarnen kann. Es ist zum Beispiel Mode geworden, Zehnjährige mit gelber Warnweste versehen auf den Schulhof zu schicken, damit sie dort in der großen Pause Streit unter ihren Klassenkameraden schlichten – es gibt kaum eine Grundschule, die nicht stolz auf ihre Vorzeigekinder ist. Auf der Webseite einer Ibbenbürener Gemeinschaftsgrundschule heißt es zum Beispiel:

»In den beiden großen Pausen gehen jeweils vier ausgewählte Kinder über den Schulhof, um ihre Mitschülerinnen und Mitschüler zu unterstützen. Sie schlichten Streit, machen Kinder auf die Pausenregeln aufmerksam und kümmern sich um Kinder, die kontaktscheu oder ängstlich sind. Neben den Aufsichten sind die Schulhoflotsen ein verlässlicher Ansprechpartner für alle Kinder bei größeren und kleineren Problemen.«

Auch wenn sie sich freudig auf diese Aufgabe stürzen, weil sie zeigen wollen, was sie schon alles können, sind doch Kinder dieses Alters mit der Rolle eines Mediators zweifellos überfordert. Selbst für Erwachsene ist es eine der schwersten Rollen überhaupt, zwischen Menschen zu vermitteln, sodass alle Seiten sich wertgeschätzt fühlen.

In all diesen Fällen findet eine Rollenauflösung statt. Ich weiß gar nicht, ob ich eher verzweifelt oder wütend sein soll, wenn ich sehe, wie Erwachsene ihre Rolle als Entscheider abtreten und die Kinder in diese Rolle hineinpressen, die sie aus Gründen ihrer noch nicht gereiften Psyche noch gar nicht erfüllen können. Die Großen machen sich klein, und die Kleinen werden überfordert.

Auf der Roten Liste

Die in weiten Kreisen politisch gewollte Auflösung der Rollen betrifft auch die der Männer und Frauen. Männer- und Frauenrollen sollen sich so weit angleichen, bis sie nicht mehr zu unterscheiden sind. Dass Männer heute einen Kinderwagen schieben können, ohne im Straßenbild aufzufallen, ist zweifellos ein Fortschritt. Die Auflösungstendenz betrifft aber auch Unterschiede zwischen den Geschlechtern, die definitiv nicht gesellschaftlich eingeübt sind. Sichtbar wird das, wenn Frauen Kinder bekommen.

Nicht, dass wir uns missverstehen: Ich gehöre definitiv nicht zu der Die-Frau-gehört-an-den-Herd-Fraktion. Meiner Meinung nach gibt es keine allgemeingültige Antwort auf die Frage, ob Eltern ihre wenige Monate alten Kinder abgeben können und sollen oder nicht! An der emotionsgeladenen Diskussion werde ich mich ganz gewiss nicht beteiligen. Ich bedauere allerdings zwei Dinge. Erstens: Der Staat versäumt es, für eine adäquate Versorgung der Kinder in kleinen Gruppen mit festen Bezugspersonen und mit in Frühförderung sehr gut ausgebildeten Pädagogen zu sorgen. Zweitens: Der Gender-Wahnsinn geht sogar so weit, dass die Tatsache angezweifelt wird, dass *überhaupt* eine natürliche Einteilung der Menschen in Frauen und Männer besteht. Solange so getan wird, als gäbe es keinen Unterschied, wird man auch keine befriedigende Lösung für Mütter finden, die möglichst schnell wieder in die Erwerbstätigkeit zurück wollen.

Manche Theoretiker behaupten, es gäbe nicht zwei, sondern unendlich viele Geschlechter; Facebook kommt auf immerhin 60 Geschlechter, unter denen der Nutzer sich einordnen darf. In Buchstaben: sechzig! Von »Pangender« über »Two spirit drittes Geschlecht« bis »Gender variable« – ich habe keine Ahnung, was das alles im Einzelnen bedeuten soll, aber ich denke mir, dass da wohl kaum ein Wunsch offen bleibt. Durch das Überangebot an Geschlechterrollen wird die Geschlechterrolle an sich ausgehebelt. Das funktioniert bei Rollen genauso wie mit Geld: Das sicherste Mittel, die Finanzen eines Landes zu untergraben, ist, es mit Falschgeld zu überschwemmen. Weil niemand mehr echt von falsch unterscheiden kann, werden alle Geldscheine gleich wertlos.

Verbrämt werden all diese Auswüchse mit hanebüchener Ideologie: Grenzen dürfen nicht sein, deshalb soll es auch keine Trennung mehr zwischen Erwachsenenwelt und Kinderwelt und auch nicht zwischen Mann und Frau geben. Der Traum ist, dass Erwachsene und Kinder als gleichberechtigte Partner und auf Augenhöhe miteinander kommunizieren und dass Männer und Frauen in ihrer Lebensausprägung nicht mehr voneinander zu unterscheiden sind. Biologische und psychische Realitäten interessieren die Initiatoren solchen Unsinns nicht.

Erwachsenenrolle und Kinderrolle, Männer- und Frauenrolle, Mütter- und Väterrolle – sie alle sind vom Aussterben bedroht. Kommt damit die große Freiheit?

Verkauft wird das große Gleichmachen ja mit dem Versprechen, dass der Mensch ohne feste Rollenvorgaben freier als je zuvor in seinen Entscheidungen sein wird. Endlich keine Zwänge mehr! Das Kind entscheidet, ob es Hausaufgaben macht, der Angestellte entscheidet, wie er seinen Arbeitsauftrag erfüllt, die Frau entscheidet, auf welche der beiden Toiletten im Restaurant sie gehen will.

Das Ganze ist ein furchtbares Missverständnis! Denn die Freiheit, die als Möglichkeit verstanden wird, all das tun zu können, was man gerade möchte, gibt es definitiv nicht. Eine Freiheit dieser Art kann es in einer Gesellschaft nicht geben – nur ein Robinson Crusoe könnte nach dieser Definition frei sein. Denn die eigene Freiheit wird immer genau dort infrage gestellt, wo die des anderen beginnt. Das ist ein alter Hut.

Wenn wir wollen, dass ein gesellschaftliches Miteinander möglich ist, gleichzeitig aber der Einzelne so weit frei in seinen Entscheidungen sein darf, wie es möglich ist, ohne die Regeln zu verletzen, brauchen wir die Rollen. Sie geben uns das Gerüst, das Räume frei macht, in denen wir agieren können. Und weil Rollen immer auch an Verantwortung gekoppelt sind, können wir auch die Gleichung aufmachen: Ohne Verantwortung kann es keine Freiheit geben.

Auf diesen Zusammenhang ist schon John Stuart Mills 1859 in seinem Essay »Über die Freiheit« gekommen. »Freiheit kann nur dann gewährleistet werden, wenn der Mensch ein gewisses Maß an Verantwortung gegenüber seinen Mitmenschen übernimmt«, sagt er. Das ist heute noch genauso gültig wie vor 150 Jahren.

Also festhalten an den altbekannten Rollen um jeden Preis? Natürlich nicht! Die Freiheit besteht ja unter anderem auch darin, dass wir unsere Rollen selbst wählen können. Nur sollte das mit Verstand geschehen. Wenn das Aktionsfeld der Frauen schon lange nicht mehr auf Kirche, Küche, Kinderzimmer beschränkt ist, dann ist das hundertprozentig begrüßenswert. Wenn aber die Rollen selbst, auch die der Vorstandsvorsitzenden, der Mutter, der Selbstständigen, der Ehefrau usw. gleich mit über Bord geworfen werden, dann ist das, gelinde gesagt, kontraproduktiv. Sobald biologische Tatsachen außer Kraft gesetzt werden sollen, zum Beispiel die Tatsache, dass Frauen Kinder bekommen, oder Erziehung nach der Maxime gestaltet wird, dass Kinder die Partner von Erwachsenen sein könnten, dann hört der Spaß auf.

Binden statt kletten

Die kleinen Finger versuchen immer und immer wieder, den Schnürsenkel fest zu binden. Höchste Konzentration – und dann löst sich doch wieder alles in ein lockeres Schnürsenkelgewirr auf. Immer dann, wenn das Kind aufgeben will, ermuntert der Vater es wieder, es weiter zu versuchen. Als die Schleife endlich halbwegs sitzt, strahlt das Kind über das ganze Gesicht!

Sich die Schnürsenkel zubinden zu können, steht für mich für die Kunst, unabhängig und erwachsen zu werden. Nicht durch Vereinfachung und Verhätschelung wird dies erreicht, sondern dadurch, dass Erwachsene die Kinder anleiten, sich abzumühen, sich anzustrengen, nicht aufzugeben. Kinder *wollen* wachsen, sie *wollen* es schaffen. Dazu brauchen sie Erwachsene, die sie diese Erfahrung machen lassen. Und nicht ins nächste Schuhgeschäft rennen, um es ihren Sprösslingen mit Klettverschluss-Schuhen einfach zu machen.

Falls Sie Kinder im Kindergarten- und Grundschulalter haben: Gehen Sie doch mal in die Garderobe und schauen Sie, wie viele Kinderschuhe sich in Ihrem Haushalt befinden, die gebunden werden. Ich schätze mal: null. Denn es gibt keine Kinderschuhe mit Schnürsenkeln mehr.

Selbst bei den Erwachsenengrößen finden sich fast nur Klettverschlüsse, Reißverschlüsse – oder gar kein Verschluss. Die letzten Refugien des Schnürschuhs sind der Sport und die Geschäftswelt. Im Sport hat er überlebt, weil beim Torschuss der Schuh nicht dem Ball hinterherfliegen soll. In der Geschäftswelt ist er sozusagen das Erkennungsmerkmal der Menschen mit Führungsverantwortung untereinander, dass sie in der Lage sind, auch eine Durststrecke auszuhalten.

Hunderttausende lösen jeden Tag Kreuzworträtsel, weil sie Angst haben, Alzheimer zu bekommen und mental abzubauen. Dabei ist das Risiko, aus der Erwachsenenrolle wieder zurück in ein Kinderstadium zu fallen, ungleich größer. Gegen diese Gefahr kommen wir nicht mit Sudokus an, sondern nur mit dem Anspruch an uns selbst, die eigenen Rollen verantwortlich auszufüllen und die Rollen anderer gelten zu lassen.

Ich stelle hier einmal wie ein Manifest zusammen, was uns meiner Überzeugung nach voranbringt:

- Wir brauchen keine Klettverschlüsse.
- Wir wollen uns selbst fordern, statt automatisch den Weg des geringsten Widerstandes zu wählen.

- Wir brauchen ein bewusstes Rollenverständnis und Rollenklarheit, sodass wir mit Arbeitskollegen befreundet sein und trotzdem einfordern können, dass sie ihren Job machen.

- Wir wollen in unseren Rollen nicht infrage gestellt, sondern bestätigt werden.

- Wir bestehen auf Vorgesetzte, die ihre Mitarbeiter in ihrer beruflichen Entwicklung fördern, und auf Mitarbeiter, die ihre Arbeitskraft nicht für den Feierabend aufsparen, sondern den Wunsch haben, an der Entwicklung des Unternehmens mitzuarbeiten.

- Wir brauchen eine Politik, die uns Bürger in ihrem Alltag unterstützt und nicht durch eine Flut an Vorschriften und Gesetzen hemmt. Im Gegenzug wollen wir den Politikern vertrauen, die wir gewählt haben und denen wir die Aufgabe gegeben haben, für uns zu entscheiden.

- Wir empfinden es als eine Respektlosigkeit, wenn jemand seine Rolle nicht nach Kräften bedient.

- Wir wollen es nicht dulden, wenn Menschen aus ihren Rollen fallen, denn damit machen sie es sich nicht leicht, sondern schwer.

- Wir verlangen, dass unsere Mitmenschen ihre Rollen ausfüllen, denn täten sie es nicht, gäbe es weniger Freiheit für alle.

- Wir wollen, dass Eltern ihre Elternrolle ernst nehmen und ihren Kindern einen geschützten Raum zum Wachsen zur Verfügung stellen. Es soll Kindern möglich sein, unbeschwert von Verantwortung Erfahrungen machen zu dürfen.

- Wir wollen Schwarz und Weiß und kräftige Farben statt unzähliger Schattierungen von Grau.

KAPITEL 10

»Was brauchst du wirklich?«

»Ich war nicht am glücklichsten Punkt meines Lebens«, sagt Petri Luukkainen mit finnischem Understatement. Seine Freundin hatte ihn verlassen, er fühlte sich einsam, sein Leben schien ihm sinnlos. In seiner Wohnung stapelten sich viel zu viele Dinge; er sehnte sich nach einer radikalen Veränderung. Andere in seiner Situation hätten vielleicht ihren Job gekündigt und wären auf Reisen gegangen. Oder sie hätten angefangen, exzessiv Sport zu machen. Aber Luukkainen wählte eine andere Art und Weise, sein Leben rundumzuerneuern: Er räumte seine Wohnung aus.

Seine Möbel, seine Kleidungsstücke und seine 5.000 Vinylplatten trug er in ein Lager – und alles andere auch. Zurück blieben nur die nackten Wände seiner Wohnung. Er selbst war auch nackt. Das war die konsequenteste Art, noch einmal bei null anzufangen. Luukkainen wollte jeden Tag zum Lager gehen und sich eine Sache herausholen. Eine einzige. Etwas anderes als Essen zu kaufen, war tabu. Seine Rechnung war klar: Wenn ich das ein Jahr durchhalte, dann werde ich nur von Dingen umgeben sein, die ich wirklich brauche.

Luukkainen hatte sich durch den materiellen Überfluss überfordert gefühlt und einen Ausweg gesucht. Seine Geschichte, die als Film »My Stuff« im März 2015 europaweit in

»Was brauchst du wirklich?«   195 die Kinos kam, fasziniert mich. Er ist ja nicht der Einzige, dem die Dinge über den Kopf gewachsen sind. Viele Menschen fühlen sich von ihrem Besitz schier erschlagen. Sie müssen für all den Ballast einen Platz finden, ihn sauber und in Schuss halten. Da wirkt es wie ein Befreiungsschlag, wenn man sich von dem angehäuften Kram per Sperrmüll, Wegschmeißen, Verschenken usw. trennt. Doch keiner, von dem ich gehört habe, hat ein so kompromissloses Konzept verfolgt wie Luukkainen.

Hat der finnische Regisseur die Glücksformel gefunden? Vielleicht müssen wir ja tatsächlich nur unser Leben von Grund auf entrümpeln, um endlich glücklich und zufrieden jenseits aller Überforderung zu sein. Noch besser wäre es allerdings, wenn wir erst gar nicht so viel Zeug ansammeln würden. Denn der Besitz so vieler Dinge, von denen wir die wenigsten tatsächlich brauchen, ist ja nur das Symptom. Das eigentliche Problem ist, dass wir uns den erstickenden Überfluss nicht von vornherein vom Leib halten. Menschen sammeln, horten, halten fest, auch wenn es sie nicht glücklich macht.

Genau dies ist meine Beobachtung: Die meisten von uns wissen nicht, was sie im Leben brauchen. Und als wäre das noch nicht schlimm genug, lassen wir uns in unserer Ratlosigkeit auch noch manipulieren.

Du willst es doch auch!

Ganze Wirtschaftszweige leben davon, dass ihre Produkte begehrenswert erscheinen. Hunderte Arbeitsstunden können in der Art und Weise stecken, wie genau sich ein Lippenstift aus der Hülle dreht. Die Werbung bringt die Ware an den Mann und die Frau. Das kann alles Mögliche sein – von der

Weltreise bis zum ausziehbaren Taschenquirl, mit dem sich Cocktails mixen lassen.

Je genauer Werbung auf Zielgruppen zugeschnitten ist, desto wirksamer ist sie. Deshalb werden Daten gesammelt, die das präzise Bild von Gewohnheiten und Vorlieben spezieller Konsumentengruppen zeichnen – Familien mit mehr als drei Kindern, Frauen mit mehr als 4.000 Euro Netto-Einkommen, Senioren mit Haustier usw. Das Internet macht das Applizieren von Werbung noch zielgenauer: Wer einmal einen Flug nach Rom gebucht hat, darf sich in den darauf folgenden Wochen darüber freuen, dass dauernd Flugangebote auf seinem Bildschirm aufploppen. Auch in der analogen Welt tut sich eine Menge: In den Läden werden wir mit Düften traktiert, mit Musik berieselt und mit Licht gelockt – alles ist so austariert, dass der Kaufanreiz möglichst groß ist.

Man könnte schier verzweifeln! Das alles sind ja keine geheimen Tricks. Wir wissen ganz genau, dass wir manipuliert werden, und meistens sogar auch, auf welche Weise das geschieht – und trotzdem ist es für uns Menschen unmöglich, sich der Wirkung von Werbung zu entziehen. Denn Marketing-Fachleute wissen sehr genau, an welcher Stelle unserer Psyche sie den Hebel ansetzen müssen. Zum Beispiel wird Angst in uns geweckt, etwas zu verpassen: supergünstiges Angebot, schnell, schnell, sonst ist es weg! Auch die Verheißungen, attraktiver zu wirken oder etwas Tolles zu erleben, finden ihr Ziel. Da wird Kaufen fast schon zum Reflex.

Was hier passiert ist: Uns werden Bedürfnisse suggeriert; wir lassen es zu, dass uns souffliert wird, was wir alles »haben wollen sollen«. Statt selbstbestimmt unser Leben zu gestalten, werden wir so zu quasi ferngesteuerten Konsumenten degradiert.

Dennoch gibt es die Möglichkeit, sich dieser Fremdbestimmung zu verweigern. Denn die eigentliche Kaufentscheidung liegt immer ganz bei uns. Wir selbst sind es, die an der Kasse stehen, wo wir einen Schnäppchenpreis-Kaschmirpullover bezahlen, obwohl wir ihn gar nicht brauchen. Auch kurz vor dem Mausklick, mit dem er im Internet bestellt wird, gibt es den Moment, an dem wir unser Handeln bewusst infrage stellen können. Nur wenn dieser abschließende Check fehlt, läuft die Reihenfolge »Das ist schön – will ich haben – Klick« wie automatisiert ab. Nicht wir entscheiden, was wir brauchen, sondern andere bestimmen darüber, was wir besitzen.

Wir können unsere Psyche nicht davor schützen, durch Werbung beeinflusst zu werden. Aber wir können die eigene Psyche stärken, indem wir den Gedanken »Ich *kann* es haben – aber *brauche* ich es wirklich?« einüben. Sobald wir uns nicht mehr das Heft aus der Hand nehmen lassen, handeln wir souverän.

Ich will hier keine Ratschläge geben, wie man seine Wohnung vor dem Messie-Status bewahrt. Das ist nicht meine Rolle. Ich möchte klarstellen, dass nur derjenige souverän handeln kann, der selbst darüber bestimmt, was er braucht. Dies ist der erwachsene Umgang mit Dingen: Ich lasse mir nicht von anderen einreden, was gut oder schlecht für mich ist. Ich selbst bin es, der den Dingen ihren Wert zuweist. Leider ist es oft genau anders herum: Erst mit dickem Auto und Rolex am Handgelenk bist du wer. Es sind die Unerwachsenen, deren überzogene Ansprüche ans Leben damit enden, dass all der angehäufte Kram sie nicht nur ihr Selbstwertgefühl, sondern auch den Überblick verlieren lässt. Sie können der Versuchung nicht widerstehen, sich nahezu jeden Wunsch sofort zu erfüllen, und vergessen, dass sie dafür bezahlen müssen. Zum Beispiel mit Überschuldung oder – noch schlimmer – damit, dass sie das aus den Augen verlieren, was sie *tatsächlich* für ein gutes Leben brauchen.

Weil die Antwort auf die Frage: »Was brauchst du wirklich?« nur aus einem selbst kommen kann, ist der souveräne, bewusste Umgang mit materiellen Dingen eine absolut persönliche Angelegenheit. Wer sich allerdings dem Besitz total verweigert, tauscht nur die eine Abhängigkeit gegen eine andere aus. Das ist genau die Erfahrung, die Petri Luukkainen in seinem Selbstversuch machte.

»Solange du deine Füße unter meinem Tisch hast ...«

Am Ende seines Experimentes hatte der finnische Regisseur 365 Dinge. Und dann? Dann war er froh, dass es endlich vorbei war. Er hatte in dem Jahr zwar ein ganz neues Verhältnis zu sich und dem wahren Wert von Dingen entwickelt – aber glücklich hatte ihn sein radikaler Ansatz nicht gemacht. Besitz extrem stark einzugrenzen, hatte ihn genauso unfrei gemacht wie zuvor das unreflektierte Anhäufen von Kram.

Schon nach einem halben Jahr hatte er die Nase voll davon, ständig zu überlegen: Was hole ich morgen? Was ist wichtiger – Teller oder Löffel? Kann ich ein T-Shirt vier Wochen tragen? Diese Art der Lebensplanung verschlang für seinen Geschmack viel zu viel Zeit. Er war froh, als er nach Ablauf der selbst gewählten Frist seine Entscheidungsfreiheit endlich wiederhatte und sich besorgen konnte, was er brauchte. Er war während seines Selbstversuchs ein Meister geworden in der Beantwortung der Frage: Brauche ich das jetzt wirklich? Aber erst als er wieder uneingeschränkt für sich sorgen

»durfte«, konnte er sein Leben tatsächlich materiell selbstbestimmt gestalten.

Selbstbestimmung in puncto materielle Dinge heißt, sowohl »Nein« als auch »Ja« sagen zu können. Nein sagen bedeutet: Man lässt sich nicht überreden, was man braucht; dazu gehört, jeden Kaufimpuls zu hinterfragen. Ja sagen heißt: Man versorgt sich aus eigener Kraft mit dem Notwendigen. Weil Luukkainen sich trotz Bedarf keine Zahnbürste kaufen konnte, war er nicht frei in seinen Entscheidungen. Genauso unfrei ist auch derjenige, der finanziell von seinen Eltern abhängig ist. Weil er nicht für sich selbst sorgen kann, muss er es sich gefallen lassen, dass andere für ihn entscheiden. »Schau mal, Junge, diesen tollen Morgenmantel mit Blockstreifen habe ich im Ausverkauf für dich gefunden. Und außerdem habe ich dir noch drei Garnituren Bettwäsche besorgt«, sagt die Mutter zu ihrem 30-jährigen Sohn, der noch bei ihr wohnt, weil er zu große Schulden angehäuft hat.

Materiell unabhängig zu sein, bedeutet für mich also nicht, sich alles kaufen zu können, worauf das Auge fällt. Sondern zu wissen, was man für sich persönlich braucht – und für sich selbst sorgen zu können.

Reicht diese Art der materiellen Unabhängigkeit schon aus, um sein Leben im Griff zu haben?

Der Souverän im eigenen Leben

Luukkainen wollte mit seinem Experiment den Blick aufs Wesentliche wieder freibekommen. Indem er die Dinge um sich herum einer strengen Prüfung unterzog, hatte er einen wichtigen Schritt in Richtung Klarheit getan. Aber das Wichtigste hatte er nicht auf seiner Rechnung. Luukkainen selbst sagte im März 2015 in einem Interview mit dem Spiegel: »Hätte ich die Weisheit und Stärke gehabt, ehrlich zu mir zu sein, hätte ich mir gesagt: Du bist einfach ein einsamer Single, der ein bisschen Liebe braucht.«

Wenn Menschen nach ihren Lebenszielen gefragt werden, dann findet sich Materielles auf den hinteren Plätzen wieder. »Was halten Sie persönlich im Leben für besonders wichtig und erstrebenswert?« Diese Frage stellte die Jacobs Studie 2014 in einer repräsentativen Umfrage Deutschen ab 14 Jahren. Die drei Spitzenplätze wurden von folgenden Antworten belegt:

- »Gute Freunde haben, enge Beziehungen zu anderen Menschen« – 84,9 %
- »Für die Familie da sein, sich für die Familie einsetzen« – 78,4 %
- »Glückliche Partnerschaft« – 74,3 %

Auf dem Siegertreppchen stehen also ausnahmslos Lebensziele, die mit Beziehungen zu tun haben. Auf Platz 4 folgt übrigens mit 67 %: »Unabhängigkeit, sein Leben weitgehend selbst bestimmen können«. Und wo bleiben die Dinge? Der erste Wunsch, der sich auf Materielles bezieht, findet sich erst auf Platz 16. »Hohes Einkommen, materieller Wohlstand« als Lebensziel hat gerade mal 34,9 % der Befragten überzeugen können; damit fand sich nur bei jedem Dritten der materielle Wohlstand in der Aufzählung der Ziele, die von Bedeutung sind. Bevor Geld und andere Dinge überhaupt ins Spiel kommen, gibt es 15 immaterielle Lebensziele, die erstrebenswerter scheinen. »Gepflegtes Aussehen« zum Beispiel oder »Kinder haben«.

Manchen mag dieses Umfrageergebnis erstaunen, wird doch den Menschen nachgesagt, dass sie in erster Linie hinter Geld und materiellen Dingen her sind. Für mich als Psychiater ist es alles andere als überraschend. Denn Menschen wollen Zugehörigkeit erfahren, sich als Teil eines größeren Ganzen sehen. Sie wollen Erfahrungen teilen und das Gefühl haben, gebraucht zu werden. Menschen um sich zu haben, die einen schätzen und sich freuen, wenn sie einen sehen, ist kein Luxus, sondern ein Grundbedürfnis.

Was die meisten Menschen haben wollen, ist also nicht Geld, sondern ein durch Beziehungen und Selbstbestimmung sinnvolles und erfülltes Leben. Genauso wie die Antwort auf die Frage »Welche Dinge brauchst du in deinem Leben?« muss auch die Frage »Wodurch bekommt mein Leben Bedeutung und Sinn?« jeder für sich allein entscheiden. Denn auch die Lebensziele sind eine rein persönliche Angelegenheit.

Erwachsene Menschen lassen sich nicht vorschreiben, was sie brauchen. Sie wissen das selbst. Alles, was sie dazu brauchen, können sie aus sich selbst schöpfen.

Um Lebenspläne zu verfolgen, braucht es jedoch die Fähigkeit, in die Zukunft zu denken. »Volljährige Kinder« können das nach meinen Erfahrungen heute nur dann, wenn sie eine gewisse Reife mitbringen. Sie geben auf, sobald es mühsam wird. Ein Unerwachsener, der zum Beispiel den Wunsch in sich spürt, Arzt zu werden, wird also nicht auf den Gedanken kommen, dass er ein gutes Abitur machen oder in eine Stadt mit entsprechender Universität ziehen muss, um seinem Ziel näher zu kommen. Weil sich beim erstbesten Hindernis Frust breitmacht und sein Blick auf anderes abschweift, endet es damit, dass er sich von anderen sagen lässt: Kaufmannslehre – das wär doch was für dich!

Genauso wenig, wie Unerwachsene in ihrem Leben einen Plan verfolgen können, um an ein Ziel zu kommen, sind sie fähig, tragende, langfristige Beziehungen einzugehen. Wie sollen sie da ihrem Leben einen Sinn geben? Wie die meisten Menschen sehnen sich auch die Unerwachsenen danach. Aber sie schaffen es nicht. Sie *können* es nicht schaffen. Man hat sie entweder erst gar nicht erwachsen werden lassen, oder sie sind so stark von ihrer diffusen Angst besetzt, dass sie in die Regression gekommen sind. Die einen kommen gar nicht erst dahin, sich Lebensziele zu setzen, die anderen können sich nicht mehr an sie erinnern.

Denn in jedem Menschen ist ein Expansionsbestreben angelegt. Er will sich entwickeln, unabhängig sein, eine Wirkung erzeugen, in seinem Leben Sinn finden. Jeder Entwicklungsschritt ist ein Schritt in Richtung Individualität. Wenn wir den universellen Sinn unseres Lebens, unser Leben möglichst selbstbestimmt zu leben, verfehlen, dann ist das eine wahre Katastrophe.

Die Frage ist: Wie schaffen wir es, unsere Psyche frei von der diffusen Angst zu halten, damit wir selbstbewusst unsere eigenen Lebensziele – die materiellen und vor allem die emotionalen – verwirklichen können?

Über den Dächern

Ich fahre mit dem Zug von einem Vortrag in Süddeutschland zurück nach Siegburg bei Bonn. Während der vierstündigen Bahnfahrt komme ich nicht zur Ruhe; mit halbem Ohr höre ich den Gesprächen der Mitreisenden zu. Ich bin müde und gleichzeitig angespannt, als ich mit ein paar Minuten Verspätung endlich in Siegburg ankomme.

Ich würde gerne direkt nach Hause fahren, doch ich habe noch eine Besprechung vor mir. Normalerweise ist mein Terminplan nicht so eng getaktet, heute aber darf ich keinen Augenblick verlieren, damit ich rechtzeitig am vereinbarten Ort bin.

Vom Siegburger Bahnhof eile ich zum Parkhaus, wo ich mein Auto geparkt habe. Seufzend erinnere ich mich daran, dass ich es bei meiner Abreise ganz oben auf der obersten Parketage parken musste. Das kostet mich nun wertvolle Minuten. Ich laufe die Treppen hoch. 20 Meter bevor ich das Auto erreiche, drücke ich schon auf den Funkschlüssel, damit die Autotür entriegelt wird. Pieep! Plötzlich wird mein Auge seitlich von einem Lichtstrahl geblendet. Was ist das? Ich wende den Kopf und sehe, wie sich draußen über der Stadt die Sonne funkelnd in einem Dachfenster spiegelt. Neugierig stelle ich mich an das Geländer des Parkdecks. Erst jetzt wird mir bewusst, wie wunderbar die Aussicht von hier oben auf die Stadt ist.

Ich stelle den Koffer ab und schaue mir das Panorama an, freue mich an dem Lichtspiel der Sonne auf der Stadt und den ziehenden Wolken. Die Geräuschkulisse ist hier oben angenehm gedämpft. Gute zehn Minuten nehme ich mir Zeit. In diesen zehn Minuten auf dem Parkhausdach bin ich ganz bei mir. Ich lasse den erfolgreichen, aber auch anstrengenden gestrigen Tag noch einmal an meinem inneren Auge vorüberziehen. Ich freue mich über die gelungene Reise, die anregenden Fragen nach meinem Vortrag. Ich merke, wie ich ruhig und entspannt werde. Hier oben einfach nur zu stehen, ist reine Erholung.

Auf der Fahrt zum Termin fahre ich bewusst langsam, ich will dieses gelassene Gefühl weiter spüren. Wenn ich jetzt anfange zu hetzen, verderbe ich es. Ich weiß, dass ich mich etwas verspäten werde, doch ich bereue meine Eskapade nicht: Es war gut, diese kleine Auszeit zu nehmen. Nun werde ich in der Besprechung präsenter und leistungsfähiger sein.

In den Alltag Ruhepausen einzuschieben, bedeutet: innehalten und sich wenigstens eine kleine Zeitspanne lang von neuen Informationen abschirmen. So gewinnt die Psyche Zeit für eine Nachschau. Sie kann in aller Ruhe die vergangenen Stunden noch einmal nachspüren, das Erlebte bewerten und sich setzen lassen. Für die Psyche ist das eine Wohltat. Für den Menschen pure Lebensqualität.

Viele Menschen kennen diesen Zustand der Entspannung gar nicht mehr. Jeder Tag ist für sie eine einzige Hetzerei. Im Job folgen Meetings, Telefontermine und Abgabetermine nahtlos aufeinander. In der Familie muss das Essen eingekauft und zubereitet werden, die Kinder abgeholt, zum Sport gebracht und der alten Nachbarin der Einkauf vorbeigebracht werden. Es gibt keinen Unterschied zwischen Werktag und Wochenende. Vom Aufstehen am Morgen bis zum Schlafengehen ist der Terminplan so eng getaktet, dass praktisch jede Minute verplant ist. Und wenn sich mal ein Zeitfenster auftut, wird schnell, schnell etwas reingequetscht, was schon lange auf Erledigung wartet. Doch mit jeder Minute am Tag, die von Hektik geprägt ist, sinkt die Lebensqualität drastisch.

Meist ist der Termindruck ja nur gefühlt. Wer sagt denn, dass der Rasen im Garten permanent auf fünf Zentimeter geschnitten sein muss? Oder dass ein Meeting eine Stunde zu dauern hat? Aber im Zustand der diffusen Angst verliert man aus den Augen, dass wir selbst die Herren über unsere Zeit sind.

»Was brauchst du wirklich?«

Es ist von grundlegender Bedeutung, dass wir erkennen: Erholung und Entspannung ist kein Extraprogramm, das nur außerhalb unseres Alltags Platz findet. Weder die zwei Wochen auf den Malediven noch das Wellness-Wochenende im Schwarzwald bringen uns langfristig aus der diffusen Angst heraus. Im *Alltag* müssen wir für uns selbst sorgen. Um das tun zu können, müssen wir allerdings erwachsen genug sein, jederzeit zu wissen, was wir gerade brauchen. Das können ein paar Minuten Meditation auf einem Parkdeck sein, eine Stunde Schwimmengehen mit der Tochter, obwohl Arbeit wartet, oder auch das Abschalten des Handys über ein paar Stunden. Dringender, als die eigene psychische Gesundheit zu erhalten, kann nichts auf der Welt sein.

Ohne Pausen kann das Leben nicht bewusst gestaltet werden. Nur aus der Ruhe heraus kann Sinn entstehen. Nur im Anhalten, Nachdenken und Vergegenwärtigen kommt man seinen Lebenszielen näher. Statt getrieben zu sein, verspürt der erwachsene Mensch Dankbarkeit für den Reichtum des Alltags. Natürlich kommt es auch bei ihm vor, dass ein Tag besonders anstrengend ist und sich die Stresssituationen häufen. Aber er ist sich immer bewusst: Wenn das zum Dauerzustand wird, dann läuft was verkehrt.

Ich kam zehn Minuten zu spät zu meiner Verabredung. Eine Katastrophe? Natürlich nicht; es war noch nicht einmal ein Ärgernis. Als ich erzählte, warum ich nicht pünktlich gewesen war, reagierte mein Gegenüber nicht verstimmt. Ganz im Gegenteil: Er hatte vollstes Verständnis. Und er war sogar ein wenig neidisch. »Das sollte ich auch mal machen«, sagte er. Stimmt.

Das funktioniert jedoch nur bei Menschen, die wahrhaft erwachsen sind. Für jene, die aus der Angstspannung heraus bereits in ein frühes Entwicklungsstadium zurückgefallen sind und den Kontakt mit sich verloren haben, braucht es etwas mehr.

Rein in den Wald ...

Zur Erinnerung: Wir haben eine Generation hochfähiger Menschen, von der ein Großteil nicht mehr bei sich ist. Das sind Führungskräfte, Arbeiter, Angestellte, Handwerker, Mütter und Väter. Sie alle sind etwa zwischen 40 und 60 Jahre alt, und sie alle haben durch den Wahnsinnswohlstand, der sie umgibt, den Bezug zur Realität verloren. Durch das Überangebot an Information, unter der sie als Folge der multimedialen Revolution des digitalen Zeitalters leiden, hat die diffuse Angst immer mehr Besitz von ihrer Psyche genommen. Ihre Gedanken kreisen unentwegt, alles fällt ihnen schwer. Ihr Grundgefühl lautet: Auch das noch! Geblendet und fasziniert von den Möglichkeiten, die ihnen das Leben seit circa 25 Jahren bietet, sind sie nicht mehr bei sich. Es gelingt ihnen nicht, das rechte Maß zu finden. *Sie sind nicht überfordert, sie überfordern sich selbst.*

Während die Betroffenen sich noch in der einen Situation befinden, denken sie schon an die nächste. Die Mutter, die ihr Kind mit dem Auto vom Sportunterricht abholt, ist nicht präsent und unterhält sich mit ihrem Sohn über das Erlebte, sondern hält verbissen das Lenkrad fest und denkt daran, dass sie noch einkaufen gehen, ein Geburtstagsgeschenk für die Schwester besorgen und die Hemden von der Reinigung abholen muss. Genauso gut könnte sie statt ihres Kindes einen Koffer auf der Rückbank transportieren.

Wie können diese Menschen wieder zu sich kommen und ihre Psyche von dem Albtraum der Überforderung befreien?

Denn nur wenn sie wieder über ihr Ich verfügen, können sie entscheiden, was ihnen guttut und was nicht.

Das Fantastische an der Psyche ist, dass sie innerhalb kürzester Zeit wieder in die Spur kommen kann, wenn sie dazu gebracht wird. Es ist ja alles noch da! Die Sehnsucht nach Gemeinschaft, Sinn und einem erfüllten Leben ist nur verschüttet. Bräche zum Beispiel morgen eine Katastrophe über uns herein, dann würden alle Menschen, die regrediert waren, sofort wieder erwachsen sein.

Bonn wird regelmäßig vom Rheinhochwasser heimgesucht. Auch 2011 war es wieder einmal so weit. In der Not zeigte sich, wie Menschen wirklich ticken. Aus »getriebenen Narzissten« wurden praktisch über Nacht hilfsbereite und zielstrebige Nachbarn, die *sahen*, was getan werden musste. Da gab es keine kurzfristige Bedürfnisbefriedigung und keine Rollenunsicherheiten mehr, sondern ein gutes Miteinander. Auch wenn die eigene Wohnung unter Wasser stand – die Menschen lebten auf.

Die gute Nachricht: Wir müssen nicht auf eine Katastrophe warten, um wieder zu uns zu kommen. Es geht auch einfacher.

Bei vielen Eltern, die bei mir in der Praxis sitzen, sehe ich, wie die Überforderung sie quält. Trotz oder besser gesagt: gerade *wegen* ihrer Anstrengungen, es »gut« zu machen, finden sie nicht aus dem Zustand der Dauererregung heraus. In solchen Fällen bekommen sie von mir den Auftrag, alleine, ohne Handy, ohne Hund fünf Stunden lang spazieren zu gehen. Ich schicke sie in den Wald. Ein Spaziergang durch die Felder bringt nicht viel, da geht der Blick zu sehr in die Weite, wird abgelenkt. Im Wald ziehen die Bäume langsam an einem vorbei, über die Bewegung kommt die Psyche zur Ruhe.

Das soll alles sein? Ein bisschen im Stadtwald herumlaufen und alles kommt wieder ins Lot?

... raus aus der diffusen Angst

Den meisten Eltern ist es gar nicht klar, wenn sie zu mir kommen: Obwohl ich Kinder- und Jugendpsychiater bin, therapiere ich in den seltensten Fällen Kinder und Jugendliche. Ich therapiere die Eltern. Denn es sind ja die Eltern, die es nicht mehr schaffen, ihren Kindern gegenüber die Vater- oder Mutterrolle auszufüllen. Genau das ist es aber, was die Kinder für ihre Entwicklung so dringend benötigen. Wenn die Eltern erst wieder zu sich kommen können, dann gesundet automatisch auch wieder die Beziehung untereinander und zu ihren Kindern.

Wenn ich den Eltern sage, dass sie einen langen Waldspaziergang machen müssen, damit sich ihre Probleme auflösen, dann sind die erst mal verblüfft – und enttäuscht. Sie wollten von mir eine Diagnose für ihr Kind und einen entsprechenden Behandlungsplan – und dann sollen sie »einfach nur an die frische Luft«? Aus hundertfacher Erfahrung weiß ich aber: Kann ich die Eltern überzeugen, es mal mit dem Waldspaziergang zu versuchen, dann haben wir schon gewonnen.

Sechs oder acht Wochen später sind die Eltern dann wieder bei mir. Ich sehe sofort, ob sie ihr Versprechen eingelöst haben oder nicht. Und zwar an ihren Kindern. Denn sobald die Eltern aus ihrer Daueranspannung heraus sind, sind es auch die Kinder. Im Spiel wird das besonders deutlich. Während sie vorher zum Beispiel Puppen und Puppenhaus rein funktional benutzten – Puppe rein ins Haus, Puppe raus aus dem Haus, Puppe rein, Puppe raus –, entwickelt sich nun im entspannten Zustand ein interaktives Spiel, in das auch die Puppen des Therapeuten einbezogen werden. Aus dem amimischen, missmutigen und übermüdet scheinenden Kind ist innerhalb kürzester Zeit eines geworden, dass offen und dialogfähig ist.

Wenn die Eltern mir dann berichten, wie es ihnen im Wald ergangen ist, kristallisieren sich immer dieselben Punkte heraus: Sie sind überrascht, wie schwer es ist, es mit sich allein auszuhalten – und mit welcher Macht dann automatisch die Gedanken ins Rollen kommen.

»Ich bin ja erst nach vier Wochen losgegangen, denn ich fand Ihren Vorschlag ja total schräg. Aber dann hab ich es doch mal gemacht. Das war total verrückt, wie auf einmal der Druck von mir abfiel. Ich konnte viel klarer denken. Plötzlich wurde mir klar: Wenn mein Chef anruft und will, dass ich am Wochenende arbeite, dann kann ich Nein sagen.«

»Endlich schaffe ich es wieder, für mich selbst zu sorgen. Ich nehme mir jetzt ganz bewusst Auszeiten. Ich hab das Gefühl, dass ich mein Leben wieder im Griff habe. Weil ich entspannter bin, kann ich meinen Kindern wieder eine bessere Mutter sein.«

»Ich gehe jetzt öfter mal in den Wald. Da komme ich nach einer anstrengenden Arbeitswoche wieder zu mir. Wenn ich mal wieder auf dem falschen Dampfer unterwegs bin, checke ich das im Alltag gar nicht. Aber im Wald merke ich das sofort.«

Versuchen Sie es! Zuerst wird sich Ihre Psyche wie ein Junkie benehmen: »Was soll das? So ein Quatsch! Ich geh jetzt nach Hause. Da wartet jede Menge Arbeit auf mich. Ich habe keine Lust, hier meine Zeit zu vertrödeln. Das ist ganz schön langweilig – immer nur Bäume.« Und so weiter. Halten Sie durch! Fünf Stunden sind das Ziel! Dann, nach zwei, drei Stunden werden Sie merken, wie Sie ruhiger werden. Erst jetzt merken Sie, wie angespannt Sie waren. Der Tunnelblick weitet sich; auf einmal nehmen Sie viel mehr Dinge wahr. Damit meine ich nicht Ihre Umgebung, sondern all das, was Sie in der letzten Zeit so in Atem gehalten hat. Hat Sie die Vier in Mathe, die Ihr Sohn nach Hause gebracht hat, wirklich so mitgenommen? Und der schwelende Streit mit dem Kollegen, ist das nicht ein bisschen kindisch gewesen, sich auf so eine kleinliche Auseinandersetzung einzulassen?

Was da mit Ihnen passiert, ist psychisch leicht zu erklären: Ohne äußere Ablenkung sind Sie mit sich selbst konfrontiert. Nach relativ kurzer Zeit kann Ihre Psyche gar nicht anders, als sich mit sich selbst zu beschäftigen. Endlich ist sie nicht mehr nur nach außen gerichtet, sondern schaut sich selber an. *Das* bin ich? Dieses unruhige, getriebene Ich? Plötzlich ist die Erkenntnis da: Ich bin meinen Problemen nicht ausgeliefert; es liegt in meiner Hand, mein Leben zu gestalten.

In der vierten und fünften Stunde werden Sie aus einer gelassenen Perspektive heraus viele Knoten lösen können. Wenn Sie nach fünf Stunden zurückkehren, sind Sie eine Tonne leichter geworden. Vieles, das Ihr Leben schwer und anstrengend gemacht hat, hat sich als Scheinproblem entpuppt, anderes sehen Sie nun aus einer Perspektive, die Ihnen ein zielgerichtetes Handeln erlaubt.

Nur beim ersten Mal sind vier bis fünf Stunden notwendig. Wenn Sie die Grunderfahrung gemacht haben, können Sie auf zwei bis drei Stunden reduzieren. Mit zunehmender Beruhigung reichen dann ein bis zwei Stunden alle 14 Tage.

Ich selbst gehe jede Woche in den Wald. Diesen »Termin« würde ich nur in größten Notfällen ausfallen lassen. Denn diesen Stunden in der Woche verdanke ich die Kraft, meine Rollen als Psychiater, Familienvater und Ehemann gut und gelassen auszufüllen.

Es gibt auch Alternativen zum Waldspaziergang. Sie können in die Kirche gehen, eine halbe Stunde am Tag genügt. Ich meine nicht, dass Sie die Gottesdienste besuchen oder beten sollen. Das können Sie natürlich, aber die Aufgabe ist eigentlich: einfach nur dasitzen. Ich weiß nicht, warum es funktioniert – aber der Erfolg stellt sich nach zwei, drei Wochen unweigerlich ein. Vielleicht liegt es daran, dass Kirchen ganz besondere Räume sind. Sie strahlen Ruhe aus, laden zur Besinnung ein. Sie dürfen natürlich nicht gerade den Kölner Dom für Ihre Mußestunden wählen. Wie im Wald geht es darum, allein und ohne äußere Störung oder Ablenkung zu sein. Wenn Sie dann in die Entspannung gefunden haben, reicht eine halbe Stunde alle zwei Wochen.

Yoga wirkt auch. Bis Sie allerdings mit Yoga-Übungen so weit gekommen sind, dass Sie tatsächlich in eine totale Entspannung finden, dauert es etwa zwei Jahre. Der Waldspaziergang, der auf Anhieb nach fünf Stunden ein Ergebnis liefert, hilft Ihnen viel schneller aus der Angstspannung heraus.

Ja, es ist tatsächlich sehr einfach, dass Menschen, die seit vielen Jahren nicht mehr wussten, wo ihnen der Kopf stand, auf einmal wieder zu Erwachsenen werden. Aber gleichzeitig ist es das Schwerste überhaupt.

Denn die Psyche weiß es geschickt zu vermeiden, dass sich für sie etwas ändert. Nehmen wir an, Sie wären jemand, der von diffusen Ängsten besetzt ist und sein Leben gehetzt lebt. Nun lesen Sie hier, dass Sie nur am nächsten Sonntag in den nächsten Stadtwald gehen müssten. Fünf Stunden für ein wiedergewonnenes Leben – das scheint ein guter Tausch zu sein. Also sagen Sie: Ja, das mache ich, hört sich gut an; ich kann ja nur dabei gewinnen. Selbst wenn der Winterhoff zu viel verspricht und es tut sich nichts in meiner Psyche, dann war ich doch fünf Stunden an der frischen Luft.

Sie werden feststellen: Am nächsten Sonntag gibt es »Wichtigeres« für Sie zu tun. Ein Freund ruft an und fragt, ob er mal vorbeikommen kann. Und Sie sagen sofort: Ja! Tolle Idee! Ihr Plan ist sofort vergessen. Warum? Weil Ihre Psyche es mit allen Mittel zu verhindern weiß, dass sich etwas am Status quo ändert. Da ist jede Ausweichmöglichkeit recht. Sie haben die Wahl, den Nachmittag mit Tante Erna, die Sie aus gutem Grund seit zwei Jahren nicht mehr gesehen haben, bei staubtrockenem Streuselkuchen und endlosen Klagen über Kinder und Enkel zu verbringen – oder innerhalb dieses halben Tages in Ihr Leben wieder Sinn und Lebensfreude zu bringen. Ich wette, Ihre Psyche wählt Tante Erna.

Warum das so ist? Zwei kapitale »Baufehler« hat die Psyche. Erstens: Sie spürt den Schmerz der Überforderung nicht. Wenn sie wie ein verdorbener Magen reagieren würde – nie wieder Fisch, der nicht ganz frisch ist! –, dann müssten wir nicht so sehr unter der Überforderung leiden. Doch die Psyche kann keine Distanz zu sich selbst aufbauen und sagen: Oh, da prasseln zu viele Informationen auf mich ein! Das muss ich abstellen! Deshalb kann die Überforderung, der sie sich widerstandslos aussetzt, bis in die völlige Auflösung treiben.

Zweitens: Ihre Psyche setzt alles daran, dass es so bleibt, wie es ist. Auch wenn das Leben, so, wie es jetzt ist, sie krank macht. Schmerzfrei, wie sie ist, wird sie immer der Überzeugung sein, alles sei bestens. Auch wenn es schon an allen Ecken und Enden brennt und Sie kurz vor dem Burn-out stehen, weist sie einen enormen Widerstand gegen alles auf, was sie heilen würde.

Wenn ich es aber schaffe, jemanden in den Wald zu bekommen, läuft es von selbst. Dann sitzen beim nächsten Termin Menschen vor mir, die wie ausgewechselt sind. Der Hebel ist wieder auf Normalbetrieb umgelegt, die Filter, die die einlaufenden Informationen sortieren, funktionieren wieder. Sie tappen nicht andauernd in die Kurzfristfalle und besinnen sich auf ihre Rollen. Weil sie ihren Kindern bestimmter gegenübertreten, ist das Familienleben nicht mehr ätzend und energieverpulvernd, sondern wird wieder zur Kraftquelle. Auch im Beruf sind sie wieder fähig, ihren Alltag zu meistern.

Vielleicht ist es Ihnen aufgefallen, dass ich hier keine »Mit diesen zehn/zwanzig/fünfzig Punkten finden Sie zu einem erfüllten Leben«-To-do-Liste erstellt habe. Das hat seinen Grund: Es *gibt* kein festes Programm, um mit seinen Ressourcen gut umzugehen und nicht in eine Überforderung hineinzukommen. Menschen sind viel zu unterschiedlich, als dass man ihnen vorsagen könnte, was sie brauchen. Es gibt noch nicht einmal für einen einzelnen Menschen eine Liste zum Abarbeiten. Denn statt eines Fünfzig-Punkte-Plans braucht es nur eine einzige Fähigkeit: Menschen müssen aus sich heraus wissen, was sie brauchen.

KAPITEL 11

Nein sagen
heißt Ja sagen

Eric Schweitzer, der Präsident des Deutschen Industrie-
und Handelskammertages DIHK, stellte im August 2014 in
Berlin die DIHK-Ausbildungsumfrage für das Jahr 2013 vor.
Knapp 13.000 deutsche Unternehmen – vom kleinen Hand-
werksbetrieb bis zum Arbeitgeber mit Tausenden Mitarbeitern – hatten Fragen zu ihren Erfahrungen bei der Ausbildung im Betrieb beantwortet. Die Ergebnisse zeichnen ein
desaströses Bild. In 82 % der Unternehmen war man der Meinung, dass viele Schulabgänger eine mangelnde Bildungsreife
aufweisen. Das bedeutet: In vier von fünf Firmen haben die
Verantwortlichen die Erfahrung gemacht, dass ein großer Teil
der Schulabgänger, die sich bei ihnen vorstellen, für eine Ausbildung oder Lehre eigentlich nicht geeignet sind! Das fängt
mit den geringen sozialen Kompetenzen der Jugendlichen
an: In 54 % der Unternehmen werden die jungen Menschen
für zu wenig leistungsbereit und motiviert gehalten, in 46 %
herrscht die Meinung, dass sie nicht genug belastbar sind, in
45 % wünscht man sich mehr Disziplin, in 39 % der Betriebe
werden die Umgangsformen der Jugendlichen bemängelt.

Stellen Sie sich vor, Sie bringen Ihr Auto zur Reparatur.
Sie fahren auf den Hof der Werkstatt und suchen den Automechaniker. Sie finden ihn nicht bei der Arbeit, sondern

im Bürogebäude. Obwohl er genug zu tun hätte, sitzt er auf einem der für Besucher vorgesehenen Stühle und blättert in einer Autozeitschrift (wenig Disziplin). Nur mit Mühe lässt er sich von Ihnen dazu bewegen, dass er Ihren Wagen anschaut. Ärgerlich, weil er gestört wurde, schlappt er hinter Ihnen her zum Auto (wenig leistungsbereit und motiviert). Nach kurzer Untersuchung raunzt er Sie an: »Achsschaden! Autoschlüssel!« (mangelnde Umgangsformen). Nachdem er das Auto in die Werkstatt gefahren hat, will er die Hebebühne in die Höhe fahren. Aber die Elektrik scheint nicht zu funktionieren. Genervt reißt er an dem Hebel herum, wird immer ungeduldiger. Am Ende gibt er wie ein Rumpelstilzchen vor Wut Ihrem Auto einen Tritt und verschwindet Türen knallend aus der Werkstatt (wenig belastbar).

Ich denke, mit diesem Gedankenspiel wird klar, was es für ein Unternehmen bedeuten kann, unreife Jugendliche ausbilden zu müssen.

Herr Schweitzer äußerte in seiner Rede auch, dass die für die Ausbildung relevanten Jahrgänge notwendigen Routinearbeiten eher kritisch gegenüberstehen; die kreative Herausforderung liege ihnen mehr. Für mich heißt das: Die jungen Leute haben keinen Bock auf einen ganz normalen Acht-Stunden-Tag mit lästigen Pflichten. Sie würden lieber nur das machen, was Spaß verspricht. Auch wenn seine Schweißnähte noch schief sind, versucht sich der Lehrling im Metallbetrieb lieber darin, anspruchsvolle Sonderanfertigungen zusammenzuschweißen, als dass er die Produktionshalle fegt.

Bei den Deutsch- und Mathekenntnissen sieht es übrigens ganz ähnlich aus. 56 bzw. 48 % der Unternehmen schütteln nur den Kopf über Leistungsfähigkeit sowie das mündliche und schriftliche Ausdrucksvermögen der Schulabgänger, die in die Betriebe kommen. Im DIHK-Bericht heißt es: »Auch Jugendliche mit einem Abschluss können am Ende ihrer Schulzeit oft nur auf Grundschulniveau lesen, schreiben und rechnen.« Ihrem fiktiven Automechaniker müssten Sie also dreimal sagen, was mit Ihrem Auto los ist, bis er endlich versteht, was Sie von ihm wollen. Und die Rechnung, die er Ihnen am Ende ausstellt, weist eine falsche Summe auf.

Wir scheinen in den letzten 20 Jahren eine Generation großgezogen zu haben, die nur sehr eingeschränkt in der Lage ist, ihren Teil zur Gesellschaft beizutragen. Was Hänschen nicht lernt, lernt Hans nimmermehr, hieß es früher. Für die jungen Menschen scheint der Zug abgefahren zu sein, die Gesellschaft müsste dann schauen, wo sie die Unbrauchbaren parkt.

Kann man also nur noch resignieren? Nein, denn für die menschliche Psyche ist es nie zu spät. Sie ist immer lernfähig. Was in Kindheit und Jugend versäumt wurde, kann nachgeholt werden. Es reicht jedoch nicht, diesen Nicht-Erwachsenen zuzurufen: Jetzt strengt euch halt mal an. Ich will in diesem Kapitel zeigen, warum das so ist, und vor allem: was die Psyche der in ihrer Entwicklung stecken gebliebenen Menschen braucht, um erwachsen werden zu können. Denn mit diesem Wissen ist es uns nicht nur möglich, auch die weniger entwickelten Schulabgänger in die Betriebe zu integrieren, sondern es befähigt uns auch, souverän mit all den Nicht-Erwachsenen umzugehen, die nie gelernt haben, Verantwortung zu übernehmen, die nur Nehmen kennen und glauben, alles würde sich nur um sie drehen.

Damit wir die richtige Antwort finden, müssen wir uns anschauen, was genau das ist, was ihnen in ihrer Kindheit und Jugend so sehr gefehlt hat, dass sie in ihrer Entwicklung stecken geblieben sind. Wenn wir wissen, was dieses »Vitamin« ist, dann wissen wir auch, was wir den Nicht-Erwachsenen und gegebenenfalls uns selbst verabreichen müssen, damit wir Versäumtes nachholen können.

Leere Gefühlswelten

Schon kleinste Kinder können traurig, wütend oder fröhlich sein. Mit der Zeit nehmen sie ihre eigene Gemütsverfassung immer differenzierter wahr und lernen, das Gefühlte zu bewerten und einzuordnen: Ein angenehmes Kribbeln im Bauch lässt mich herumtanzen, das fühlt sich schön an. Oder: Ich haue meinen Freund mit dem Spielzeugauto; was passiert da gerade mit mir? Mit jeder neuen Emotion, die ein Kind erlebt, lernt es sich besser kennen und entwickelt mit der Zeit eine immer reichere und differenziertere Palette an Gefühlen.

Das geht aber nur in der Praxis. In der Theorie erfährt niemand, wie wunderbar es sich anfühlt, es bis an die Spitze des Klettergerüsts geschafft zu haben. Man lernt auch nicht aus Büchern, mit Enttäuschungen oder Schmerzen umzugehen. Gefühle müssen durchlebt werden, um sie ins Repertoire aufnehmen zu können. Darf ein Kind zum Beispiel seinen Schulweg allein bewältigen, sieht es einen vertrockneten Regenwurm auf dem Gehweg und ist traurig und hat Mitleid. Es beobachtet voller Freude und Aufregung, wie ein Bagger die Straße aufreißt, ein paar Schritte später versteckt es sich ängstlich vor dem älteren Jungen, der ihm schon mal das Taschengeld abgenommen hat.

In erster Linie sind die Eltern dafür verantwortlich, ihre Kinder in einem vernünftigen Maß an Situationen heranzuführen, in denen sie Erfahrungen und Emotionen sammeln können. Ihre Intuition sagt ihnen, wie viel Freiraum sie ihrem Kind geben können. Das Problem ist, dass viele Eltern sich nicht mehr auf ihr Gespür verlassen können. Unter der Einwirkung der diffusen Angstspannung heraus handeln sie nicht wie Erwachsene. Sie beginnen, schwere Fehler zu machen.

Ein Beispiel für das Versagen der Eltern auf diesem Feld sind die Ergebnisse der folgenden Studie. Im Auftrag der Techniker Krankenkasse hat das Marktforschungsinstitut Forsa im Jahr 2014 die Ergebnisse einer repräsentativen Umfrage veröffentlicht, in der 1.000 Väter und Mütter zum Mediennutzungsverhalten ihrer 12- bis 17-jährigen Kinder befragt wurden. 50 % der Elternteile waren der Meinung, dass ihre Kinder zu häufig im Netz unterwegs sind. 23 % sagten: »Ich weiß eigentlich nicht so wirklich, was mein Kind im Netz so alles macht«; 25 % gaben zu: »Ich müsste mich mehr darum kümmern.« All diese Antworten sind nichts anderes als eine Bankrotterklärung: Die Eltern ahnen, dass sie irgendetwas tun müssen, lassen aber die Dinge laufen. Sie sind außerstande, ihre Kinder vor einem zu hohen Medienkonsum zu bewahren. Ihre Intuition lässt sie im Stich.

Es gibt noch einen zweiten Punkt, in dem Eltern praktisch unersetzlich sind, aber auf breiter Front versagen. Damit das Kind seine Gefühle einordnen kann, braucht es die Spiegelung von außen. Je zuverlässiger die Eltern auf die Gefühlsäußerungen ihres Kindes reagieren, desto besser lernt es, seine eigenen Gefühle zu verstehen. Denn erst aus der Reaktion der anderen erkennt das Kind, in welcher Situation welche Emotion angemessen ist.

Auch diese Interaktion zwischen Erwachsenen und Kindern läuft im Normalfall intuitiv ab. Jeder kennt das: Ein kleines Kind fällt hin. Das tut ihm ein bisschen weh, außerdem ist es erschrocken. Wie soll es mit diesen Gefühlen umgehen? Es schaut erst einmal auf seine Eltern und beobachtet, wie dort die Reaktion ist. Wenn die mit lauten Schreckensrufen auf das Kind zustürzen, fängt das Kind an zu weinen. Wenn die Eltern aber ruhig bleiben und rufen: »Macht nichts, war nicht so schlimm!«, dann lernt es, dass kein Grund zur Aufregung besteht. Es steht wieder auf und spielt weiter.

Damit die Spiegelung sinnvoll ist, braucht es Eltern, die sich ihrer Intuition sicher sein können: Hat das Kind sich wehgetan und muss getröstet werden? Oder sollte man dem kleinen Zwischenfall keine allzu große Beachtung schenken? Wenn sie die Situation falsch einschätzen, lassen sie entweder ihr Kind, das dringend der Tröstung bedarf, allein. Oder sie bringen ihm bei, dass es mit Aufmerksamkeit belohnt wird, wenn es ohne Grund weint. Dann lernt es, dass es sich lohnt, bei nächster Gelegenheit ohne echten Anlass loszubrüllen. Ohne eine Spiegelung der Eltern und anderer Erwachsener ist ein Kind den Gefühlen, die es übermannen, hilflos ausgeliefert. Wenn es dann groß geworden ist, reicht schon ein leichter Schnupfen, um seine Welt zusammenbrechen zu lassen.

Bestimmt haben Sie sich schon über Zeitgenossen gewundert, die schlichtweg unfähig sind, konstruktive Kritik anzunehmen. Sie fassen sie als Unverschämtheit auf. Nun wissen Sie, woher das kommt. Wie sollen diese Menschen auch Kritik wie ein Erwachsener annehmen können, wenn sie von überforderten Eltern erzogen wurden, die auf ihre Intuition nicht zugreifen konnten und ihren Kindern immer nur spiegelten: Das hast du großartig gemacht! Toll! Weiter so!

Und noch eine dritte Verantwortung der Eltern möchte ich an dieser Stelle zur Sprache bringen: Sie müssen ihre Kinder altersgerecht mit der Realität konfrontieren. Doch wegen fehlender Intuition und aus missverstandener Liebe halten sie ihren Nachwuchs weitgehend von realen Situationen fern, die Trauer, Erschöpfung oder andere negative Gefühle auslösen könnten. Stirbt das Meerschweinchen, sagen sie: »Das schläft nur!«, und schaffen schnell ein neues an, in der Hoffnung, dass das Kind den Wechsel nicht merkt. Und wenn das Kind nervös ist, weil es in der Schule einen kleinen Vortrag vor der Klasse halten soll, schreiben sie eine Entschuldigung, dass es die Stunde der Erprobung schwänzen kann.

Eltern wollen ihren Kindern eine »schöne Kindheit« bieten. Eine Kindheit ohne jede Anfechtung, ohne Wirrungen und Rückschläge ist aber nur eine halbe Kindheit. Denn zum Leben gehören auch Unzufriedenheit, Mutlosigkeit, Trauer, Enttäuschung usw. dazu. Fehlen diese negativen Gefühle in der Gefühlspalette, dann werden Emotionen wie Freude, Erwartung, Zuneigung nicht positiv wahrgenommen, sondern neutral. Nur mit der gesamten Bandbreite lässt sich das Leben in all seinen Facetten ausloten.

In der Kurzfassung bedeutet all dies: Dass unsere Gesellschaft einen spürbaren Anteil an unreifen Nicht-Erwachsenen und Jugendlichen mitschleppen muss, liegt in erster Linie daran, dass sie weder über die erforderliche Gefühls- noch über die Erfahrungswelt verfügen. Weil die Intuition der Eltern verschüttet war, konnten sie ihren Kindern kein Rüstzeug fürs Leben mitgeben.

Viele Kinder, die im digitalen Zeitalter sozialisiert wurden, lernten die Welt nur vom Rücksitz des elterlichen Autos kennen. Sie hingen den ganzen Tag vor dem Fernseher respektive am Handy. Da für sie sozusagen ein Daueraufenthalt in einem All-inclusive-Hotel gebucht war, kamen sie kaum in Situationen, in denen sie überrascht, erschöpft, durstig wurden. Oder aufgeregt, neugierig, erwartungsvoll. So blieb es ihnen verwehrt, eine verlässliche Gefühlspalette aufzubauen, die sie durch die Höhen und Tiefen des Daseins führen könnte. Mit einer auf einseitige Diät gesetzten Psyche werden aus Kindern Volljährige, die nicht mit den Realitäten des Lebens vertraut sind.

Es entsteht ein junger Mensch, der einknickt, sobald etwas von ihm verlangt wird, wozu er keine Lust hat. Wo soll auch eine Frustrationstoleranz herkommen, wenn er nie Rückschläge aushalten musste oder angeleitet wurde, eine angefangene Sache bis zum Ende durchzuhalten? Sie sind im wahrsten Sinne des Wortes »bedient«. Ihre Gefühlskammern sind so klein, dass sie schon im Vorschulalter vollgelaufen sind. Genau das sind die Lehrlinge und Auszubildenden, die eigentlich nicht reif für eine Lehre oder Ausbildung sind. Aber auch die Menschen, die schon zehn, zwanzig Jahre älter sind und einen Platz gefunden haben, an dem sie gut leben können. Wie sie das schaffen, dazu komme ich weiter unten.

Würde es nicht genügen, diese Menschen dazu zu bringen, dass sie ihre Gefühlspalette vervollständigen? Dann müssten wir sie »nur« in den normalen Alltag einbinden und dafür sorgen, dass sie ihre Aufgaben erledigen. Leider ist es nicht ganz so einfach.

In einem der ersten Kapitel habe ich das Beispiel der Sekretärin genannt, die es nicht schaffte, einen Stapel Papiere zweiseitig zu kopieren. Ihr den Stapel in die Hand zu drücken und zu sagen: Sie machen das jetzt so lange, bis es klappt, hat nicht viel Sinn. Denn die eingeschränkte Gefühlswelt hat auch zur Folge, dass dem betroffenen Menschen die Fähigkeit fehlt, überhaupt zu *verstehen*, was von ihm verlangt wird.

Den Wecker finden

Wenn wir ein Foto mit einer fröhlichen Menschengruppe sehen, hebt das unsere Stimmung. Hören wir im Radio von einer Katastrophe, reagieren wir entsetzt oder traurig. Wir erleben es jeden Tag: Von unserer Wahrnehmung hängen unsere Gefühle ab.

Doch nur den wenigsten Menschen ist bewusst, dass die Beziehung zwischen Emotion und Wahrnehmung auch in der anderen Richtung funktioniert: Von unserer Gefühlswelt hängt unsere Wahrnehmungsfähigkeit ab.

In einem der früheren Kapitel habe ich davon erzählt, wie ich 1986 im Zustand des Verliebtseins die größte Umweltkatastrophe gar nicht wahrgenommen habe – weil Emotionen wie Mitgefühl und Angst vom Verliebtsein überstrahlt waren, war Tschernobyl kein Bestandteil meiner Welt. Dieser Effekt gilt ganz allgemein: Wer über eine eingeschränkte Gefühlspalette verfügt, nimmt auch nicht viel wahr.

Bei kleinen Kindern ist es normal, dass sie noch nicht viel um sich herum verstehen. Ihre Psyche muss die meisten Emotionen erst noch lernen; entsprechend wenig wird von der Umwelt wahrgenommen. Dass ein kleines Baby nur das Gesicht der Mutter wahrnehmen kann, ist bekannt. Aber hätten Sie gedacht, dass ein Kind normalerweise erst mit acht Jahren in der Lage ist zu erkennen, dass es sich gerade in einer Bank, Post oder Bäckerei befindet? Vorher hat es nicht auf dem Schirm, dass da Unterschiede gibt; in seiner Wahrnehmung war es einfach mit der Mama unterwegs. Erst allmählich merkt es, was da vor sich geht. Hier gibt es Briefmarken, dort bekommt es immer einen kleinen Zwieback von der Verkäuferin. Mosaiksteine fügen sich zu einem immer klarer werdenden Bild der realen Welt zusammen.

Was passiert nun, wenn die Gefühlswelt sich nicht entwickeln kann? Ich denke da an einen Jungen, der bei einem Spiel mit verbundenen Augen in einen Raum geführt wurde, wo er einen laut tickenden Wecker finden sollte. Er kam gar nicht auf die Idee, still zu stehen und hinzuhören. Er lief von Anfang an hektisch und völlig willkürlich im Raum hin und her, in der Hoffnung, einen Zufallsfund zu machen. Dieser Junge war nicht etwa vier Jahre alt, er war 13! Ich sage Ihnen, so etwas sehen zu müssen, schnürt einem das Herz ab.

Die eingeschränkte Wahrnehmungsfähigkeit der Kinder und Jugendlichen lässt sie immer wieder an Grenzen stoßen. Manchmal ist das sogar durchaus wörtlich zu verstehen: Noch vor wenigen Tagen hat mich eine Neunjährige umgerannt und dann auch noch angeblafft: »Pass doch auf!« So ein Verhalten lässt sich in jüngerer Zeit häufig beobachten. Es wäre jedoch grundverkehrt, die Schuld für dieses unmögliche Verhalten bei den Kindern zu suchen. Die sind ja alles andere als böswillig. Sie haben »nur« ein Wahrnehmungsproblem. Weder von den Körpern der anderen noch von ihren eigenen haben sie eine ausreichende Vorstellung – genauso wenig wie ein einjähriges Kind, das mit seiner Hand seiner Mutter ins Gesicht patscht. Sie begreifen auch nicht, dass sie selbst Kinder sind und mit einem Erwachsenen reden. Weil sie ihre Umgebung nur in winzigsten Ausschnitten sehen, geht es ihnen wie einem dicken Brummer an der Fensterscheibe.

Was wird aus all den Prinzen und Prinzessinnen, denen eine Kindheit lang das Frühstück ans Bett gebracht wurde und die in einer Umgebung ohne Anforderungen und reizarm aufwachsen mussten? Aus ihnen werden volljährige Nicht-Erwachsene wie Robert.

Gute Miene zu bösem Spiel

Robert ist ein 24-jähriger Pädagoge, der in einem Kinderheim angestellt ist und in Wirklichkeit ganz anders heißt. Er ist sportlich begabt und bei den Kindern sehr beliebt. Konsequent ist er leider nur in einem: Konflikten geht er grundsätzlich aus dem Weg. Sein Ideal eines Tages ist, dass er angenehm verläuft. Dabei denkt er nicht etwa nur an sich; er möchte gerne, dass auch die Kinder es möglichst schön haben. Am liebsten ruft er seinen Jungs zu: Wer hat Lust auf Fußballspielen? Dann kicken sie die nächsten Stunden auf dem Bolzplatz und sind alle miteinander glücklich.

In seiner Kindheit und Jugend hat er von seinen Eltern eine einseitige, unrealistische Spiegelung erfahren. Er ist zum Beispiel nie kritisiert worden. Das ist der Grund, warum er heute seine Leistung nicht realistisch einstufen kann und Aufforderungen, sich so wie die anderen Angestellten auch mal um die Organisation des Heims zu kümmern, als Frechheit empfindet. Er will nichts davon wissen, dass das Leben auch aus lästigen Pflichten besteht; Formulare ausfüllen oder darauf achten, dass die Zimmer der Kinder aufgeräumt sind, das ist nichts für ihn. Er begreift nicht, *kann* nicht begreifen, dass es eigentlich gar nicht um ihn, sondern um die Kinder geht. Robert hat offensichtlich in seiner Ausbildung nicht verstanden, wie wichtig er als Vorbild für die Kinder ist.

In Roberts Vorstellung gibt es keine Kinderrolle und keine Pädagogenrolle, sondern nur die Komm-wir-wollen-Spaß-haben-Rolle. Wenn er Dienst hat, machen die Kinder keine Hausaufgaben, das Beaufsichtigen und Kontrollieren wäre ihm viel zu anstrengend. Die Heimkinder finden das natürlich klasse.

Indem Robert von den Kindern alles Unangenehme fernhält, bringt er die Kinder nicht zur Entwicklung. So setzt sich die Heile-Welt-Erziehung fort: Weil Robert als Kind nicht an die Realitäten herangeführt wurde, kann er sie auch nicht seinen Schutzbefohlenen vermitteln.

Im Grunde geht es seinen Kollegen und der Heimleiterin genau so wie vielen Vorgesetzten in den Unternehmen, die unreife Jugendliche ausbilden sollen: Man überlegt, wie die Leute so eingesetzt werden können, dass sie möglichst wenig Schaden anrichten und möglichst viel zum Gelingen beitragen.

Aus leidvoller Erfahrung wussten Roberts Arbeitskollegen, dass man ihn nur begrenzt konfrontieren kann. Versuchte einer der Kollegen, ihn zu einer verantwortungsvolleren Arbeitsweise zu bewegen, reagierte Robert empfindlich. Als er sich einmal besonders stark angegangen fühlte, ließ er sich kurzerhand eine Woche krankschreiben. Die Botschaft war: Wenn ihr mich nicht in Ruhe lasst, dann müsst ihr eben ganz auf mich verzichten.

Robert kickte also weiter mit der Kindergruppe, machte Nachtwanderungen und erzählte Gute-Nacht-Geschichten. Alles andere übernahmen die Kollegen. Die hätten auch gerne mal Fußball gespielt, mussten sich aber vermehrt um den Formularkram kümmern und waren die »Bösen«, die dafür sorgten, dass die Kinder ihre Zimmer aufräumten und Hausaufgaben machten.

All die Roberts in den Behörden, Unternehmen, Kliniken, Familien, Nachbarschaften hatten als Kinder in ihren Eltern kein klares Gegenüber, an dem sie sich orientieren und emotional und sozial entwickeln konnten. Sie sind wenig konsequent und kaum bereit, sich anzustrengen. Weil sie in ihrer

Wahrnehmung eingeschränkt sind, verstehen sie ihre Umgebung nicht wirklich. Sie haben auch kein Gespür für den Level, auf dem sie stehen. Dass ihnen ganze Sektoren des Lebens verschlossen bleiben, ist ihnen weder bewusst, noch nehmen sie es als Mangel wahr.

Dem Gemeinderat in Freiburg, der über den Stadionbau zu entscheiden hatte und die Verantwortung an die Bürgerschaft zurückwies, war nicht bewusst, dass er seine Rolle verließ. Der Sekretärin, die nicht kopieren kann, war nicht bewusst, dass es eine ihrer Aufgaben ist, genau dies zu tun – und was es über sie aussagt, wenn sie nach einem ersten Versuch einfach aufgibt. Robert ist nicht bewusst, dass er seine Arbeitskollegen im Stich lässt und den Kindern ein schlechtes Vorbild ist.

Man könnte meinen, in der Erwachsenenwelt führe das zwangsweise zu Konfrontationen. Erstaunlicherweise schaffen es die Roberts oft, eine Nische zu finden, in der sie so bleiben dürfen, wie sie es gewohnt sind. Wie kann das sein?

Die Erklärung liegt darin, dass andere ihre Arbeit mit erledigen. Es gibt genug Familienmitglieder, Freunde, Kollegen und Chefs, die sich verbiegen und die Minderleister mit Samthandschuhen anfassen. In der Hoffnung zu retten, was zu retten ist, springen sie in die Bresche, übernehmen Arbeit, halten den Rücken frei und sind froh, wenn die Verwöhnten wenigstens ein Minimum an Leistung bringen.

Die einen tun das, weil sie meinen, so handeln zu *müssen*. So wie Roberts Kollegen. Die anderen, weil sie es *wollen*. Das sind die, die unter Helfersyndrom-ähnlichen Anwandlungen leiden.

Süchtig nach dem guten Gefühl

Sie haben in einer halben Stunde einen Termin bei der Bank, stehen schon im Hausflur und greifen nach Haus- und Autoschlüssel, da steht der Nachbar vor der Tür. Treuherzig schaut er Sie an und sagt: »In einer Stunde kommt meine Heizöllieferung. Hilfst du mir schnell, die Stellplätze vor meinem Haus freizuräumen?« Drei Wochen zuvor hat er einen Haufen Pflastersteine anliefern lassen und ist noch nicht dazu gekommen, sie per Schubkarre nach hinten in seinen Garten zu transportieren. Nun ist Not am Mann, denn der bestellte Heizöllaster wird nicht nah genug ans Haus herankommen, um seine Ladung abzuliefern.

Viele Menschen würden, ohne lange nachzudenken, den Banktermin sausen lassen und dem Nachbarn helfen. Es eilt ja! Eine Dreiviertelstunde genügt – der Nachbar wäre dankbar, und Sie selbst hätten das gute Gefühl, jemand zu sein, auf den man sich verlassen kann. Aber das stimmt ja gar nicht! Dass der Bankberater vergebens wartet, wird vergessen. Nur: Der Nachbar steht vor der Tür, und der Bankberater ist weit weg. Und wir wollen *hier und jetzt* geliebt werden.

Der Wunsch nach dem guten Gefühl, gemocht zu werden, überstrahlt fast alles. Der Vorgesetzte hält mit berechtigter Kritik am Mitarbeiter zurück, der Angestellte übernimmt Wochenendarbeit, der Lehrer vergibt zu gute Noten, Eltern bieten ihren Kindern eine »schöne Kindheit«, Freunde reisen extra an, um beim Umzug zu helfen, der Kunde sagt zum Friseur, der ihn gerade verunstaltet hat: »Prima, gefällt mir« usw.

Sie alle haben ein gemeinsames Problem: Sie können nicht »Nein« sagen. Weil sie gebraucht und gemocht werden wollen, vernachlässigen sie eigene Wünsche und Bedürfnisse. Das Extrem dieses Verhaltens ist das Helfersyndrom. Nicht jeder, der gemocht werden will, leidet darunter. Ein echtes Helfersyndrom ist relativ selten. Aber Erscheinungsformen, die an dieses Syndrom erinnern, lassen sich immer häufiger beobachten. Dazu gehört der Irrglaube, die Verantwortung für die Gefühle anderer zu haben. Der macht Menschen, die nicht »Nein« sagen können, zu perfekten Ergänzungen derjenigen, die in dem Glauben groß geworden sind, andere seien nur dazu da, ihre Bedürfnisse zu erfüllen.

Es gibt also nur eine einzige richtige Reaktion auf das Ansinnen des Nachbarn, der es nicht geschafft hat, über das Freiräumen seiner Einfahrt rechtzeitig nachzudenken: »Entschuldige, ich bin auf dem Weg zur Bank. Wenn du mir gestern Bescheid gesagt hättest, dann hätte ich den Termin noch verschieben können. Jetzt geht das nicht. Ich werde dir nicht helfen.«

Ja, Sie dürfen andere auch mal enttäuschen. Also »Nein« sagen. Jeder, der das Ganze im Blick hat und nicht nur auf das kurzfristige Wohlgefühl schaut, weiß das. Dazu müssen Sie sich aber überwinden, Ihren eigenen Wunsch zu gefallen, gemocht zu werden, beliebt zu sein, hinten anzustellen. Und Sie sollten kein falsches Mitgefühl mit Ihrem Gegenüber haben.

Bei mir ist das zum Beispiel so: Oft kommen Eltern zu mir und wollen eine Abschrift des Arztbriefes, den ich zur Situation ihres Kindes geschrieben habe. Den Inhalt zu kennen, ist ihr gutes Recht. Sie können den Arztbrief gerne bei mir einsehen; aber ich weigere mich entschieden, ihn zu kopieren und mitzugeben. Manche Eltern finden das unmöglich, sie argumentieren, dass andere Ärzte doch auch die Arztbriefe herausgeben. Aber das ist nicht der Punkt. Es ist mir egal, ob andere das machen oder nicht. Mein Anliegen, dass der Arztbrief meine Praxis nicht verlässt, ist stärker als der Wunsch, dass mein Gegenüber mich gern hat. Und das aus gutem Grund. Denn ich will nicht, dass ein Kind daheim mal eine Schublade aufmacht und das psychiatrische Gutachten von sich findet. Auch nicht, wenn das 30 Jahre später beim Aussortieren der Unterlagen der verstorbenen Eltern geschieht.

Weil ich von der Richtigkeit meines Tuns überzeugt bin, fällt es mir nicht schwer, die Eltern zu enttäuschen. Ich tue das nicht für mich, sondern *für* die Kinder und *für* die Eltern. Mit meiner klaren Haltung und meinem festen Standpunkt laufe ich auch nicht Gefahr, irgendwann einmal zu sagen: »Na gut, da haben Sie Ihren Brief; ich bin jetzt nicht in der Stimmung, mich mit Ihnen darüber zu streiten.«

Wir *können* »Nein« sagen, statt reflexartig Wünsche zu erfüllen und in die Bresche zu springen, wenn Arbeit unerledigt liegen bleibt.

Was macht das mit den Unerwachsenen?

An die Hand genommen

Die Volljährigen, die schon mal erwachsen waren und aus der diffusen Angst heraus in eine Regression kamen, haben die Möglichkeit, fünf Stunden in den Wald zu gehen und als Erwachsene wieder herauszukommen. Aber der Kinderheim-Pädagoge Robert, die Jugendlichen, denen von den Unternehmen eine mangelnde soziale Reife bescheinigt wird – sie alle könnten tagelang durch den Wald laufen – es würde nichts passieren. Denn das Auf-sich-selbst-geworfen-Werden durch eine ablenkungsfreie Umgebung kann nur dann eine Wirkung haben, wenn schon mal Gefühle, Verantwortung und

Erfahrungen da waren, bevor sie verschüttet wurden. Doch die jüngere Generation ist ja von Kind auf klein geblieben. Sie nimmt ihre Umwelt nur sehr begrenzt wahr, denn sie kann gar nicht anders.

Deshalb kann es passieren, dass Sie einem nicht sehr weit entwickelten 16-Jährigen einen Besen in die Hand drücken und ihn bitten: »Mach mal die Maschinenhalle sauber«, und er steht mit dem Besen da und weiß nicht, wie er es anfangen soll. Es hört sich unglaublich an, dass ein Jugendlicher nicht weiß, wie er fegen soll, aber genau das ist das Problem, das viele Ausbilder haben. Sie sagen der Auszubildenden: »Kannst du bitte die Unterlagen hier im Ordner alphabetisch ordnen« – und sie tut es nicht. Nicht weil sie die Arbeit verweigert, sondern weil sie nicht verstanden hat, was von ihr verlangt wird. Genauso gut könnten Sie erwarten, dass ein Brillenträger Ihnen ohne Brille vorliest.

Oder der 24-Jährige, dem schon oft gesagt wurde, er solle doch bitte pünktlich zur Arbeit erscheinen. Weil seine Wahrnehmung mit dem Begriff »Pünktlichkeit« nichts anfangen kann, vergisst er es immer wieder. Es ist so, als würde Ihnen jemand sagen: »Wenn Sie im Supermarkt an der Kasse stehen, dann müssen Sie sich dreimal verbeugen, bevor Sie bezahlen.« Diese Aufforderung macht für Sie keinen Sinn. Dieses Verhalten ist kein Teil Ihrer Welt. Also lassen Sie es sein.

Es ist sinnlos, jemandem etwas abzuverlangen, was er gar nicht leisten kann, oder ihn gar zu beschuldigen. Denn junge Menschen wie Robert können nicht viel dafür, dass es um ihre Ausbildungs- und Leistungsfähigkeit so schlecht steht. Das hat die Generation vor ihnen verbockt. Mit Schuldzuweisungen wird die Frustration auf beiden Seiten nur noch größer.

Damit wir aus der Situation herauskommen, müssen als Erstes die Erwachsenen, die es noch gibt, die Tatsache akzeptieren: Die Nicht-Erwachsenen müssen dort abgeholt werden, wo sie sind: im Kinder-Stadium. Robert muss an die Hand genommen werden. Was Eltern, Pädagogen und Gesellschaft bisher versäumt haben, müssen nun Vorgesetzte, Kollegen und Familienmitglieder nachholen. Doch einfach nur Nein sagen genügt nicht. Indem die Erwachsenen sich anerkennend, freundlich und fördernd dieser jungen Menschen annehmen, werden diese sich – mit Verspätung – entwickeln können.

Dazu braucht es keine Strenge, sondern Klarheit. Wenn ein unentwickelter Mitarbeiter eine kleine, überschaubare Aufgabe nicht lösen konnte, dann muss man »dran bleiben«. Der Vorgesetzte wird also dem Mitarbeiter sagen: Versuch es noch einmal. Wenn du es wieder nicht schaffst, dann mache ich es mit dir zusammen – nach Dienstschluss.

Der Wunsch des Vorgesetzten, dass sein Mitarbeiter Schritt für Schritt immer weiter in seine Aufgabe hineinwächst, ist nicht nur eigennützig. Für den Mitarbeiter wird die Welt weiter. Er wird endlich die Erfahrung machen dürfen, wie es ist, etwas zu bewirken, wichtig zu sein, etwas zu schaffen. Das sind Wahrnehmungen, die ihn mit Freude erfüllen werden. Der wirkungsvollste Effekt wird aber sein, dass aus einer bremsenden Person jemand wird, der zum Gelingen beiträgt. Wenn wir alle wertschätzend und fordernd miteinander umgehen, dann werden wir alle miteinander wachsen können. Für den Einzelnen und die Gesellschaft ist das ein Gewinn.

Im Fall des realen Robert habe ich angeregt, dass seine Kollegen und die Vorgesetzte akzeptieren, dass der junge Pädagoge nicht in der Lage ist, von sich aus ein Auge auf die Erfordernisse des Heimalltags zu haben. Also haben sie beschlossen, dem 24-Jährigen mehr Arbeit nach Anweisung zu geben. Er bekommt nun jeden Tag eine Liste mit Aufgaben, darunter auch solche, die er früher nicht gemacht hat. Seine Kollegen helfen ihm und unterstützen ihn dabei, neue Erfahrungen zu machen. Dadurch wird Robert wiederum mehr wahrnehmen und immer mehr in die Erwachsenenrolle hineinfinden.

Robert findet das Vorgehen in Ordnung. Denn er *will* ja gut in seinem Job sein. Er ist sogar erleichtert, weil nun die Stimmung im Team viel besser geworden ist. Die entspanntere Stimmung überträgt sich natürlich auch auf die Kinder. Seit aus dem Dauer-Nicken der Kollegen – »Geh spielen, wir übernehmen die unangenehmen Aufgaben für dich« – ein bewusstes Nein geworden ist, hat die Effizienz des Pädagogenteams im Kinderheim einen Riesensprung nach vorn gemacht. Die Mitarbeiter und die Kinder sind entspannter.

Auch die Unternehmen sind auf einem guten Weg. Weil sie immer häufiger auch lernschwachen Azubis eine Chance geben müssen, um die Stellen überhaupt noch besetzen zu können, bessern sie auf eigene Rechnung nach. Noch einmal Zahlen aus der oben genannten DIHK-Studie von 2014: 31 % der Unternehmen bieten ihren Azubis Nachhilfe in Rechtschreibung, Rechnen, Benehmen usw. an, 26 % schicken ihre Lehrlinge und Azubis in die ausbildungsbegleitenden Kurse der Agentur für Arbeit, 7 % setzen ehrenamtliche Mentoren und Paten ein, um die Jugendlichen einsatzfähig zu machen.

Das alles ist nicht billig und braucht Geduld. Aber es lohnt sich. Denn jedes »Nein«, das aus gutem Grund gesagt wird, ist ein »Ja« zu einem besseren Miteinander und zum guten Gelingen.

KAPITEL 12

Der Bergführer

Ich sitze in der engen Schlucht auf einem Granitfelsen. Wie immer, wenn ich mich nahe an einem Abgrund befinde, spüre ich ein Ziehen in der Magengegend. Irgendwo unter mir donnert der reißende Gebirgsbach, doch ich kann ihn nicht sehen; auch wenn ich mich weit vorbeuge, versperrt mir eine Felsnase die Sicht auf das Wasser. Weiter links, wo der Bach wieder sichtbar wird, wirbelt sein Wasser etwa zehn Meter unter mir. In direkter Falllinie aber ist das Ungewisse. Ich weiß nicht, ob der Bach dort reißend oder ruhig ist. Vielleicht hat sich ein tiefes Wasserbecken gebildet, vielleicht ragen aber auch rundgeschliffene Steine aus dem Wasser.
In mir pumpt reines Adrenalin, als der Mann neben mir ruft: Spring!

Kinder vertrauen blind. Es bleibt ihnen nichts anderes übrig. Sie *müssen* sich darauf verlassen, dass der Brei, der ihnen auf einem Löffel angeboten wird, nicht zu heiß ist.

Ihr blindes Vertrauen entsteht aus der Überzeugung, dass die Welt gut ist. Es ist der Grund dafür, dass Sie einem Sechsjährigen hundertmal sagen können: Pass auf, lauf nicht auf die Straße – und er es vielleicht doch tun wird. Denn er hat weder den Erfahrungsschatz, mit dem er eine drohende Gefahr zuverlässig erkennen könnte, noch verfügt er über das notwendige vorausschauende Denken. Dass er in der einen Sekunde noch fröhlich mit seinem Fahrrad den abschüssigen Gehweg hinuntersaust und im nächsten Moment schon auf der Straße unter ein Auto geraten könnte, das bringt er buchstäblich nicht auf die Reihe. Wenn er auf dem Gehweg bleibt, dann tut er das für seine Mama, nicht für sich selbst.

Normalerweise verliert sich dieses nicht reflektierte Vertrauen in die eigene Unverletzlichkeit mit etwa 11 bis 13 Jahren. Erst dann hat sich die Psyche eines Menschen so weit geformt, dass sie aus sich heraus in die Zukunft denken und Gefahren richtig einschätzen kann. Vielleicht stutzen Sie, weil diese Aussage sich nicht mit Ihren eigenen Beobachtungen zu decken scheint. Doch auch wenn ein Kind schon Verletzungen ertragen musste – der gebrochene Arm, den es sich beim Klettern zuzog, oder auch der Verlust des Lieblings-Stofftieres, das der große Bruder kaputtmachte –, bleibt bei normaler Entwicklung das grundsätzliche Vertrauen in die Welt noch lange ungebrochen.

Ich habe eine Zeitlang in einer Kinderklinik gearbeitet. Mehrmals erlebte ich dort, dass Jugendliche mit akuten Asthma-Anfällen eingeliefert wurden, weil sie ihr Medikament nicht genommen hatten. So ein Erstickungsanfall ist äußerst qualvoll, nackte Todesangst packt den nach Luft Ringenden. Trotzdem passiert es immer wieder, dass asthmatische Kinder bis zum Alter von ungefähr 13 Jahren nur ein paar Tage nach dieser existenziellen Erfahrung erneut ihr Medikament vergessen. Was bedeutet das? Ihr blindes Vertrauen in die eigene Unverletzlichkeit ist tatsächlich stärker als die Erfahrung, fast gestorben zu sein.

Erst mit etwa 14, 15 Jahren wird ein Asthmapatient *aus*

sich selbst heraus auf den Arzt zugehen und ihm sagen: Was kann ich tun, damit ich so einen Anfall nie wieder erleben muss? Dass er über den Moment hinaus denkt, zeigt, dass er sein blindes Vertrauen in eine gute Welt, in der sich alles von alleine fügt, verloren hat. Jetzt erst sind seine Erfahrungen »angekommen«.

Das Verschwinden des blinden Vertrauens ist ein wichtiger Schritt in der Entwicklung eines Kindes auf dem Weg zum Erwachsenen. Es ist das untrügliche Zeichen dafür, dass es begriffen und verinnerlicht hat, dass die Welt scharfe Ecken und Kanten hat. Erst vor diesem Erfahrungshintergrund ist ein Mensch in der Lage, echtes Vertrauen zu schenken. Er gibt es *trotz* seiner Ängste, abgelehnt, im Stich gelassen, ausgenutzt, getäuscht oder betrogen zu werden. Denn dies ist die Erwachsenenwelt: Derjenige, der vertraut, begibt sich immer auch in die Gefahr, physisch oder psychisch verletzt zu werden.

Wenn das gegebene Vertrauen dann tatsächlich gebrochen wird, ist das ein Schock. Der Mensch ist tief getroffen, seine Psyche verunsichert. Er merkt: Ich habe die Situation falsch eingeschätzt. Eine solche Enttäuschung braucht ihre Zeit, bis sie überwunden ist und die Psyche wieder ins Gleichgewicht gefunden hat.

Dies ist eine wichtige Erkenntnis: Echtes Vertrauen kann erst dann gegeben werden, wenn die Alternative besteht, *nicht* zu vertrauen. Trotzdem bleibt uns gar nichts anderes übrig, als zu vertrauen, wenn wir ein Leben führen wollen, das nicht von Angst beherrscht ist. Warum gerade das Vertrauen unser wichtigstes Handwerkszeug ist, das uns aus der Überforderung befreit und uns Sicherheit im Leben gibt, obwohl es uns doch so verletzlich macht, will ich hier zeigen.

Schlechte Beifahrer

Vertrauen scheint in einer Welt, die viele von uns als unsicheren Ort voller Risiken wahrnehmen, keine gute Idee zu sein. Die Medien verstärken das Gefühl, dass wir ständig ausgenutzt und ausgetrickst werden. Wir scheinen von Betrügern, Kinderschändern und Psychopathen umgeben zu sein. Aber nimmt die Kriminalität wirklich zu? Laufen wir tatsächlich ständig und überall Gefahr, von anderen über den Tisch gezogen zu werden?

Den von diffuser Angst besetzten Menschen gelingt es nicht, ihre Umgebung rational zu betrachten. Ihnen fehlt die Distanz, die den Zugriff auf ihren eigenen Erfahrungsschatz erlauben würde, der wahrscheinlich positiver gefärbt ist als die täglichen Horrormeldungen. Die Geschehnisse, so wie ein von Angst besetzter Mensch sie wahrnimmt, erzeugen eine große Unsicherheit. Und die direkte Folge dieser Unsicherheit ist: Misstrauen.

Bürger und Staat, Unternehmen und Kunden, Vorgesetzte und Mitarbeiter, Familienmitglieder untereinander – sie alle argwöhnen, dass der jeweils andere seine Rolle nicht ausfüllen kann. Die Mutter prüft nach, ob der Vater dem Kind die Windel richtig angezogen hat, Patienten machen sich vor dem Arztbesuch im Internet schlau, Unternehmen erfassen die Arbeitszeiten ihrer Angestellten auf die Minute genau, und ein Großteil der Bürger wünscht, dass Volksentscheide auf Bundesebene eingeführt werden sollen (Ergebnis der repräsentativen »stern«-Umfrage vom Januar 2015: 72 % pro, 23 % contra).

Ist Misstrauen tatsächlich ein gesellschaftliches Phänomen? Die aus dem Jahr 2012 stammende Umfrage des Marktforschungsinstitutes TNS Infratest unter 3.480 Menschen ab

18 Jahren nennt Zahlen. Auf die Frage, ob »man den meisten Menschen trauen« oder ob »man nicht vorsichtig genug sein kann im Umgang mit anderen Menschen«, zeigten sich gerade einmal knapp 20 % der Befragten als vertrauensbereit. Das ist nur jeder Fünfte! Circa 40 % sagten, dass man im Umgang mit Menschen vorsichtig sein muss. Es gibt also doppelt so viele prinzipiell Misstrauische als jene, die eher vertrauensvoll sind. Die restlichen 39 % konnten sich nicht entscheiden – sie waren der Meinung: »Kommt drauf an.« Für mich sind das die ganz besonders Misstrauischen: Sie fühlen sich so unsicher, dass sie sich noch nicht einmal eine Lebenseinstellung leisten wollen – »ich vertraue den meisten Menschen« oder »ich bin sehr misstrauisch« – und Einzelfallentscheidungen vorziehen. Ganz schön anstrengend!

Überhaupt ist Misstrauen äußerst kräftezehrend. Denn der Misstrauische lebt nach seiner eigenen Logik: »Schenke ich Vertrauen, werde ich verletzt. Ich kann also nicht vertrauensvoll eine Beziehung eingehen, sondern muss ständig aufmerksam sein. Auch wenn ich eine Aufgabe delegiere, werde ich enttäuscht werden. Ich muss mich also selbst darum kümmern, wenn eine Arbeit gut erledigt werden soll.« Also prüft er all die Kassenzettel akribisch auf falsch eingetippte Preise, kontrolliert den Klempner, ob er die Dichtungen auch richtig einsetzt, und hält sein Wissen über Schadstoffe in Lebensmitteln tagesaktuell auf neuestem Stand.

Das Problem des Misstrauischen ist, dass er den Vertrauensbruch so sehr fürchtet. Er spürt, dass ihn jede Enttäuschung in eine existenzielle Krise stürzen würde. Warum ist das so? Er traut sich nicht zu, wieder aufstehen zu können, wenn er einmal auf die Nase fällt. Es ist also kein Zeichen von Souveränität und gesundem Selbstvertrauen, wenn der

Misstrauische keine Aufgaben delegieren will. Sondern die direkte Konsequenz seiner diffusen Angst und seines geringen Selbstvertrauens.

Das Drama ist, dass das Misstrauen einem Menschen nicht zu mehr Sicherheit verhilft. Ganz im Gegenteil: Wer anderen misstraut, gerät nur noch weiter in die Überforderung hinein. Denn kein Mensch kann in allen Lebensbereichen besser als andere sein – der bessere Lehrer, Elektriker, Verkehrsteilnehmer, Arzt, Politiker, Käseverkäufer, Lebensmittelchemiker usw. Wer alle Rollen gleichermaßen glaubt spielen zu können, weil er sie anderen nicht zutraut, muss zwangsweise scheitern.

Nicht nur sich selbst mutet der Misstrauische eine Menge zu. Auch seinen Kollegen, Mitarbeitern, Vorgesetzten, Familienmitgliedern, Nachbarn, Dienstleistern usw. Wenn Sie am Wochenende über Ihrer Spesenabrechnung sitzen und den Beleg für das Stehfrühstück beim Bäcker über 3,60 Euro suchen, dann wissen Sie, dass Sie diese Arbeit dem Misstrauen Ihres Unternehmens verdanken. Ihr Vorgesetzter, der Ihnen mehrmals am Tag Druck macht, wann denn endlich der Bericht fertig ist, traut Ihnen nicht zu, dass Sie verstanden haben, dass die Sache eilig ist. Auch der Autofahrer an der Ampel hinter Ihnen, der, eine halbe Sekunde nachdem Grün angezeigt wird, auf die Hupe drückt, misstraut Ihren Fähigkeiten: Er meint, dass Sie ohne seine Hilfe nicht erkennen, dass jetzt die Zeit gekommen ist loszufahren.

Misstrauen ist also für alle ein enormes Verlustgeschäft. Doch wie kommen wir aus diesem Verhalten, das uns nur noch tiefer in die Überforderung hineinführt, wieder heraus? Einfach nur zu sagen: Jetzt bin ich nicht mehr misstrauisch, klappt nicht. Gefühle lassen sich nicht auf Befehl ändern.

Unser Misstrauen werden wir erst dann los, wenn wir nicht mehr wie Misstrauische *handeln*. Die Frage ist also: Was *tun* wir, wenn wir misstrauisch sind? Wenn wir erkennen, was der gemeinsame Nenner im Handeln eines Misstrauischen ist, wissen wir, wo wir ansetzen müssen. Dann können wir den ersten Schritt tun: weg von der Überforderung und hin in Richtung Vertrauenskultur.

Vertrauenskonto im Dispo

Mitarbeiter der Zentralbanken und Finanzaufseher aus 27 Ländern bilden den Baseler Ausschuss für Bankenaufsicht. Sie erarbeiten Standards, nach denen die Bankenaufsichten aller Länder vorgehen. Die Vorschriftensammlungen Basel I, Basel II und Basel III regeln zum Beispiel, über wie viel Eigenkapital europäische Banken verfügen müssen. Das Regelwerk »Basel I« von 1988 umfasste 24 Seiten, es wurde 2004 durch »Basel II« ersetzt, das 250 Seiten hatte. »Basel III«, noch in Arbeit, wird es wohl auf 2.500 bis 3.000 Seiten bringen.

Das alles sind ja nicht nur einfach Kompendien, in denen jemand bei Bedarf ein wenig herumblättert. Arndt Hallmann, der Vorstandsvorsitzende der Stadtsparkasse Düsseldorf, der im Mai 2014 in einem Interview mit dem »Wirtschaftsblatt« das Anschwellen der Vorschriften am genannten Beispiel der »Basel«-Regulatorien beschrieb, klagte: »Jede einzelne Regel produziert Kosten.« Allein für die Düsseldorfer Sparkasse hieß das: Im Jahr 2013 musste sie über vier Millionen Euro aufwenden, um die 160 neuen Regeln und Gesetze, die innerhalb dieses einzigen Jahres aufgelaufen waren, umzusetzen.

Weil wir aus der Überforderung heraus verlernt haben zu vertrauen, leben wir in einer Gesellschaft, die dem Kontrollwahn verfallen ist. Und genau dies ist die Antwort auf die Frage, die ich gestellt hatte: Was *tut* ein Misstrauischer? Er kontrolliert. Kontrolle setzt aber voraus, dass ein »richtiger Weg« definiert wurde. *So* und nicht anders muss es gemacht werden; Extratouren auf eigene Verantwortung brächten das System in Gefahr. Argwöhnisch wird darauf geachtet, dass alle sich an die Regeln halten. In der regulatorischen Zwangsjacke fühlt sich der Misstrauische sicher. Aber ist er das auch?

In fast jedem Unternehmen gibt es mittlerweile Handbücher, die Arbeitsprozesse in kleinste Schritte zerlegen und beschreiben. Qualitätsmanagement nennt sich das – es sorgt mit seinen Hunderten DIN-, EN- und ISO-Normen dafür, dass die Mitarbeiter streng nach Leitlinien arbeiten. Das sieht dann ungefähr so aus:

Telefonieren mit dem Kunden
1. Stift und Papier bereitlegen
2. Hörer abnehmen
3. Sich namentlich vorstellen
4. Firmennamen nennen
...

Alles ist perfekt geplant und läuft wie auf Schienen; jede denkbare Eventualität wird ausformuliert. Das bedeutet aber gleichzeitig auch: Die Mitarbeiter arbeiten nur noch den Katalog ab. Individuelle Leistung hat es schwer, sich Bahn zu brechen. Sie wird manchmal sogar abgestraft. Zum Beispiel, wenn die Telefonate des netten Call-Center-Mitarbeiters im Durchschnitt eine knappe Minute länger dauern als die seiner

Kollegen, weil er es sich nicht nehmen lässt, ein wenig mit den Kunden zu plaudern. Die Kunden freuen sich, das Qualitätsmanagement tut das nicht.

Jetzt könnte man natürlich sagen: Der Kostendruck ist so hoch und die Arbeitsabläufe so kompliziert geworden – da *müssen* wir Regeln einführen, um die Qualität zu sichern. Mag sein. Ich will hier nicht beurteilen, wie Arbeitsabläufe in der Industrie organisiert sind. Darüber, wie es in der Medizin zugeht – und die ist ohne Zweifel ebenfalls äußerst kostenintensiv und komplex –, möchte ich allerdings ein paar Worte verlieren. Ich bin mir sicher, dass Sie, egal in welchem Beruf Sie tätig sind, den übergeordneten Mechanismus der alles überwuchernden Kontrolle wiedererkennen werden.

Ärzte sind praktisch gezwungen, nach dem von der Weltgesundheitsorganisation WHO herausgegebenen ICD-Katalog vorzugehen, der alle bekannten Krankheiten mit Nummern versehen hat. ICD ist die Abkürzung für die »International Statistical Classification of Diseases and Related Health Problems«. Ein Mensch, dem zum Beispiel F40.01 bescheinigt wird, leidet unter phobischen Störungen, kombiniert mit Panikattacken. Jeder Arzt, der eine bestimmte Diagnose gestellt hat, ist angehalten, die »dazugehörigen« Untersuchungen zu machen, auch wenn er sie im Einzelfall für nicht unbedingt erforderlich hält. Auf der anderen Seite darf er nicht die Medikamente und Behandlungen verschreiben, die er für richtig hält, wenn sie nicht auf der entsprechenden Liste stehen. Die Leitlinien sagen ihm: Wenn du diese Diagnose gestellt hast, ist folgendes Vorgehen vorgesehen. Ich finde: Misstrauen in die beruflichen Fähigkeiten eines Arztes lässt sich kaum deutlicher ausdrücken.

Kommt dieses Vorgehen wenigstens den Patienten zugute? Definitiv nicht. Wenn nach Katalog therapiert wird, geht das nur unter der Annahme, dass ein Schnupfen bei Patient A dasselbe ist wie ein Schnupfen bei Patient B. Diese Vorstellung ist grotesk. Auch wird die zwischenmenschliche Komponente niemals in einem Handbuch darstellbar sein. Denn das ist ja die eigentliche Leistung des Arztes: das Zusammenspiel von Wissen, Wahrnehmung und Intuition, das ihn den Patienten in seinen ganz individuellen Bedürfnissen sehen lässt.

Eines steht für mich felsenfest: Komplexe Zusammenhänge werden nicht durch Regeln bezwungen. Wenn es für alles Regeln gibt, leidet zwangsweise das Ergebnis, denn Arbeiten nach dem Handbuch ist wie Malen nach Zahlen. Selbst wenn einer alles richtig macht, kommt doch immer nur bestenfalls Mittelmaß dabei heraus.

Außerdem lassen Regeln keinen Platz für Vertrauen, denn das kann es nur zwischen frei handelnden Menschen geben, nicht zwischen »Sachbearbeitern« ohne jeden Handlungsspielraum. Vorbei ist es mit dem »kurzen Dienstweg«. Dazu kommt, dass ohne Vertrauen unsere Arbeitswelt immer unpersönlicher wird, die Anforderungen gehen weg von der zwischenmenschlichen Leistung, weg von der Lebensfreude. Das ist unmenschlich. Denn das, was den Menschen ausmacht – Eigenverantwortung und Kreativität –, bleibt bei misstrauisch kontrollierter Arbeit außen vor.

Und noch etwas macht die Kontrollwut mit uns: Sie gaukelt uns eine Sicherheit vor, die es definitiv nicht gibt. Wenn Misstrauen und Kontrollwahn überhandnehmen, kann das sogar lebensgefährlich werden. Gerade dann, wenn wir meinen, uns gegen alle Eventualitäten abgesichert zu haben, schlägt das Schicksal zu.

Auf furchtbare Weise hat sich das beim Absturz eines deutschen Flugzeugs in den französischen Alpen bestätigt.

Nach dem Terroranschlag vom September 2001 waren weltweit die Cockpittüren massiv verstärkt und gesichert worden. Kein Unbefugter sollte mehr Zutritt haben oder ihn sich verschaffen können. Damit hatte auch die schöne Sitte, dass Kinder auf Anfrage nach vorne zum Kapitän ins Cockpit gehen und die Technik bestaunen durften, ein jähes Ende. Für ein wenig mehr Sicherheit müssen eben Opfer gebracht werden, könnte man denken. Ende März 2015 hat aber genau diese Maßnahme dazu geführt, dass der Pilot des Fluges 4U 9525 nicht wieder zurück ins Cockpit kam. Der Co-Pilot hatte sie von innen verriegelt, damit er das Flugzeug ungestört in den Bergen zerschellen lassen konnte. Genau die Maßnahme, die Terroristen davon abhalten sollte, ein Flugzeug zu entführen, machte es nun dem Piloten unmöglich, zum Co-Piloten vorzudringen und den Crash zu verhindern. 150 Tote waren zu beklagen, weil niemand damit gerechnet hatte, dass die Gefahr nicht nur aus der Passagierkabine droht, sondern auch vorne im Cockpit Platz genommen haben kann.

Helfende Hände

Auch wenn viele Menschen es sich anders wünschen – die Welt ist ein ungewisser Ort. Darauf mit Misstrauen zu reagieren, hat nicht den Effekt, den wir uns wünschen. Es wirkt als tonnenschwere Rüstung, die uns vor Verletzungen bewahren soll, uns aber unbeweglich und deshalb erst recht verletzlich macht. Diese argwöhnische Einstellung der Welt gegenüber macht Räume enger und verstärkt unsere Angstgrundstimmung nur noch.

Indem wir weitgehend und bewusst auf Kontrolle verzichten, kommen wir aus der Misstrauenshaltung heraus und gelangen näher an eine Grundstimmung des Vertrauens heran. Denn Vertrauen ist die einzige Möglichkeit, positiv mit den Ungewissheiten, die uns umgeben, umzugehen. Es öffnet Gestaltungsspielräume und ermöglicht freie Entscheidungen.

Vertrauen ist gezielter Kontrollverlust. Oder besser gesagt: ein Verzicht auf Kontrolle, die wir nie gehabt haben. Vertrauen heißt also: sich fallen lassen im vollen Bewusstsein, dass es auch schiefgehen kann. Das gilt für Liebesbeziehungen genauso wie für Arbeitsverhältnisse. Ein Engagement unter Vorbehalt kann nur oberflächlich bleiben. Wer sagt: »Naja, das ist ja sowieso nicht von Dauer, es ist mir egal, ob ich hier oder woanders arbeite«, der wird sich nicht allzu sehr in seinem Job engagieren. Das mindert zwar den Schmerz, wenn es zu einer Entlassung kommt, aber ein erfüllendes Berufsleben sieht anders aus.

Wer vertraut, stärkt sein Selbstvertrauen und Selbstbewusstsein. Denn nur, wenn wir erfahren, dass wir sehr wohl mit einer Enttäuschung fertigwerden können, sind wir bereit, auch beim nächsten Mal Vertrauen zu wagen. Es ist ein positiver Rückkopplungseffekt: Je mehr wir auf Kontrolle verzichten und vertrauen, desto stärker wird in uns die Gewissheit, dass wir es überstehen, sollte das gegebene Vertrauen enttäuscht werden. Und je größer das Vertrauen in uns selbst ist, desto mehr können wir der Welt um uns Vertrauen entgegenbringen. Es genügt ein kleiner Rest an Selbstvertrauen in uns, um uns in einer Art Aufwärtsspirale aus dem Sumpf aus Misstrauen und Überforderung herauszuwinden.

Für jene allerdings, die schon völlig von der Überforderung vereinnahmt wurden, sieht es schlechter aus. Denn wer vertraut, muss die eigenen Stärken und Schwächen einschätzen können, die Rollen und Fähigkeiten anderer kennen und anerkennen und die Fähigkeit besitzen, loszulassen und anderen etwas Wichtiges in die Hände zu geben. Er braucht seine Intuition, die ihm Antwort auf die Frage gibt: *Wem genau kann ich vertrauen?* Gespeist von seiner Lebenserfahrung nimmt sie kleinste Nuancen wahr, zum Beispiel in der Stimme, Mimik, Gestik des Gegenübers.

Ein Mensch, der in diffuser Angst völlig gefangen ist, verfügt über all diese Fähigkeiten eben *nicht.* Sie sind in ihm verschüttet – dies habe ich in den ersten Kapiteln dieses Buches gezeigt. Ohne Basis, an der die »Aufwärtsspirale« ansetzen könnte, kann der überforderte Mensch seinen ersten Schritt ins Vertrauen nicht wagen.

Aber wir sind ja nicht allein auf der Welt. Es gibt helfende Hände, die uns aus den engen Räumen in die Weite führen. In der Wirtschaft sind erste Ansätze sichtbar, wie das aussehen kann.

Der siebte Tag

Die digitale Revolution hat Flexibilität in der Arbeitswelt und eine gute Vereinbarkeit von Beruf und Familie möglich gemacht. Das Problem ist, dass viele Menschen nicht damit umgehen können, dass Arbeit und Privatleben nicht mehr scharf voneinander getrennt sind. Die Entgrenzung hat für sie zur Folge, dass sie sich kaum noch Erholungspausen gönnen. Mobilität der Arbeit ist also ein zweischneidiges Schwert.

Viele Verantwortliche in den Unternehmen ziehen aus der Erkenntnis, dass ständige Arbeitsbereitschaft krank macht, endlich Konsequenzen. Sie haben zu spüren bekommen, dass es von Nachteil ist, wenn ihre Mitarbeiter zwar dauernd auf Achse sind, dafür aber die Gefahr groß ist, dass sie wegen

Stresssymptomen bis hin zu Burn-out und Depression für Monate ausfallen. Weil es so nicht weitergehen konnte, haben zum Beispiel die großen Automobilhersteller nach Lösungen gesucht.

Bei Volkswagen wurde 2011 beschlossen, dass die Server für die Dienst-Smartphones konsequent von 18.15 bis 7.00 Uhr heruntergefahren werden. In den Randzeiten, am Wochenende und an Feiertagen können keine Mails mehr gesendet oder empfangen werden. Ende 2013 profitierten 3.500 Beschäftigte von dieser Regelung; Führungskräfte waren allerdings ausgeschlossen.

Dieser Befreiungsschlag war überfällig. Denn allein die Bitte, dass die Mitarbeiter auf ihre Gesundheit achten mögen und ihr Diensthandy am Wochenende ausgeschaltet lassen sollen, *kann* nicht zu einem befriedigenden Ergebnis führen. Gerade jene, die schon mitten in der Überforderung stecken, sind ja blind dafür, wie es um sie steht. Durch die neuen Regeln bekommen sie den dringend benötigten Schutzraum, damit sie wieder zu sich kommen können. Ein Dauerzustand sollte das allerdings nicht sein. Denn mit dieser Maßnahme bleiben die Mitarbeiter in der Kinderposition – zunächst zu ihrem eigenen Besten. Irgendwann wird es hoffentlich nicht mehr notwendig sein, ihnen das Telefonieren oder Mailen nach Dienstschluss technisch unmöglich zu machen, weil sie wieder selbst für sich sorgen können.

BMW in München hat einen anderen Weg gewählt. Während Volkswagen die Linie vertritt: Wir sorgen für euch, vermittelt BMW: Wir unterstützen euch, dass ihr für euch selbst sorgen könnt. Seit 2014 gibt es eine Betriebsvereinbarung, die den Mitarbeitern an deutschen Standorten erlaubt, in der Freizeit erbrachte Leistungen – zum Beispiel dienstliche

Telefonate – abzurechnen. Das bedeutet: Die Arbeit nach Feierabend ist nicht mehr eine zusätzliche Last, die sich der Angestellte auf seinen Rücken lädt. Wer am Samstagnachmittag dienstlich mailt oder telefoniert, geht am Montag früher nach Hause. Es liegt am Mitarbeiter, in welchem Umfang er dieses Angebot nutzt; BMW traut ihm zu, dass diese Regel ihn dazu bringt, aus eigenem Antrieb für eine erholte Psyche zu sorgen.

Auch eine weitere firmeninterne Regelung zeigt das Vertrauen, das die Unternehmensleitung von BMW in ihre Angestellten hat: Die Abrechnung der am Feierabend geleisteten Arbeit muss nicht etwa von einem Vorgesetzten unterzeichnet werden. Ohne dass sie aufwendig kontrolliert würden, geben die Mitarbeiter die Zeiten in das SAP-System ein – fertig. Misstrauische würden nun sagen: Damit ist dem Betrug Tür und Tor geöffnet; die Mitarbeiter können ja angeben, was sie wollen. Doch BMW will seine Belegschaft wie Erwachsene behandeln. Ob die Zeit schon reif dafür ist, wird sich zeigen.

Ich weiß nicht, welches der beiden »Schutz-Modelle« sich als erfolgreicher erweisen wird. Das erste geht davon aus, dass man im Betrieb erst einmal wieder dahin kommen muss, dass den Mitarbeitern wieder zugetraut werden kann, für sich selbst sorgen zu können. Das zweite setzt voraus, dass die Mitarbeiter direkt aus der Überforderung in eine Erwachsenenhaltung kommen können.

Sicher ist nur: Die Unternehmen müssen etwas tun. Sie müssen sich fragen, wie sie ihre Mitarbeiter vor Überforderung schützen können. Lange Zeit herrschte die Gleichung: Je mehr Kommunikationskanäle offen gehalten werden, desto kundenfreundlicher ist das. Ob der Mitarbeiter sich unter dem Dauerbeschuss der Anrufe und Mails wohlfühlt, war nicht das Thema. Doch ist es wirklich sinnvoll, wenn auf der Visitenkarte, die an Kunden und Lieferanten verteilt wird, die persönliche Mailadresse sowie Festnetz- und Smartphonedurchwahl stehen? Könnte da nicht auch die Nummer der Zentrale stehen, die die Anrufe vorsortiert und bei Bedarf weiterleitet?

In den kommenden Jahren wird der Schwerpunkt von Gesellschaft, Staat und Unternehmen wohl darauf liegen, die Überforderten zu identifizieren und sie aus ihrer ganz persönlichen Sackgasse herauszugeleiten. Das kann zum Beispiel auch das Angebot von Autogenem Training, Yoga usw. während der Arbeitszeit sein. Wenn der Mitarbeiter die Erfahrung macht: Das tut mir gut, das will ich vertiefen, dann kommt er dem Ziel näher, sich aus eigenem Entschluss Erholungsräume zu schaffen, sodass er bald wieder über das eigene Ich verfügen kann.

Am besten wird es natürlich sein, wenn wir irgendwann nur noch verhindern müssen, dass Menschen in die Überforderung hineingeraten. Fachleute kennen einen Begriff hierfür: Psychohygiene – also die Prophylaxe, dass unsere Psyche gesund bleibt. Ich bin mir sicher, dass dieser Begriff das Schlagwort der Zukunft ist. So, wie es für viele Menschen selbstverständlich geworden ist, sich durch eine ausgewogene Ernährung fit und gesund zu halten, so muss es uns in Fleisch und Blut übergehen, die eigene Psyche zu schützen, indem man sich regelmäßig Erholungspausen von dem Dauerbeschuss mit Informationen verschafft.

Ich persönlich, wenn ich König von Deutschland wäre, würde den Sonntag wieder einführen. In erster Linie zur Erholung unserer Psyche. Es wäre weltfremd zu denken, dieser Tag müsste oder könnte ein gemeinsamer Sonntag sein.

Nein, jeder Mensch muss für sich selbst entscheiden, wann er seinen freien Tag nimmt. Der eine macht das am Dienstag, der andere donnerstags. Einen Tag in der Woche fernsehfrei, smartphonefrei, internetfrei – also alle sieben Tage Abstinenz von der digitalen Informationsflut. Das allein würde schon Wunder wirken!

Springen oder Abseilen?

Als wir am Morgen vom Comer See aus aufbrachen, kündigte sich schon die Hitze des Tages an. Doch hier, in der versteckten Schlucht, ist es kühl. Meine Tochter und mein Sohn, 26 und 23 Jahre alt, haben mich überredet, eine Canyoning-Tour mitzumachen. Ich habe Ja gesagt, ohne genau zu wissen, worauf ich mich einlasse. Zwei Stunden lang wurden wir schon von Jean, dem Bergführer, durch die Wildnis geleitet. Wir sind weitab von der Zivilisation; es gibt keine anderen Wege als den eiskalten Gebirgsbach selbst. Meine Kinder und ich sind kletternd, rutschend, schwimmend und springend seinem Lauf gefolgt, der sich mal mit reißender Strömung, mal ruhig verbreitert den Weg ins Tal bahnt.

Schon nach kurzer Zeit war mit klar: Jean kann ich vertrauen; der hat das im Griff. Unter seiner Führung fühle ich mich sicher. Trotzdem zögere ich, als Jean sagt: Spring! Mein Verstand wehrt sich. Das ist doch verrückt! Doch Jean bleibt geduldig. »Entweder du vertraust mir und springst, oder wir hocken hier noch fünf Stunden«, sagt er. Ich merke, wie ich ruhig werde.

Und ich springe.

Es sind keine zehn Meter, die ich falle; es sind nur zwei. Von meiner Position aus habe ich nicht sehen können, dass der Bach an der Stelle unter mir eine Terrasse gebildet hatte, erst danach ging es steiler bergab. Jean hat das natürlich gewusst und mich auf die Probe gestellt.

Unser Bergführer, der mich und meine Kinder durch die Schlucht in der Nähe des Comer Sees führte, agierte als Erwachsener. Er hatte das klare Ziel, uns heil durch die Schlucht zu bringen und dafür zu sorgen, dass wir einen unvergesslichen Tag erleben. Er schätzte unsere psychische und körperliche Leistungsfähigkeit gut ein und forderte uns umsichtig und geduldig heraus, sodass wir an unsere Grenzen gingen – und ein klein wenig darüber hinaus. An den schwierigen Stellen machte er uns Mut. Er kannte die Gefahren und hätte auch bei Wetterumschwung oder plötzlichem Wasseranstieg gewusst, was zu tun wäre.

Und ich? Habe ich mich in die Kinderposition begeben, weil ich mich und mein Leben einem Mann anvertraute, den ich gerade einmal ein paar Minuten kannte? Nein, denn ich habe ihm ja nicht blind vertraut, so wie ein Kind es machen würde. Ich habe mich bewusst entschieden, unserem Bergführer zu vertrauen. Ich vertraute meiner Lebenserfahrung und meiner Intuition, die mir sagten, dass ich einen Mann vor mir hatte, der fähig war, hier und heute für mich zu sorgen.

Weil ich ihm vertraute, konnte ich mich ganz auf mich und meine Kinder konzentrieren und das Erlebnis genießen. Es ist schön, Kapitän zu sein – aber auch, es mal nicht zu sein. Ohne das Vertrauen, das wir schenken konnten, hätten wir dieses wunderbare Erlebnis nicht genießen können.

Erwachsene Menschen müssen nicht immer lenken und leiten. Weil sie sich selbst vertrauen können, können sie auch anderen vertrauen. Sie delegieren einen Teil ihres Lebens freiwillig – und auf Widerruf.

Als wir noch im Canyon unterwegs waren, gab es eine Stelle, an der man aus gut zehn Metern Höhe in einen vom Gebirgsbach ausgehöhlten Pool springen konnte. Meine Kinder sprangen. Für mich aber war das zu hoch. Auch wenn Jean sagte: Das kannst du – ich wollte nicht. Ich hatte kein gutes Gefühl dabei. Hier war für mich eine Grenze erreicht. Also hat Jean mich abgeseilt. Das war in Ordnung.

Wenn Sie einem Menschen einmal Vertrauen geschenkt haben, dann ist das nicht für immer. Die Antennen bleiben weiter ausgefahren. Vielleicht kommen wir in eine Situation, in der wir lieber wieder selbst das Ruder in der Hand halten. Es kann auch sein, dass wir – nach einer Stunde, einer Woche, einem halben Leben – emotional irritiert sind, weil wir merkwürdige Signale empfangen. Was hat es zu bedeuten, wenn der langjährige Geschäftspartner in schwierigen Zeiten plötzlich in einem neuen Porsche vorfährt? Kann ich mich auf meinen Lebenspartner wirklich noch hundertprozentig verlassen, wenn der sich in Widersprüche verwickelt? Wenn das Grundgefühl nicht mehr stimmt, dann überprüft die Ratio, ob das Vertrauen immer noch Sinn macht. So bleibt der Vertrauende immer der Herr seiner selbst.

Nur wenn wir erwachsen sind, können wir vertrauen. Und nur wenn wir vertrauen, sind wir erwachsen. Vertrauen schenken – das ist die Königsdisziplin des Erwachsenseins, die uns aus der Überforderung herausführt bzw. sie erst gar nicht aufkommen lässt.

Objektiv gesehen war es für die Menschen in unserem Kulturkreis nie zuvor so einfach, zu leben und am Leben zu bleiben. Die technische und vor allem die digitale Revolution haben es möglich gemacht.

Die digitale Revolution hat ihren Namen verdient, denn Revolution bedeutet: Das Unterste wird nach oben gekehrt; nichts ist mehr so, wie es war. Wir befinden uns noch mitten im Wirbel; nur die Wenigsten von uns haben bis heute gelernt, die digitalen Medien zu beherrschen, statt sich von ihnen beherrschen zu lassen. Dies ist der Grund dafür, dass viele Menschen ihren Alltag als einzigen Zeitdruck wahrnehmen. Sie leiden auch unter dem Gefühl, laufend Entscheidungen treffen und ständig erreichbar sein zu müssen.

Diese Wahrnehmungen sind der Ursprung für den Mythos Überforderung. Er besagt, dass der Einzelne durch Arbeitswelt, Familie und Gesellschaft überlastet wird. Aber diese Sichtweise der Überforderung ist eine Perspektive, wie sie ein Kind haben würde – machtlos der Situation ausgeliefert und unfähig, für sich selbst sorgen zu können.

Wer diesem Mythos Glauben schenkt, ist verloren. Als einzige Reaktion bliebe ihm: Zähne zusammenbeißen und aushalten. Bis zur Depression oder zum Burn-out. Dieser Mythos sorgt dafür, dass Menschen schwach bleiben. Denn wer sich als Opfer sieht, traut sich nicht zu, sein Leben selbst gestalten zu können.

Es ist aber so: Nicht die Welt ist härter und fordernder geworden, sondern wir selbst sind schwächer geworden. Denn als Reaktion auf die steigende Informationsflut haben wir uns in eine Kinderwelt zurückgezogen. Es braucht die Erwachsenenperspektive, um zu erkennen, was da mit uns geschieht: »Ich bin es selbst, der mich überfordert. Ich allein muss besser für mich sorgen.«

Es stimmt – die digitale Revolution überlastet unsere Psyche. Doch das passiert nur, weil wir noch nicht gelernt haben, dass es einen Weg gibt, die Vielzahl der eintreffenden Informationen, die unsere Psyche in den Zustand der diffusen Angst treibt, zu begrenzen. Dabei ist es eigentlich ganz einfach – und doch für einen Menschen, der im Zustand der diffusen Angst den Überblick längst verloren hat, fast unmöglich: immer wieder mal abschalten und so für die dringend benötigte Erholung sorgen.

Ich bin aber überzeugt, dass es nur noch wenige Jahre dauern wird, bis wir aus dieser Sackgasse herausgefunden haben. Wir werden lernen, die digitale Revolution zu beherrschen. Wir werden lernen, für uns selbst zu sorgen. Denn wir Menschen verfügen über eine Fähigkeit, die uns zum großen Teil ausmacht und die uns hunderttausend Jahre lang überdauern ließ:

Wir können uns auf neue Bedingungen einstellen – und das schon ab morgen.

Ein Weg. Ein Ziel.
Eine Reise der Seele.

Als Jean-Christophe Rufin sich auf den Weg macht nach Santiago de Compostela, ist er weder Pilger noch auf der Suche. Eigentlich will er einfach nur auf dem seit Jahrhunderten und seit Hape Kerkeling bedeutenden Jakobsweg wandern. Doch unterwegs auf den 900 Kilometern des Camino del Norte kann er sich der Alchemie des »ewigen Weges« nicht entziehen.

PENGUIN VERLAG